本课题为甘肃省社科规划项目"清代丝路行记中的甘肃形象研究（19YB027）"的阶段性成果

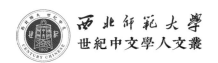

西北师范大学
世纪中文学人文丛

邱林山 著

洪亮吉诗歌研究

中国社会科学出版社

图书在版编目（CIP）数据

洪亮吉诗歌研究／邱林山著. —北京：中国社会科学出版社，2022.6
ISBN 978 - 7 - 5227 - 0769 - 3

Ⅰ.①洪…　Ⅱ.①邱…　Ⅲ.①洪亮吉（1746-1809）—诗歌研究
Ⅳ.①I207.227.49

中国版本图书馆 CIP 数据核字（2022）第 142629 号

出 版 人	赵剑英
责任编辑	张　潜
责任校对	侯　静
责任印制	王　超

出　　版	中国社会科学出版社
社　　址	北京鼓楼西大街甲 158 号
邮　　编	100720
网　　址	http://www.csspw.cn
发 行 部	010 - 84083685
门 市 部	010 - 84029450
经　　销	新华书店及其他书店

印　　刷	北京君升印刷有限公司
装　　订	廊坊市广阳区广增装订厂
版　　次	2022 年 6 月第 1 版
印　　次	2022 年 6 月第 1 次印刷

开　　本	710 × 1000　1/16
印　　张	15
字　　数	224 千字
定　　价	79.00 元

目　　录

绪　　论

一　研究意义及价值

洪亮吉是清代的朴学大师，又是乾嘉文坛的巨子，以词章考据著称于世。其一生著述宏富，仅传世之作就达 260 余卷，包括学术著作 30 余种、文学创作 88 卷。洪亮吉的创作以诗歌为主，现存诗近 5500 首，就数量而言，置之有清一代，乃至整个古代诗史都可以说是名列前茅的，其成就也很高，使他在乾嘉诗坛享有很高的声誉，他的《北江诗话》被视为"诗家之指南"①。洪亮吉又是一位骈文高手，与汪中并称为"清代骈文的两颗巨星"②。他还是一位成就杰出的词人，存词 179 首，有人甚至认为其词的成就超过了其诗的造诣。③ 然而，对于这样一位在学术研究、文学创作及诗学理论等方面均有突出成就的文士，除了其人口论曾引起较多的关注外，对其丰富的文学创作和卓越的诗学理论的研究却颇为寂寥，迄今为止，仅有 13 篇论文发表，而且多为综论，这与洪亮吉在乾嘉文坛和学界的地位极不相称。因此，本书拟对洪亮吉的诗学理论和诗歌创作进行深入细致的研究，其意义和价值主要有以下三个方面。

---

① 王国均：《重刊北江诗话序》，陈迩冬校点《北江诗话》，人民文学出版社 1983 年版，第 110 页。

② 张仁青：《骈文学》，（台北）文史哲出版社 1984 年版，第 543 页。

③ 陈廷焯著，杜维沫校点：《白雨斋词话》卷五："洪稚存经术湛深，而诗多魔道，词稍胜于诗。"人民文学出版社 1959 年版，第 107 页。

其一，洪亮吉所处的时代正是考据学的全盛时期，学术研究和文学创作之间交互渗透，许多考据大师亦工文学创作，洪亮吉就是此类学者型文人的代表。研究洪亮吉的诗学理论和诗歌创作，除有助于我们把握乾嘉时期学者型文人的文艺观及文学创作的审美旨趣外，还可以使我们体察到乾嘉考据学风对文学创作的影响。

其二，乾嘉时期游幕之风兴盛，洪亮吉在未入仕之前具有丰富的游幕经历，并与许多布衣诗人相交接。中年入仕以后，正值馆阁文风蔚盛之时，他又与许多达官文人、翰苑词臣相唱和，这样洪亮吉也就成为连接朝野文士的一个纽带。因此，横向考察洪亮吉的生平和交游，有助于我们管窥清中叶兴盛的幕府文学及馆阁文风，还有助于我们把握当时朝野文士的关系态势。

其三，乾嘉诗坛，神韵、格调说风行一时，性灵、肌理说方兴未艾，但各派壁垒森严，各执一端，都有各自无法克服的缺陷。洪亮吉的诗学理论具有调和性，取诸家之长而弃其短，正确地处理了当时诗坛所争论的焦点问题——性情与学问、师心与师古的关系问题，这对矫正各派弊病具有一定的指导作用。至嘉庆初年，性灵、肌理说退潮之后，出现了一个诗坛盟主空缺的时期，诗歌创作进入了迷茫期，而洪亮吉的诗学理论则起到了一定的导向作用，随后诗坛出现的性情与学识相结合、重诗教、贵经世的诗歌创作潮流则验证了这一点。所以，纵向考察洪亮吉的诗学理论及其对后世诗坛的影响，有助于我们把握乾嘉时期诗风的演变轨迹。

二 洪亮吉文学研究的历史与现状

从洪亮吉步入文坛到现在已历 200 余载，检阅两个世纪以来的研究历史，可以发现洪亮吉研究的一个特点：重学术、轻文学；重理论、轻创作。总体而言，洪亮吉文学研究大体上经历了以下三个阶段。

（一）萌芽期：五四运动以前

洪亮吉的诗歌在其生前就享有盛誉，有着广泛的接受群体，"自为诸生时，其诗文已风行海内"①，至其橐笔游幕时，幕主毕沅将其青少年时期的部分诗作刻于《吴会英才集》，并评之曰："天才飚举，雄睨海内"②，此集尽管只刊刻了洪亮吉的两卷诗，但却为其蜚声诗坛打下了基础。乾隆五十一年（1786），洪亮吉的骈文《卷施阁文乙集》结集刊行，袁枚为之作序云："君善于汉魏六朝之文，每一篇出，世争传之。"③ 可见洪亮吉骈文声誉之高。乾隆六十年（1795）、嘉庆七年（1802），其门生又将他的诗文作品整理付梓；光绪三、四年间（1877—1878），其曾孙洪用懃又刊刻了《洪北江全集》，这对洪亮吉文学作品的传播功不可没，至同光时期"已风行海内，家有其书"④。一时评骘蜂起，毁誉不一，这些只言片语的批评虽然不成体系，有些评论甚至囿于主观偏见而有失公允，但其中也不乏真知灼见，尤其是亮吉谢世后，好友们为他作的 30 余篇传记、墓志铭及其弟子吕培等所撰的《洪北江先生年谱》，成为研究洪亮吉的基本资料。这些材料除散见于清人的一些诗文别集、诗话、笔记外，刘德权点校的《洪亮吉集·附录》及钱仲联主编的《清诗纪事》也有很多辑录，这为洪亮吉文学研究提供了很大的便利。总之，这一时期洪亮吉文学研究的主要成就在于对其文学作品的整理与刊刻，研究、评论的基本范式是传统的点评式、随感式的。

（二）沉寂期：五四运动至"文化大革命"时期

新文化运动以来，随着西方文明的涌入和传统文化的消退，古典诗歌日益淡出文坛，洪亮吉的诗歌仿佛文物一样也被陈列了起来，受到了前所未有的冷遇。这一时期洪亮吉研究的主要成果是对其诗文集的整理校点，民国二十四年（1935），商务印书馆整理铅印了《洪北江

---

① 苏完恩：《洪北江先生遗集序》，刘德权点校《洪亮吉集》，中华书局 2001 年版，第 1399 页。

② 钱仲联主编：《清诗纪事》，江苏古籍出版社 1987 年版，第 6787 页。

③ 刘德权点校：《洪亮吉集》，中华书局 2001 年版，第 265 页。

④ 吴元炳：《洪北江先生遗集序》，《洪亮吉集》，中华书局 2001 年版，第 1400 页。

诗文集》，成为这一时期洪亮吉诗文研究的基础文本，不过研究成果甚少，经眼的论文只有一篇，即张荫麟的《洪亮吉及其人口论》，此文以洪亮吉《意言》中的《治平篇》和《生计篇》为依据，将洪亮吉的人口思想和马尔萨斯相提并论，认为"马洪二氏，其学说不谋而同，其时复略相当"①，不过此文仅谈其人口论，还算不上文学研究论文。还有一些著作及文学史也仅是提及而已，这样一位曾经蜚声文坛的名家几乎被遗忘在了历史的角落里。

（三）发展期：新时期以来

从 20 世纪 70 年代末开始，洪亮吉研究终于走出泥沼，迎来了复苏发展的局面，尤其是在国家计划生育政策的影响下，《治平篇》被收入中学语文教材，对其人口思想的研究成为洪亮吉研究的一个热点，涌现出几十篇论文。此外，2001 年中华书局出版了由刘德权点校的《洪亮吉集》，成为洪亮吉研究的通行文本，不过校勘和标点方面尚有斟酌之处。这一时期还出现了两部评传，一为中国人民大学清史研究专家陈金陵所写的《洪亮吉评传》（中国人民大学出版社 1995 年版），全书分为"少年篇""幕客篇""学臣篇""谪戍篇""归里篇"和"学术篇"，侧重对洪亮吉生平的勾勒和其学术成果的介绍，并论述了洪亮吉与赵翼、曾燠、凌廷堪的交往，很少涉及其文学创作，所引诗文也只是作为洪亮吉生平勾勒之线索，而且印刷、标点、引文方面的舛误较多，倒是书后所附《洪亮吉年表》简洁明了，颇具参考价值；一为严明所著《洪亮吉评传》［（台北）文津出版社 1994 年版］，惜未能寓目。

相对于洪亮吉人口论研究的繁盛局面而言，其文学创作和诗学理论颇遭冷落。首先，在其诗歌研究方面仅有七篇论文发表，而研究其西域诗的就有四篇：李莹的《诗花灿烂照天山——清代著名诗人洪亮

---

① 《东方杂志》1926 年第 2 卷。

吉在新疆创作的诗词简析》①、许荣生的《洪亮吉西域诗琐议》②、李中耀的《洪亮吉对西域壮美河山的吟唱》③、张丽的《试论洪亮吉的天山诗》④，这些文章因限于篇幅，只就其代表作进行了赏析。陈训明的《灵气归笔端，奇矫得未尝——洪亮吉旅黔纪游诗刍论》⑤，则对洪亮吉的部分游黔山水诗作了鉴赏，但所举多非其代表作。张修龄的《洪亮吉和乾嘉诗坛》⑥ 一文则对洪亮吉的生平、诗论、诗歌及创作心态作了整体概述，堪称一篇力作，但限于篇幅而未能展开论述。王英志的《常州"二俊"山水诗论略》⑦ 对洪亮吉和黄景仁的山水诗从意境、情感、风格等方面作了比较研究，并将洪亮吉的山水诗创作分为两个时期，简述其前后风格之转变，精辟入理。还有一些专著，如严迪昌的《清诗史》、朱则杰的《清诗史》、马积高的《清代学术思想的变迁与文学》等，对洪亮吉的诗歌也有论述，篇幅虽少，但却能高屋建瓴地抓住其总体特征。此外，薛宗正的《历代西陲边塞诗研究》（敦煌文艺出版社 1993 年版）有一节专论洪亮吉的西域诗，以其行踪为线索，结合洪亮吉《伊犁日记》和《天山客话》赏析其戍边诗的代表作。

　　其次，关于洪亮吉诗学理论的研究较其诗歌创作稍显充分，发表的论文有三篇：蔡静平的《论洪亮吉〈北江诗话〉》⑧ 从"尚新倡奇""诗主性情""重诗教"三个方面论述了洪亮吉的诗学思想。李国华的《识广论域阔　持论亦时新——读〈北江诗话〉》⑨ 则是对《北江诗

---

①　《喀什师范学院学报》1981 年第 2 期。
②　《青海师范大学学报》1986 年第 4 期。此文漫议洪亮吉的西域诗，重点对洪亮吉西域诗之情感特征进行了探析。
③　《新疆大学学报》（哲社版）2000 年第 2 期。该文对洪亮吉边塞诗的代表作进行了赏析。
④　《新疆教育学院学报》2003 年第 3 期。此文仅对洪亮吉的三首描写天山的诗作进行了鉴赏。
⑤　《贵州社会科学》1985 年第 2 期。
⑥　《苏州大学学报》1987 年第 2 期。
⑦　《齐鲁学刊》1997 年第 6 期。
⑧　《中国文学研究》1996 年第 4 期。
⑨　《云南民族学院学报》（哲学社会科学版）1998 年第 2 期。

话》的漫议。曹虹的《从〈北江诗话〉看洪亮吉对妇女德艺的评章》①又从文化学的角度探析了洪亮吉的女德观。还有一些专著，如刘世南的《清诗流派史》，王镇远、邬国平主编的《中国文学批评通史·清代卷》都对洪亮吉的诗学观有所论述，且多精辟之见。但是，洪亮吉的诗学思想不仅限于《北江诗话》，其诗文、序跋中也有许多闪光的思想，而且就《北江诗话》而言，其内涵也是十分广博的，以前的研究或只论《北江诗话》，而忽视其诗文作品中所蕴含的诗学思想，或仅抓住《北江诗话》的某些方面加以论述，这就很难反映出洪亮吉诗学观之全貌。

再次，洪亮吉最有名的当数其骈文创作，然而这也是一个最被人所遗忘的角落，一方面是因为骈文这种文体自五四以来被看作形式主义而成为众矢之的，另一方面也是因为洪亮吉的骈文好用典故，铺采摛文，曲高和寡，实属必然，迄今为止仅有吕双伟的《洪亮吉骈文情感论》② 一篇论文发表，该文主要分析了洪亮吉骈文中所体现出的凄怆悲郁的情感特征。还有一些骈文史著作，如张仁青的《骈文学》、刘麟生的《中国骈文史》等提纲挈领地指出了洪亮吉骈文的总体风貌。然而，对于这样一位骈文巨匠而言，这些研究是远远不够的。洪亮吉的散文以其缺乏文学之审美性，也是历来受人冷落的一个版块，研究者多是从思想角度入手，阐释其实学思想，除张瑷的《洪亮吉散文浅说》③ 一文外，很少有人从文学角度加以研究。此外，洪亮吉的词以奇崛清峻自异时流，在乾嘉词坛孤标一帜，然而却也乏人问津，只有钱瑢之的《洪亮吉的〈冰天雪窖词〉评析》④ 一篇论文发表，此文虽然只对洪亮吉后期的词作进行评析，难窥其全貌，然而却不乏精到的见解。严迪昌的《清词史》也有简要的论述，指出其词具有神游九天的游仙色彩，揭示了洪亮吉词的主导风格。

回顾洪亮吉文学研究的历史，虽然取得了一些成绩，但这些研究

---

① 《中国文化研究》2002 年冬之卷。
② 《柳州师专学报》2003 年第 3 期。
③ 《常州教育学院学刊》1987 年第 4 期。
④ 《常州教育学院学刊》1986 年第 3 期。

大多局于一隅，很少深入地展开来论述，而且一些研究热点重复较多，即使把这些研究成果累加起来，我们对洪亮吉的认识仍是片面的、模糊的，要准确地认识和评价洪亮吉，就必须从全面解读其作品入手。本书在充分利用前人研究成果的基础上，通读全五册 160 余万字的《洪亮吉集》，并重点研读了近 6000 首北江诗词及《北江诗话》，采用知人论世、纵横比较的研究方法，结合乾嘉诗坛的背景及洪亮吉的生平、著述、思想、交游情况，力图全面深入地探讨洪亮吉的诗学思想及诗歌创作，并简要论述了洪亮吉的其他文体创作，以求反映其文学创作之全貌，进而对其在文学史上的地位和影响作出客观公允的评价。

第一章　洪亮吉的生平、著述及思想

一　洪亮吉的生平

洪亮吉是清代的朴学大师，又是乾嘉诗坛的巨子，他的一生和中国古代大多数士子一样由科举跻身官场，历经官海浮沉后优游林泉，以著述讲学终老。但其平凡的人生道路上却充满了曲折和坎坷，具有鲜明的个性特征和人格魅力。有关洪亮吉的生平资料甚多，大小传记约 30 余种，尤以其门生吕培等编撰的《洪北江先生年谱》，及严明、陈金陵所撰的两部《洪亮吉评传》记之甚详。因此，笔者不拟详述其生平，仅对其人生历程作大体勾勒，而重点突出其文学活动及人格个性，展示其诗学理论与创作风格发展演变的心灵轨迹。

洪亮吉，初名莲，曾改名礼吉，字君直，一字稚存，号北江，晚号更生。生于乾隆十一年（1746），卒于嘉庆十四年（1809）。江苏常州府阳湖县人，郡望敦煌。先世本居歙县洪坑，系出唐监察御史宏察，为避太子讳，改宏氏为洪氏，[1] 繁衍至明清时期，洪氏一门成为歙县望族，亮吉有诗云："在昔吾祖居新村，百年古歙称高门。仓庾岂独富亲族，徒隶亦感吾家恩。"[2] 曾祖璟为康熙三十七年（1698）拔贡生，曾任山西大同知府，以勤政爱民而享祀大同名宦祠。祖洪寀，[3] 国子监

---

① 洪亮吉：《泾河新丰柯村洪氏宗谱叙》，《更生斋文续集》卷二，《洪亮吉集》，中华书局 2001 年版，第 1167 页。

② 洪亮吉：《夜坐忆舍弟清迪》，《附鲒轩诗》卷二，《洪亮吉集》，中华书局 2001 年版，第 1937 页。

③ 洪寀，工诗文，有《午峰集》，见《清代毗陵书目》。

生，考授直隶州同知，赘于常州赵氏，遂占籍定居，后受赵氏之累，洪家走向败落。① 父洪翘，② 国子监生，累赠奉直大夫，工诗，早卒，此时亮吉年方六岁。家庭唯一的精神与经济支柱的倒塌，对于一个濒于生存底线的家庭来说无异于雪上加霜，致使"居无一椽食无继，穷冬出门布袍替"③。家道的败落和父亲的早逝，给亮吉幼小的心灵打下了深深的烙印，作为家中的长子，支撑家业乃至重振家声的重任就过早地落在了亮吉身上，这种影响在亮吉孝事寡母、敦品励行，对为官立功与著述立言的人生追求等各个方面均有印证。

（一）才高命蹇，坐馆游幕

亮吉自小"颖悟异常儿"④，四岁即能识字七八百，五岁时开始在私塾读书。父亲去世后，家贫无所依，蒋氏率家寄居外家，⑤ "时外家亦窘，蒋太宜人率诸女勤女工自给，并储修脯，俾先生就外家塾授经，率夜四鼓方就寝"⑥。而即使这样的辛勤劳作，也只能是"母勤三年绩，儿受一年经"（《附塾篇》）。亮吉的成长与母教是分不开的，蒋氏才识过人，"生而夙慧，五岁能诵《毛诗》《尔雅》，稍长，熟汉魏

---

① 赵氏为武进巨族，亮吉祖母为户部尚书赵申乔孙女，康熙四十八年状元赵熊诏之女。赵申乔为官苛刻，官场积怨颇多，其仇家就向其姻亲洪家下手，追查洪璟在任内贪污修城工款，"大同以城隍坏，请缮甓。既去官，大官招吏持标核减，以为不实，当偿币金十万以上，有子十一人，公寮独任之，则尽鬻私产以偿"，因此，洪家走向败落。随后而来的赵凤诏贪赃案对洪家打击更大，洪家被诬告"代匿脏贿"，而受到"籍没家产之累，致使家无一椽可居"（朱筠《国子监生洪君权厝铭》，《笥河文集》卷十四）。从此，这个百年望族一蹶不振。

② 洪翘，有《两间书屋集》，已佚，见《清代毗陵书目》卷四。

③ 洪亮吉：《夜坐忆舍弟清迪》，《附鲒轩诗》卷二，《洪亮吉集》，中华书局 2001 年版，第 1937 页。

④ 江藩著，钟哲整理：《国朝汉学师承记·洪亮吉》，中华书局 1983 年版，第 71 页。

⑤ 武进蒋氏为名门望族，人文辈出，亮吉母蒋氏为武进岁贡生封奉政大夫金声孙女，云南嶍峨知县敦淳之女。蒋敦淳，有小说《新稗类隽》10 卷，见道光《武阳合志》；《山带阁楚辞注》的作者蒋骥即敦淳兄弟，弟兄五人俱擅词章，又工考据，人称"里中五蒋"。亮吉舅氏蒋和宁、蒋蘅皆为乾嘉时期的名诗人。

⑥ 吕塔等撰：《洪北江先生年谱》，见《洪亮吉集·附录》。后有引用，径称《年谱》。

乐府古词,习《急就章》"①。督课甚严,"风雪夜受经至鸡鸣"②,亮吉曾有诗回忆这段感人的经历:

> 夜寒窗隙雨凄凄,长短灯檠焰欲迷;分半纺丝分半读,与娘同听五更鸡。

> 《南楼忆旧诗》

后来亮吉请人绘《机声灯影图》《寒檠永慕图》,怀念母亲对他的辛勤教育,"海内名人题咏殆遍"③,亮吉曾言:"六岁孤,从母育于外家。虽间出从塾师读,然《毛诗》《鲁论》《尔雅》《孟子》,实皆母太宜人所亲授也。"④ 正如张远览《卷施阁诗序》中所云:"学使洪北江先生少孤,其克自树立及学之有成,实秉贤母蒋太夫人之教。"⑤ 卢文弨《国子监生洪君家传》也说:"君没时,礼吉方六岁,自小学迄通经,皆孺人亲教之,正句读,审音训,一不染俗师之陋。"⑥ 王昶《湖海诗传》亦云:"稚存少孤失怙,为母夫人守节教养而成,是以刻意厉行,确苦自持,而于取与尤严,盖古之狷者也。"⑦ 由此可见,良好的母教对亮吉立身行事及读书治学之影响。

亮吉就读于外家私塾,不仅在生活上得到了资助,而且受到了良好的教育,蒋家"课子弟极严,自五经、四子书,及科举业外,不令旁及。自成童入塾后,晓夕有程,寒暑不辍。夏日别置大瓮五六,令读书者足贯其中,以避蚊蚋"⑧。这种严格的管教,培育了亮吉刻苦攻

---

① 郑虎文:《洪母蒋太孺人墓志铭》,转引自曹虹《阳湖文派研究》,中华书局2000年版,第47页。

② 《常州府志·人物传》,见《洪亮吉集》,中华书局2001年版,第2353页。

③ 杨钟曦:《雪桥诗话》续集卷六,转引自曹虹《阳湖文派研究》,中华书局2000年版,第47页。

④ 《平生游历图序》,《更生斋文乙集》卷二,《洪亮吉集》,中华书局2001年版,第1074页。

⑤ 《卷施阁诗序》,《洪亮吉集》,中华书局2001年版,第462页。

⑥ 《抱经堂文集》卷三十,商务印书馆1935年版,第408页。

⑦ 《洪亮吉集》,中华书局2001年版,第2396页。

⑧ 洪亮吉:《外家见闻》,见陈金陵《洪亮吉评传》,中国人民大学出版社1995年版,第11页。

读的精神。而且蒋家藏书极富，亮吉称："外王父嶰峨君喜贮书，有田十双，岁以半所入购积轴，历数十年，而仓粟未满，书签已盈。"有一年，在曝晒书籍时，外婆见亮吉喜读书，便"抽册以授，曰'吾家代衰矣，能读是者，其惟甥乎？'予时十岁，再拜受之"①。洪亮吉从小酷爱读书，但由于家境贫寒，一度因支付不起塾银而被迫辍学，有《驱儿篇》以纪其事："东家驱儿，不使读书；入告母，出告师，孤儿不食，泪若丝。牧群羊，牧群豕。孤儿宁愿读书死。君不见，三尺孤儿亦人子。"蒋家丰富的藏书为亮吉的成才提供了良好的环境。

亮吉"幼耽吟咏，自言'少日在外家读书，出塾后，即喜为诗，语虽不雅驯，然颇不可一世'"②。"七岁时，读书舅氏塾中，一日炎暑乍退，秋凉逼衣，忽得句云：'明月照千里，清风来桂香'，师惊赏以语舅氏。"十三岁"始学作诗，尝作《中秋即景诗》，有'日出百尺楼，花香三重门'之句"（《年谱》），才华初露。亮吉少时"于科举文字外，并好为诗歌，辄惊其老辈"③。同年，他随蒙师陈宾读书，陈"课徒之暇，喜录唐宋诗余，于是先生亦学作小令，并与表兄馨日课汉魏六朝三唐诗，成诵乃已"（《年谱》）。这不仅培养了洪亮吉对文学创作的浓厚兴趣，而且为其诗词创作奠定了师法对象。之后洪亮吉又师从唐为垣攻举业，"唐先生极赏之"（《年谱》），唐为垣素工诗，对洪亮吉的诗歌创作亦有一定的影响。④ 亮吉亦工制艺，"有异才之目，每课文日，先生常兼作数篇，或一题即制其二其三，午余，诸同学构思未就，辄已交卷，时蒙击节赞赏"（《年谱》）。他对未来也抱有极大的信心，其《初生十五六》一诗云："初生十五六，如鸟始出巢；毛

---

① 洪亮吉：《南楼赠书图记》，《卷施阁文乙集》卷四，《洪亮吉集》，中华书局2001年版，第315页。

② 洪亮吉：《杨大令伦九柏山房诗集序》，《更生斋文续集》卷一，《洪亮吉集》，中华书局2001年版，第1145页。

③ 秦瀛：《原任翰林院编修洪君墓表》，《洪亮吉集》，中华书局2001年版，第2373页。

④ 《唐见山先生传》称唐为垣："时时喜为诗，年二十八以诗文冠府属九学，补博士弟子员。后每岁科二试，辄以词赋冠其曹，以是学诗者踵门……亮吉成童后，从两先生游，先生以亮吉为孤子，教之甚严，督课常不使暇。"《更生斋文续集》，《洪亮吉集》，中华书局2001年版，第1166页。

翮虽未强，气已凌碧霄。"其诗表现出昂扬奋发的少年意气。然而科举是古代贫寒士子施展凌云壮志的唯一途径，自幼受封建科举制度熏陶的洪亮吉，为重振家声，实现经世抱负而执著于科考。正如《儒林外史》所描写的那样，绵延了上千年的科举考试至清代已经腐朽不堪，许多挣扎于这条路上的文人士子都受尽了折磨，即使是像洪亮吉这样的才士也不能例外。洪亮吉尽管才学不凡，但却在科举的道路上备尝艰辛，他从十六岁开始踏上科举之路，曾四应童子试，五应乡试，五应会试，终于在年近半百之时圆了进士梦。科场失意、才命相妨在他心中积淀下来的痛苦、感伤、失落构成其文学创作之心态，使其文学作品中时时流露出悲凉感伤的意绪。

　　由于父亲的早逝及家境的贫困，洪亮吉在弱冠之年就已挑起养家的重担，二十岁时，亮吉开始在外家团瓢书屋坐馆教书，暇即从舅氏问业，这时亮吉"与里中名士结社，订交始广"（《年谱》），与诗友们的唱和使他对诗歌创作的兴趣日益浓厚。他喜欢阅读诗文，但因无钱购买，"曾私赁棉夹衣数件，市本朝人诗集三四种"，母亲因"觅衣不得，曾痛笞之。不得已，断机中布鬻去，为一一赎出"（《外家见闻》）。"是岁，诗社以《洗研池赋》《槟榔行》《云溪竹枝词》命题，先生试列第一。又在杨氏藤光馆会课，凡四十人，皆里中名宿，先生年最少，从舅氏榕盦先生阅其文，奇赏之，亦列为第一"（《年谱》）。然而，亮吉于同年六月的童子试中仍旧落第。二十二岁时，亮吉三应童子试，不售，接二连三的打击并没有使他气馁，为静心苦读，他便"僦鹿苑庵后云依阁读书，每夜辄至三鼓，僧徒厌之，托言有赁宅者，迁先生入庵后土室中，上漏下湿，居之宴然。冬十月外王母龚太孺人病剧，先生自塾中归侍疾，衣不解带者旬日。及卒，恸哭呕血"（《年谱》）。二十四岁四应童子试，才获隽，补阳湖县学附生。当时邵齐焘主讲常州龙城书院，洪亮吉与黄景仁均从肄业，齐焘誉之为"二俊"①。二十五岁初应乡试荐而不售，在江宁结识了当时的诗坛泰斗袁

---

　　① 洪亮吉：《伤知己赋》注，《卷施阁文乙集》卷二，《洪亮吉集》，中华书局2001年版，第289页。

枚，袁“谓先生诗有奇气，逢人辄诵之”（《年谱》）。之后亮吉以馆谷不足养亲遂橐笔出游，时朱筠视学安徽，遂往从之，学使久器亮吉，乃专使相延入幕，并“作书遍至同朝，谓甫到江南，即得洪黄二生，其才如龙泉太阿，皆万人敌”（《年谱》），时幕下士多通儒，谈论古学，亮吉乃立志穷经，“始君擅词章，至是乃兼治经。”① 二十七岁更名为礼吉，次年“四库馆开，江浙搜采遗书，安徽设局太平，聘先生总司其事”（《年谱》）。二十九岁三应乡试，“是科闱中得文及五策，已定作元。房师贾先生景谊以首艺有别解，与两主司力争，因定作副榜第一”（《年谱》）。

三十一岁在王杰幕中为之校文时，“蒋太宜人在里猝得中风疾卒，春秋六十有三，仲弟以先生在千里外，恐得讣后惊悼有他变，即作札言太宜人病状，属姊婿史君德孚持至处州，并促偕归。到日亦值局试，留书而返。先生于试毕得书，星夜遄返。十一月十四日晡时，舟至戚野堰，距常州三十里，疾步至城。有仆窥园父仇三为营卒，途遇之，问家中状，仇以实告。先生瞬间哀耗，五内昏迷，方度八字桥，忽失足堕水，两岸陡峭，人不及救，随流至藤公桥，有汲者见发飏水上，揽之，得人，试心口尚微温，始呼众集救，问里中识者，共舁至家，救者不知先生，疑为避债赴水，及审状，则皆曰：'孝子，孝子！'悲叹而散。天严寒，衣履冰湿，邻人蒋松圆释先生衣，自解衣衣之。举家号哭呼救，久之方醒，抢呼痛哭，几不欲生，水浆不入口者五日。诸姊以大义责先生，始稍进米饮。七七内仅啜粝粥，席藁枕凷，昼夜号哭，终丧不进肉食，不入内室，所服皆白衣冠，不御缟布，自以未及侍蒋太宜人含敛，哀感终生。嗣后每遇祭日，辄终日不食，客中途次不变，三十年如一日”（《年谱》）。“又以闻母疾时方听乐，遂终身不近丝竹，其天性如此。”② 三十三岁以葬母归，“知友在百里以内者咸来会葬……先生在冢次三日夜，负土成坟，始归”（《年谱》）。次

---

① 赵怀玉：《皇清奉直大夫翰林院编修洪君墓志铭》，见《洪亮吉集》，中华书局2001年版，第2362页。

② 谢阶树：《洪稚存先生传》，见《洪亮吉集》，中华书局2001年版，第2360页。

年五月，亮吉孑然一身赴京，去追逐自己的理想，"时四库馆甫开，雠校事繁，座师董公诰为总裁官，属总校江宁孙舍人榕延先生至打磨厂寓斋，总司其事，岁修二百金，仲弟亦送入方略馆效力。先生节啬所入，半给仲弟馆费，以半寄归为衣食之资，迎养叔母余孺人，季父希李先生于家，用度益窘。每遇访友，或假书，十里五里，无不步行"。"仲弟以思家得咯血疾，新岁益甚。先生质衣具资，遣人送归。时甫近上元，以无衣不克出门，托疾断庆吊绝过从者凡两月"（《年谱》）。"明年皇太后万寿，为廷臣代拟祝词称旨，一日名满京师，求者踵至，数日得润余六百，益感愤读书。"（《松心日录》）①

乾隆四十五年（1780），亮吉四应顺天乡试，"以屡困场屋，不复有进取心"（《年谱》），出闱后就打算入蜀谋生，然而命运似乎总与亮吉开玩笑，他立志苦读，企求高中时却受到了一次一次的打击，当他心灰意冷、无意仕进时，命运之神又给予他希望，榜发揭晓，亮吉中式第五十七名举人，"座师以制艺皆散体，已定作副榜第一矣。忽中允得五策，以为顾亭林复生，蔡文慕公取阅，亦深赏之，遂移入前列"（《年谱》）。三十六岁初应礼部试，因名与礼部有同字，当有所避，遂更名为"亮吉"。他的试卷"闱中已定作江南第二本矣。固始吴副宪玉纶为副总裁，旋以军机中书汪君学金卷易之"（《年谱》）。出闱后，应陕西巡抚毕沅之招，遂决意游秦。在毕沅幕中共八年，深得毕沅赏识，时幕中多名人学士，相与切磋古学，饮酒赋诗，其学识诗艺日进。其间亮吉曾三应礼部试，均落下第，才高学富而屡困场屋，年过不惑而功名难遂，渴望大展宏图、经邦济世的功业理想与落拓天涯、寄人篱下的现实之间的落差使亮吉陷入了深深的痛苦中。然而，科场的连连败北并未能摧垮他的理想和信念，他的经世抱负与科名之心犹如卷施草一样"拔心不死"。

（二）黔中持节，万里荷戈

乾隆五十五年（1790），洪亮吉五应礼部试，终于金榜题名，是科

---

① 张维屏：《国朝诗人征略》，见《洪亮吉集》，中华书局2001年版，第2397页。

座师"朱文正公虽未识面，然知先生名已久，入闱后，欲暗中摸索得先生作第一人，及得李君赓芸卷，有驳策问数条，以为先生，拟第一。复得朱君文翰卷，用古文奇字，又以为先生，遂置李君卷六，而以朱君冠多士。及拆号，而先生名在第二十六。乃相与叹息，以为名次，亦有定数云，殿试，先生卷条对详明，读卷大臣进呈第一，钦定第一甲第二名"（《年谱》）。授翰林院编修，派充国史馆纂修官。榜眼及第的洪亮吉终于实现了蟾宫折桂的理想，告别了游幕生涯，鱼跃龙门。亮吉本以为就此可以改变自己的生存境遇，可以一展凌云之志，但翰林院编修是冷官，地位低，俸禄更是少得可怜，不要说施展经国抱负，就连生活都成了问题。满腹经纶只能用于谈谑酬唱，雄心壮志只能消磨于花间樽前，年终还要避债于外（《年谱》）。

乾隆五十七年（1792），洪亮吉被钦点为顺天乡试同考官，"又在闱中奉视学贵州之命。向例，未散馆翰林，无为学政者。有之，自先生及同年石修撰韫玉始，盖异数也"（《年谱》）①。钦点乡试同考官，荣任学政，这对一个翰林院编修而言不能不说是一种殊荣。当洪亮吉正沉浸在升官的喜悦当中时，次子的夭折又使他悲痛不已。在贵州学政任上，洪亮吉清廉爱士，勉励后学：

> 先生每课士，皆终日坐堂皇，评骘试卷，积弊悉除，又历试诸府，皆拔其尤者，送入贵阳书院肄业，一岁捐廉俸数百金，助诸生膏火，又购经史足本及《文选》《通典》诸书，俾资讽诵。其在省日，每日必自课之，令高等诸生进署，讲贯诗文，娓娓不倦，歇以饮馔，奖之银两。由是黔中人士，皆知励学好古，甲寅、乙卯两科，书院诸生中式者至五十余人……连翩擢第，余皆领乡荐及登拔萃科以去。五六年间，所识拔之士，无仍为诸生者。
>
> 《年谱》

---

① 按：此说有误，法式善《皇清奉直大夫翰林院编修洪稚存先生行状》："翰林院未散馆而为学使者，前则韩城王文端，近则吴县石君韫玉及先生三人而已。"见《洪亮吉集》，中华书局 2001 年版，第 2356 页。参以《清史稿》以法说为是。

亮吉教士以通经学古为先，黔士始治经史，"至今黔人能务读书者，君之教也"（《年谱》）。乾隆六十年任满还朝，"督抚密折陈奏声名，以为清廉爱士，数十年所未有。诸生送者，自图云关至贵定，三日中常不绝"（《年谱》）。是年，"门下士为先生校刊《附鲒轩》《卷施阁》二集"（《年谱》）。

嘉庆元年（1796），亮吉被任命为咸安宫官学总裁，侍皇曾孙奕纯读书。嘉庆三年（1798），翰林大考，亮吉所作《征邪教疏》，"力陈内外弊政，至数千言，情词剀切。阅卷者皆动色，初拟二等前列，旋置三等二名。三月初二日，引见，蒙高宗纯皇帝记名"（《年谱》），一时为人称颂，"都下盛传予疏，竞相传写"①，甚至使负言事之责的御史为之羞愧，"自余《征邪教疏》出，每有京邸宴集，居谏垣者必引避"②。因此，招来了许多政敌，"又在师友前论时事。扼腕叹息，皆以为狂。君知不容于时，适弟霭吉卒于家，以古人有期功去官者，乃引疾归"③。

嘉庆四年（1799），乾隆皇帝升遐，内廷翰林例应奔丧，亮吉束装北上，入都随班哭灵，座师朱珪保荐复官，被派与修《高宗实录》第一分册，亮吉"修史依古法，务简质，与诸臣公议多不合"④。旋教习庶吉士，拟乞假归。时川陕兵氛未靖，嘉庆帝方亲政，下诏求言，亮吉"目击时政，晨夕过虑，每闻川陕官吏偶言军营情状，感叹焦劳，或至中宵不寐"（《年谱》），"先生念自身微贱，受知两朝，居侍从之列，历试诸职，欲终不言，则非人臣匪躬之义；言之，又虑其不可以径达也。自闻诏后不知寝食者累月"⑤，以"翰林无专达之责，每在师

---

① 洪亮吉：《哭任军门承恩》注，《卷施阁诗》卷二十，《洪亮吉集》，中华书局2001年版，第938页。

② 洪亮吉：《临别戏赠孙大至索和章》，《卷施阁诗》卷十九，《洪亮吉集》，中华书局2001年版，第904页。

③ 江藩：《国朝汉学师承记·洪亮吉》，第71页。

④ 孙星衍：《翰林院编修洪君传》，见《洪亮吉集》，中华书局2001年版，第2357页。

⑤ 谢阶树：《洪稚存先生传》，见《洪亮吉集》，中华书局2001年版，第2359页。

友座扼腕论事，劝诸大僚，激扬人物清浊，人多以为狂"①，而那些居谏垣者，要么知而不言，要么敷告不实，② 这种吏不为民、请命无门的局面让忧国忧民的洪亮吉陷入了痛苦的深渊。在经过一番激烈的思想斗争后，他终于下定决心，走上犯颜直谏的道路，即使是落得"缟冠才几日，缧服作累囚"（《书事》）的下场也在所不惜。"一日奋曰：'吾终不可以立仗马，辜圣天子恩'，乃反复极陈时事，手书三函，乞成亲王及故大学士文正公朱珪、今兵部尚书刘权之代奏。"③ "书发后，始以原稿示长子饴孙，告以当弃官待罪，是日，宿宣南坊莲花寺，与知交相别，同人皆惧叵测，先生议论眠食如常。"（《年谱》）将胸中数月以来之郁塞一吐为快之后，他反而得到了解脱。他明知道上书有可能招来灾祸，但还是义无反顾，是因为在他的心中有一种致君泽民的崇高信念和不可抑制的兼济情怀在涌动着，以此可见洪亮吉的崇高品格。

亮吉的上书"大指谓圣躬宜勤政远佞，臣工多奔竞营私"④，罗列内外官员欺国罔上者四十余人，甚至对天子亦颇有微词，言语过激，震惊朝野，"上见'视朝稍晏''小人荧惑'等语，以为论及宫禁，震怒，革职"⑤，交军机处审问。对簿时，亮吉词色不挠，直陈无隐，或诘以官无言责，君曰："庶人传语，况翰林乎！"⑥ 诏："亮吉读书人，体弱，毋许用刑。亮吉感动伏地。"⑦ 最终审定当以大不敬律斩立决。"当时中外惶惑，以为先生祸且不测。内阁中书赵怀玉先生，同里友

---

① 孙星衍：《翰林院编修洪君传》，见《洪亮吉集》，中华书局 2001 年版，第 2357 页。

② 洪亮吉：《四月二日法祭酒式善邀同人至极乐寺小憩分韵得月字》："开诚布条教，欲使黎庶活。奈何诸大吏，敷告尚不实。"《卷旋阁诗》卷二十，《洪亮吉集》，中华书局 2001 年版，第 940 页。

③ 谢阶树：《洪稚存先生传》，见《洪亮吉集》，中华书局 2001 年版，第 2359 页。

④ 赵怀玉：《皇清奉直大夫翰林院编修洪君墓志铭》，见《洪亮吉集》，中华书局 2001 年版，第 2362 页。

⑤ 《常州府志·人物传》，见《洪亮吉集》，中华书局 2001 年版，第 2353 页。

⑥ 孙星衍：《清故奉直大夫翰林院编修加三级洪君墓志铭》，见《洪亮吉集》，中华书局 2001 年版，第 2369 页。

⑦ 《常州府志·人物传》，见《洪亮吉集》，中华书局 2001 年版，第 2353 页。

也，诀之以酒，怀玉一滴不能下咽，而先生大嚼，以为先生未之知也，目之欲语而止者再。先生察其色异，卒问曰：'君似有所言者，何嗫嚅也？'怀玉未有以应，已而哽咽出声曰：'有旨。'先生遽曰：'有旨斩立决耳，吾乃今日知死耶，君少安。'颜色不乱，饮咽如平常。"① "怀玉见之，大哭投地不能言，先生笑曰：'味辛，今见稚存死耶，何悲也？'"② 行刑前，"闻圣怒不测，行刑者已伺门屏间关。亲友有知其事者，皆痛哭入唁……实录馆供事苏玉等数人，余（亮吉）待之素有恩，益持余泣不止。余反慰之，并口占一绝，赠诸君，有'丈夫自信头颅好，愿为朝廷吃一刀'，闻者皆破涕为笑"③。面对死亡是何等的平静和沉着，足见他那种为理想而甘愿献身的崇高人格。行刑前，亮吉的许多好友都想方设法加以援救，座师朱珪去拜见皇上，"免冠顿首曰：'亮吉小臣妄发，罪死不赦，然亦愚忠人也。陛下幸无督过之。'上意愈解"④。嘉庆帝也怕杀了洪亮吉后会使谏者寒心，便下旨"着从宽免死，发往伊犁，交与将军保宁严行管束。至原书三件，除成亲王呈进者留以备览，虽所陈系毫无影响之事，朕必不因此含怒，以干太和之气，而阻敢言之风，且随时批阅，藉以为始勤终怠之儆"⑤。由于事出仓促，车马行李，俱无所出，"满洲今礼部侍郎成格，时官户部主事，甚贫，雅未识先生，以屋券质银三百两尽馈之，乃就道。先生之行也，居民闻其至，环观而拜于马前。将宿，或荐酒馔，已寝，则置牖上，以首叩户闳而去"⑥。"自诏狱出彰仪门，眎问者不绝于道，或为之泣，亮吉意气自如"⑦，沿途百姓争先来看不怕死的洪翰林。

　　上书事件是洪亮吉人生中最大的亮点，使他成为忠臣的楷模，这

---

① 谢阶树：《洪稚存先生传》，见《洪亮吉集》，中华书局 2001 年版，第 2361 页。

② 叶衍兰、叶恭绰：《清代学者像传合集》，上海古籍出版社 1989 年版，第 162 页。

③ 陈其元著，杨璐点校：《庸闲斋随笔》，中华书局 1989 年版，第 114 页。

④ 《哭座师朱大兴相国》诗注："余不随部议论死，实出于特恩，然亦公回天之力也。"《更生斋诗续集》卷六，《洪亮吉集》，中华书局 2001 年版，第 1705 页。

⑤ 《清仁宗实录》卷十五，见《洪亮吉集》，中华书局 2001 年版，第 2393 页。

⑥ 谢阶树：《洪稚存先生传》，见《洪亮吉集》，中华书局 2001 年版，第 2359 页。

⑦ 《常州府志·人物传》，见《洪亮吉集》，中华书局 2001 年版，第 2353 页。

让他名垂青史。"亮吉既殁,朝廷诏旨犹时及之,有直言陈大计者称美,谓有洪亮吉风。举朝唯阿,则激励之,今何无洪亮吉其人! 其名在朝廷如此。"① 然而,嘉庆皇帝下诏求言只不过是封建君主专制政治的粉饰和点缀而已,其主要目的是想借以打击士人聚众议政的风气,他说:"惟近日风气,往往好为议论,造作无根之谈,或见诸诗文,自负通品。次则人心士习所关,不可不示惩戒,岂可以本朝极盛之时,而辄蹈明末声气陋习哉?"② 而亮吉却没能识破统治者的权术,将之视为改革弊政、实现自己经世抱负的大好时机,他说:"至尊忧黎元,御殿每日昃。时时思说论,何异饥与渴。"③ 洪亮吉的上书恰好为嘉庆帝打击朝臣议政之风提供了一个契机,这样他也就成为统治者玩弄权术的牺牲品。可悲的是,他一厢情愿地为朝廷竭智尽忠,换来的却是被贬的结果,甚至差点招来杀身之祸,忠而被遣使洪亮吉胸中充溢着一股郁勃不平之气,这在他的诗文中时有流露。亮吉被戍伊犁,是他命运的转折点,从此也结束了他的仕宦生涯。在戍边途中,历经艰辛,多得朋友资助,于次年二月抵戍所。

先是伊犁将军保宁妄测圣意,于未到之先,先递奏折,中有"该员如蹈故辙,即一面正法,一面入奏"等语,硃批"此等迂腐之人,不必与之计较"。保公之意始息。到日,派办册房事务,并给西城官墅一所。先生自抵伊犁,除谒见将军外,踪迹不出户庭,所居环碧轩,高柳百株,亭亭蔽日,轩下溪水四周,暇则静坐摊书,间或巡栏闲步而已。是年四月,京师亢旱。皇上虔祷三坛,祈求雨泽,因命清理庶狱,分别减等,又赦刑部及各省,详查永远监禁人犯,分别省释,其在新疆年久未经释回者,俱分别开单,俟旨加恩。先生以到戍未及三年,例不开列,自四月二十四日皇上亲祷社稷坛之后,经旬尚未得雨。闰四月初三日,因奉上谕:

---

① 《常州府志·人物传》,见《洪亮吉集》,中华书局 2001 年版,第 2353 页。
② 《清仁宗实录》卷五十,嘉庆四年八月二十七日谕。
③ 洪亮吉:《四月二日法祭酒式善邀同人至极乐寺小憩分韵得月字》,《卷施阁诗》卷二十,《洪亮吉集》,中华书局 2001 年版,第 940 页。

"从来听言为致治之本，拒谏乃失德之大。朕从不敢自作聪明，饰非文过，采择群言，折衷而用，兼听并观，唯求一是而已。去年编修洪亮吉既有欲言之事，不自具折陈奏，转向成亲王及朱珪、刘权之私宅呈送，原属违例妄为。经成亲王等先后呈进原书，朕详加披阅，实无违碍之句，仍有爱君之诚，惟'视朝稍宴，小人荧惑'等句，未免过激。令王大臣等询问，拟以重辟，施恩改发伊犁。然以后言事者日见其少，即有言者，亦论官吏之常事，而于君德民隐，休戚相关之实，绝无言者，岂非因洪亮吉获咎，钳口不敢复言，以致朕不闻过，下情复壅，为害甚巨。洪亮吉所论，实足启沃朕心，故铭诸座右，时常观览，若实有悖逆，亦不能坏法沽名，不过违例奔竞取巧营私之咎，况皆属子虚，何须置辩，而勤政远佞，更足警省朕躬。今特明白宣谕王大臣并洪亮吉原书，使内外诸臣知朕非拒谏饰非之主，实为可与言之君，诸臣幸遇可与言之君，而不与言，大失致君之道，负朕求治之苦心矣。"王大臣等看此谕，先行回奏，仍各殚心竭思，随时密奏。军机大臣即传谕伊犁将军保宁，将洪亮吉释放回籍，钦此。是日午刻，皇上硃笔亲书，谕旨交军机颁发中外。下午以后，同（彤）云密布，即得甘霖。御制《得雨敬述诗》纪事。御制诗注有'纳言克己，乃为民请命之大端'。本日亲书谕旨，并将去年违例上书发往新疆之编修洪亮吉立予释回，宣谕中外，并将其原书装潢成卷，常置座右，以作良规。正在颁发，是夜子时，甘霖大沛，连宵达昼。旋据报"近郊入土三寸有余，保定一带亦皆深透。天鉴中诚，捷于呼吸，可感亦可畏也"等语。是月二十七日，先生在伊犁，钦奉谕旨，于将军署庭涕泣叩首，恭谢圣恩讫，即呈明将军，以五月初一日东还。统计居伊犁仅及百日。同人言："自辟新疆以来，汉员赐还之速，未有如先生者。"

《年谱》

亮吉被赦看似富有传奇色彩，其实背后蕴含着深刻的政治意义。洪亮吉上书之后给朝政带来了很大的影响，言事者日少，嘉庆帝出于求言的政治目的才赦免了洪亮吉，还为自己的错误找到了冠冕堂皇的理由，作为一个宦海弄潮儿，亮吉亦逃不脱统治者的机彀。洪亮吉的上书是他人格力量的外化，是他功业理想的体现和实践，这也是他人生乐章中最光辉的一页。

（三）优游林泉，著书讲学

洪亮吉自塞外戍归后，亲故话旧，恍如隔世，因自号更生居士。可见，上书事件不仅无情地粉碎了他的功业理想，更击垮了他的信念，让他对人生有了新的体验。亮吉归里后，枕葄坟籍，放浪山水，但由于受到编管，① 他只能在江浙一带活动。"里居十年，天下钦望，以识面为幸"，② "江左名士过君讲学问字者无虚日，或有延君主讲者，尽心教士，其学大行"③。嘉庆七年，洪亮吉应聘出任安徽旌德洋川书院山长，次年，应聘主讲扬州梅花书院，其"自塞外归，尤喜导扬后进。每遇世交子弟才藻过人者，辄向名钜卿称道不置。……其在苏州、松江、镇江、徽州、宁国、池州及浙江东西诸郡，簪屐所至，从游最多，每有异才，必加奖许；其尤邀心赏者，至折辈行相交，请质文字，累累常盈几案，至有数千里转辗介绍以求诗文题字者，……不可胜计；至如羽士缁流，素工吟咏者，亦欲得一言以为幸。偶归里中，及所过之地，户履恒满，樽酒过从，论文考古，动辄移晷，先生不惮其烦也"（《年谱》）。

亮吉里居十年，或遨游山水，或著书讲学，或为诗酒之会，虽已心灰意冷，可他的兼济之心始终不灭，"上愁国计虚，下苦民俗偷"④，并非钻在故纸堆中的一介腐儒。嘉庆十二年，常州大旱，"有司勘不成

---

① 《清仁宗实录》卷六十五："军机大臣即传谕署伊犁将军大学士保宁，将洪亮吉释放回籍，仍行知岳起，留心察看，不准出境。"见《洪亮吉集》，中华书局 2001 年版，第 2394 页。

② 《常州府志·人物传》，见《洪亮吉集》，中华书局 2001 年版，第 2353 页。

③ 孙星衍：《清故奉直大夫翰林院编修加三级洪君墓志铭》，见《洪亮吉集》，中华书局 2001 年版，第 2369 页。

④ 洪亮吉：《哭钱三维乔三十韵》，《更生斋诗续集》卷五，《洪亮吉集》，中华书局 2001 年版，第 1692 页。

灾，饥民剥树皮以食"，① "先生首请于蒋太守荣昌及武进、阳湖两明府，设局营田亩，捐资施赈。先生总理局事，自捐三百金为倡，余按城乡各商贾殷户，酌资劝捐，每日卯刻入局，漏下一二十刻始返，风雨无间，又虑赈鬻赈米有疾疫及狼藉粒米之虞，于是改赈以钱。自十二月至戊辰四月，每月放赈一次，计在局四阅月，凡捐银一万七千九百余两，钱十万六千四百余千，所赈饥口二十万四千九百六十余，其先归乡者不在此数。间阎稍苏，而灾厉不作，乡人感之"（《年谱》）。嘉庆十四年四月，洪亮吉卒于家，享年六十有四。就这样，一代奇才安详地走完了他的一生。

二　洪亮吉的著述及版本

洪亮吉一生刻苦力学，自言："鸡胶胶则随暗影以披衣，烛就跋则携素册以到枕。"② "尝引《荀子》言，为人戒有暇日。经史丹黄，手不停批，凡注释经史小学诗文杂著之类二百六十余卷。"③ 亮吉在晚年所作《戒子书》中，将自己的文学与学术成就概括为"诗文至五千首，撰述至三十种。"④ 可谓"经术词术，并登峰造其极。"⑤ 其著述可分为文学与学术两大版块。

（一）诗文集及其版本流变

洪亮吉诗文集的版本主要有两个系统。

1.《北江遗书》本，即乾隆、嘉庆间刻本和道光年间续刻本

《四部丛刊·洪北江诗文集》即据此本影印，它包括三个部分。

（1）《卷施阁文甲集》十卷、《卷施阁文乙集》八卷、《卷施阁诗》

---

① 江藩：《国朝汉学师承记·洪亮吉传》，中华书局 1983 年版，第 71 页。

② 洪亮吉：《与孙季述书》，《卷施阁文乙集》卷三，《洪亮吉集》，中华书局 2001 年版，第 299 页。

③ 孙星衍：《清故奉直大夫翰林院编修加三级洪君墓碑铭》，见《洪亮吉集》，中华书局 2001 年版，第 2370 页。

④ 《更生斋文乙集》卷三，《洪亮吉集》，中华书局 2001 年版，第 2100 页。

⑤ 吴元炳：《洪北江先生遗集序》，见《洪亮吉集》，中华书局 2001 年版，第 2400 页。

二十卷、《附鲦轩诗》八卷，为亮吉门生吕培、谭正治等校订，乾隆六十年（1795）刊于贵阳节署，此刊本又收于《近代中国史料丛刊续编》。

（2）《更生斋文甲集》四卷、《更生斋文乙集》四卷、《更生斋诗》八卷、《更生斋诗余》二卷，为亮吉门生谭正治、谭贵治等校订，嘉庆七年（1802）年孟夏刊于洋川书院。

中华书局《四部备要》本即据乾隆、嘉庆刊本影印，民国二十四年（1935）商务印书馆《洪北江诗文集》铅印本亦据此本，较《四部备要》本多收十余篇文。

（3）《拟两晋南北史乐府》二卷、《附鲦轩外集唐宋小乐府》二卷，为道光年间的续刻本。

2. 《洪北江全集》本，即亮吉曾孙洪用懃授经堂光绪三、四年（1877—1878）刊本

此本除包括《北江遗书》本所收作品外，还收录了《卷施阁文甲集》续一卷、补遗一卷、《更生斋文续集》二卷、《更生斋诗续集》十卷、《北江诗话》六卷，《续修四库全书》本即据此影印。中华书局2001年版刘德权点校《洪亮吉集》，也是以授经堂本为底本，成为现行通用的研究文本。本书即在此本的基础上，参照《四部丛刊》《续修四库全书》《洪北江诗文集》《近代中国史料丛刊》等版本写成。洪亮吉的部分诗文作品又被收入一些选集和丛书中。

（1）《附鲦轩诗》一卷及《卷施阁诗》一卷，收入乾隆五十五年（1785）由毕沅刊刻的《吴会英才集》。

（2）《卷施阁文乙集》一卷，收入《八家四六文钞》。

（3）《七招》一卷，收入道光《昭代丛书》。

（4）《更生斋文录》一卷，收入《国朝文录续编》。

（5）《更生斋诗余》二卷，收入《清名家词》。

（6）《洪稚存先生尺牍》一卷，收入《尺牍丛刻》。

（7）《玉麈集》二卷，收入《粟香室丛书》。

（8）《洪北江文集》四卷，1916年上海国学扶轮社排印本。

（9）《北江诗话》，收入《粤雅堂丛书初编》《小重山房丛书》《丛

书集成初编》，按：道光《武进阳湖合志》卷三十三作三卷，《贩书偶记》作四卷。

（10）《拟两晋南北史乐府》二卷、《附鲒轩外集唐宋小乐府》一卷，收入《忏花庵丛书》。

（11）《外家纪闻》一卷，收入《古今说部丛书》。

（12）《天山客话》一卷，收入《古今说部丛书》《小方壶丛抄》《小方壶舆地丛抄》。

（13）《伊犁日记》一卷，收入《舟车所至》《古今说部丛书》《小方壶丛抄》《小方壶舆地丛抄》。

按：《洪稚存先生尺牍》《外家纪闻》《玉麈集》《天山客话》《伊犁日记》，中华书局本《洪亮吉集》未予收录。

洪亮吉还有部分作品已亡佚：

（1）《勉余诗集》十四卷，《勉余文集》八卷，见《武进阳湖合志》卷三十三。

（2）《卷施阁文外集》二卷，皆为中岁以前的应世文。①

洪亮吉还有两部诗选：

（1）《京江三上人诗选》五卷，洪亮吉编选，有种竹轩刻本。

（2）《春园唱和集》，洪亮吉、庄馨、庄安定编，已佚，见《清代毗陵书目》卷八。

（二）学术著作

尽管洪亮吉以文学名家，然而他与乾嘉时期的大部分学者一样，不愿仅以诗名，"读书只欲究世务，放笔安肯为词章"②，他深知诗文不切世用，而经术考据却是通经致用之钥，故而，洪亮吉一生主要致力于学术研究，其成就也超过了文学创作所取得的成就，诗名为学名所掩。洪亮吉通经史，尤精舆地之学，其学术著作包括以下三个部分。

---

① 洪用懃：《更生斋诗续集跋》，见《洪亮吉集》，中华书局 2001 年版，第 1889页。

② 洪亮吉：《赵大怀玉招饮醉后却寄》，《附鲒轩诗》卷七，《洪亮吉集》，中华书局 2001 年版，第 2063 页。

1. 经学著作

（1）《春秋左传诂》二十卷。袁枚说洪亮吉："于经，深春秋"①，其标志性成果即《春秋左传诂》，"'诂''故''古'字通，欲以存《春秋》之古学耳"②，可见其学术倾向，这本书可谓是其"毕生精力所萃者"③，有人称此书出"凡魏晋以后虚造附会，一洗而空之。此其义之确而功之伟，视昆山顾氏、长洲惠氏之书，殆有过之矣"④。这也奠定了其吴派经学大师的地位。此书定稿于嘉庆十二年（1807），嘉庆十八年（1813）由其子饴孙、学生吕培付梓于南京。此书也受到了后世学者推崇，成为研究《左传》的必读书，先后被列入《皇清经解续编》《万有文库》《国学基本丛书》《四部备要》等丛书中印行，1987年中华书局又将之作为《十三经清人注疏》之一校点出版。

（2）《毛诗天文考》一卷。洪亮吉通过对《毛诗》所载的天文星象进行考辨，进而指出董仲舒天人感应理论的荒谬性，体现出其实事求是、敢于挑战权威的精神。

（3）《传经表》二卷，《通经表》二卷。洪亮吉详细考察了经学家的师承渊源，"作《传经表》一卷，其师承无可考者，复以《通经表》一卷缀之，而通二经以上至十数经咸附录焉，较明朱睦㮮《授经图》、国朝朱彝尊《经义考·承师》一篇详实倍之。盖周、秦、汉、魏经学授受之原，至此乃备也"⑤。

（4）《汉魏音》四卷。梁启超云："小学本经学附庸，音韵学又小学附庸"⑥，许多人都批评乾嘉学者皓首穷经，将毕生精力空耗于琐屑无用的文字声训考证上，而洪亮吉却认为："古之训诂即声音……声音

---

① 《卷施阁文乙集序》，《洪亮吉集》，中华书局 2001 年版，第 265 页。

② 洪亮吉：《春秋左传诂序》，《更生斋文续集》卷一，《洪亮吉集》，中华书局 2001 年版，第 1117 页。

③ 吕培：《春秋左传诂跋》，转引自陈金陵《洪亮吉评传》，中国人民大学出版社 1995 年版，第 346 页。

④ 吕朝忠：《春秋左传诂跋》，转引自陈金陵《洪亮吉评传》，第 346 页。

⑤ 洪亮吉：《传经表序》，《更生斋文续集》卷一，《洪亮吉集》，中华书局 2001 年版，第 1143 页。按：另有题毕沅所撰《传经表》《通经表》各一卷，实即洪书。

⑥ 《中国近三百年学术史》，天津古籍出版社 2003 年版，第 231 页。

之理通，而六经之旨得矣。"① 他深知文字声训乃治经之本、治经为明道救世之资的道理，故而他究心小学，潜研数十载，著成《汉魏音》《六书转注录》《比雅》等多种文字学著作。《汉魏音》成于乾隆四十九年（1784），次年刊行，毕沅、邵晋涵、孙星衍对此书推崇备至，分别为之作序，毕沅云："今洪君以深沉之思，钩贯群籍，刺取汉魏古音，如读若音近者多至数千百条，以说文类聚区分，俨坐北海南阁诸大师于一堂，口授指画俾后来训诂家割弃支离，尽返陆氏所称五十一家旧音，而孙、韦、周、沈以降诸人所得一切，可以尽弃，其命意可谓不凡矣。"② 尽管有过誉之嫌，但《汉魏音》的确堪称研究汉魏语音的一部力作，其被收入《韵学丛书》，张之洞、范希曾的《书目答问补正》也将之列为诸经目录文字音义直属的书目之一。

（5）《六书转注录》十卷，成于嘉庆十一年（1806），洪亮吉自序云："六书自谐声外，转注最多。惟转注，斯可通训诂之穷。……唐宋以来学者，不明转注之理，遂横生异说，而转注日晦。"于是他"暇日偶刺取《经》《传》中转注之字，以《尔雅》《说文》《小尔雅》《方言》《释名》《广雅》为纲"③，钩稽古籍中的转注之字，诚如陈庆镛所言："凡经传遗言以及老庄管荀《逸周书》《白虎通》、马班二史，汇集贯成十册转注录。洞声音训诂文字之要归，而学转注者当以是为圭臬。"④

（6）《比雅》十九卷，成书于嘉庆八年（1803），是仿《尔雅》所作的一部释义字典，体例也大体相似，为后世学者所重，《辞海》将之列为条目之一，称此书"据摭经史汉魏注疏，属释比事，撰为是编，体例悉遵《尔雅》"⑤。

---

① 洪亮吉：《汉魏音序》，《卷施阁文甲集》卷八，《洪亮吉集》，中华书局2001年版，第177页。
② 毕沅：《汉魏音后序》，转引自陈金陵《洪亮吉评传》，第400页。
③ 洪亮吉：《六书专注录自叙》，《丛书集成初编》第1106册，第7页。
④ 陈庆镛：《六书转注录序》，见洪亮吉《六书专注录》，《丛书集成初编》第1106册，第4页。
⑤ 《辞海》，中华书局1965年版，第260页。

洪亮吉还有三部经学书已佚。

（7）《公羊谷梁古义》二卷，成书于乾隆四十九年（《年谱》），见《国朝先正事略》卷三十五及《清代朴学大师列传》。

（8）《三传古义》四卷，见道光《武进阳湖合志》卷三十二，及袁枚《卷施阁文乙集序》。

（9）《宋书音义》，见《清代毗陵书目》卷七。

2. 史学著作

（1）《四史发伏》十卷，是对《史记》《汉书》《后汉书》《三国志》四史所载部分史实所作的考证，有光绪八年（1882）小石山房刻本。

（2）《国语韦昭注疏》十六卷，有旌德吕氏刻本。

（3）《历朝史案》二十卷，清吴裕垂撰，洪亮吉重编，有纪昀、吴锡麒、法式善等人为之作序。

（4）《晓读书斋杂录》八卷，为洪亮吉赦归后所作，"皆考订经史疑义，随手所札记者。……其精覆通博可与顾炎武《日知录》、阎若璩的《潜邱札记》诸书，足以抗行古"①。此书三录为黔中录、塞外录，是考察贵州、新疆风土民情的宝贵资料，其他各卷均为读史札记。

（5）《西夏国志》十六卷及《后汉书补注》均已佚，见《清代毗陵书目》。

3. 舆地学著作

梁启超称："中国地理学，本为历史附庸……盖以便于读史为最终目的，而研究地理不过其一种工具"②，袁枚亦称洪亮吉"于史，精地理"③。的确，洪亮吉的史学成就主要集中在历史地理方面，成为清代有名的舆地学家。乾嘉时期，传统的经学日益陷入了琐屑考证的泥沼，逐渐失去了清初学者们的经世意识，离现实越来越远。为复兴经学的现实关怀意识，许多有识之士便将目光转向了实用的舆地学，考证地

①　弈经：《晓读书斋文集序》，转引自陈金陵《洪亮吉评传》，第379页。
②　《中国近三百年学术史》，天津出版社2003年版，第349页。
③　《卷施阁文乙集序》，《洪亮吉集》，中华书局2001年版，第265页。

理沿革、考察地势水利，再次高扬清初的实学思潮，使朴学再度焕发生机，这股学术热潮的领军人物便是洪亮吉和章学诚。洪亮吉的舆地学著作有以下几种。

（1）《补三国疆域志》二卷。此志为补史之阙而作，成书于乾隆四十五年（1790），刊刻后引起了广泛的关注，严长明、吴兰庭、钱坫、孙星衍均为之作序，钱大昕惊叹此书为"奇绝"①，此书也成为读《三国志》不可或缺的工具书，而被收入《历代地理志汇编》及《史学丛书》中。

（2）《东晋疆域志》四卷。成书于乾隆四十七年（1792），亮吉自序云："历史地志，互有得失。若求其最舛者，则惟晋史《地理志》乎？其为志也，惟详太始、太康，而永嘉以后，仅掇数语。"② 此书深受钱大昕的赏识，谓："汗青甫毕，出以相示，读之益叹其才大而思精，诚史家不可少之书也。"③ 此书后被收入《二十五史补编》。

（3）《十六国疆域志》十六卷。成书于乾隆五十一年（1796），与《东晋疆域志》相辅而行，此书保存了大量的历史地理资料，被收入《史学丛书》和《二十五史补编》。

（4）《乾隆府厅州县图志》五十卷。洪亮吉不仅研究历史地理，强烈的经世意识使他更关注当今地理，自乾隆五十二年（1787）在毕沅幕府中时，他便已着手撰写此书，直至嘉庆初年方告完成。此书共五十卷，前四十八卷记载了当时全国十九个省所辖府、厅、州、县的情况，第四十九卷记述了八旗牧场、新疆、西藏、蒙古诸边疆的情况，第五十卷记载了清朝与朝贡诸国，如朝鲜、日本、缅甸等，以及通商诸国，如荷兰、西班牙、意大利、英国、俄国等国的交往。此书还"五金利用，标所出之山；近盐便民，记置场之所。水道，则据今时出入，而缀以故名；陂塘则记历代废兴，而并详创始。形势所在，非可

---

① 钱大昕：《东晋疆域志序》，吕友仁校点《潜研堂集》，上海古籍出版社1989年版，第401页。
② 《卷施阁文甲集》卷八，《洪亮吉集》，中华书局2001年版，第181页。
③ 钱大昕：《东晋疆域志序》，吕友仁校点《潜研堂集》，上海古籍出版社1989年版，第401页。

空言；战争之区，因事附录"①。凡有益于国计民生者，一一登载，堪称一部百科全书式的舆地学巨著，这也是洪亮吉学术著作的代表作。而梁启超却称此书不过是"《一统志》之节本，稍便翻览而已"②。评价有失公允。此书把历史地理与当代政治、经济、地理结合起来，将藏于内府的《一统志》传于民间，有利于地理知识的普及和区域经济的开发，故而于宗林称："余学而读之，而知先生此书非仅考镜今古，厘析中外，实先生经世之志所寓也。"③ 直到现在，各地兴起编写方志的热潮，北京中国书店将此书影印出版，可见其参考价值。

（5）《贵州水道考》三卷，收入《卷施阁文甲集》。洪亮吉任贵州学政期间，因贵州"地没于苗蛮，名乖于土俗，一水则随地易名，有至十数名不止者，何怪乎撰方志、询土俗者之转辗承讹无一可据乎？"于是利用考核生员的机会，遍至贵州十三府，"其轺车所至，皆沿源溯流，证以昔闻，加以目验，既不信今，也不泥古，两年于兹"④，遂于乾隆五十六年（1791）撰成此书，对贵州一省的水道沿革、水利分布作了详细的考证。

乾嘉时期，各地兴起了编纂方志的热潮，许多封疆大吏都把纂修方志作为一大政事，以其可以作为施政之鉴，也可以作为传名后世的手段。而洪亮吉和章学诚则是当时全国数一数二的方志学大家，二人各编有九部方志，若洪亮吉将《乾隆府厅州县图志》计入，其数量还超过了章学诚所撰方志数，为时人之冠。洪亮吉的大部分方志撰写于毕沅幕府，乾隆四十六年（1781）他代庄炘修《延安府志》，次年，撰《淳化县志》《长武县志》，又与孙星衍合撰《澄城县志》。乾隆五十年（1785）毕沅调任河南，亮吉随至开封，撰写了《固始县志》，次年又编纂了《登封县志》《怀庆府志》。嘉庆十一年（1806）主编《泾县

---

① 洪亮吉：《乾隆府厅州县图志序》，《卷施阁文甲集》卷八，《洪亮吉集》，中华书局 2001 年版，第 175 页。

② 《中国近三百年学术史》，天津古籍出版社 2003 年版，第 461 页。

③ 《乾隆府厅州县志跋》，转引自陈金陵《洪亮吉评传》，第 396 页。

④ 洪亮吉：《贵州水道考·上》，《卷施阁文甲集》卷四，《洪亮吉集》，中华书局 2001 年版，第 91 页。

志》，次年又与修《宁国府志》。洪亮吉所修方志"庶几可与宋敏求、孟元老西京、汴梁诸志录较其优劣矣"①。洪亮吉修志重视历史沿革的考察，毕沅赞其"精于史学，所修县志，皆一以史例编之"②，起到了以志补史的作用，故而有人称他为乾嘉考据学派在方志学的代表。③

洪亮吉学识渊博，经史百家无不涉猎，在游幕期间为幕主们编校了许多大型文献，如在毕沅幕府期间，他曾与修《续资治通鉴》等，并作有《宋元通鉴地释》一书，惜已佚（见《清代毗陵书目》卷二）。他亦曾涉足姓氏学，有《两汉同姓名录》，亦佚（见《清代毗陵书目》）。洪亮吉还是一位校勘学家，著有《弟子职笺释》一卷，并在《上石经馆总裁书》中提出了前后倒置、脱文宜补、衍文宜去等 24 条校勘原则，在校勘学史上具有重要的意义。

三 洪亮吉的思想与个性

（一）洪亮吉的思想

洪亮吉号称通儒，与乾嘉时期的大部分朴学家一样，以复兴古学为己任，他常说的"古学"，即有别于宋明理学的先秦两汉的传统儒学。儒学自孔子之后裂变为二：一派是曾参、孟子所讲的义理之学，另一派为子夏等所讲的文章、文献之学，后经汉儒努力发扬光大。这二派的影子在洪亮吉身上均能找到。

首先，洪亮吉主要致力于经史考据，很少对义理加以阐发，儒学之义理一派对他的影响主要体现在其言行中，主要包括以下三个方面。

第一，洪亮吉毕生执著追求着儒家"三不朽"的功业理想。儒家为知识分子设计的人格理想是"太上有立德，其次有立功，其次有立言，虽久不废，此之谓三不朽"④。洪亮吉作为儒者，亦以此为人生之

---

① 毕沅：《固始县志序》，转引自陈金陵《洪亮吉评传》，第 381 页。
② 毕沅：《淳化县志序》，转引自陈金陵《洪亮吉评传》，第 381 页。
③ 乔治忠：《章学诚的史学创见与修志实践的关系》，《南开学报》1988 年第 4 期。
④ 《左传》襄公二十四年，杨伯峻《春秋左传注》，中华书局 1981 年版，第 1088 页。

标杆。在这"三不朽"当中，以"立德"为上，在儒家看来，德高于一切，德也是衡量一个人的最高标准，洪亮吉也以"正天下之心术"①为最高的人生追求。他从小就受到了良好的儒家教育，五岁就能背诵《大学》《中庸》，九岁时，蒋太宜人举"宜其室家"命之属对，亮吉应声曰"饱乎仁义"（《年谱》）。他立身忠孝，笃于友谊，为人处世以儒家礼法为准则，是一个具有浓厚正统思想的儒者。赵怀玉为其作的墓志铭云："君之制行惟孝友，爰及宗媛，如身与手；君之致身在忠谠，主圣臣直，令终高朗。"②

儒家所讲的"德"主要指忠孝仁义，洪亮吉堪称忠臣、孝子、仁人、义士的楷模。上书事件充分展现了他的忠君爱国之心，作为翰林，本无言事之责，但他目睹时局，晨夕焦虑，而且，他明知上书可能会招来横祸，却毅然走上了犯颜直谏的道路，是一腔赤诚使他将生死置之度外，在审讯时，他之所以那样从容自若，正是因为他已完成了作为臣子的神圣使命，生命已变得轻如鸿毛了。他的忠心在其诗文中亦时有流露。

洪亮吉还是有名的孝子，"亮吉纯孝，既壮，为婴儿戏娱母"③。及长，以家贫而四处坐馆游幕，节所入以养母，事母至孝，及母丧，痛不欲生，三年不食肉，不入于内，嗣后每遇祭日，辄终日不食，三十年如一日，人皆称"孝子"。亮吉又笃于友谊，挚友黄景仁客死，亮吉千里奔赴其丧，并抚恤其孤儿寡母，世有"巨卿"之目，因此，洪亮吉以志行气节为儒林所引重。他对立德的追求，还体现在对儿子的教导上，其《戒子书》云："财不歆非义，福不歆非分，处则孝于家，出则忠于国，太宜人晨夕之面命也，惧之哉！惟俭可以立身，惟恕可以持己，俭则无求于人，恕则无忤于物。"④ 此即洪亮吉的处世哲学及人生追求。洪亮吉不仅在立身处世上一依儒家礼法，在品评人物时亦

---

① 洪亮吉：《春秋时仲尼弟子忠于鲁国并善守师法论》，《更生斋文甲集》卷二，《洪亮吉集》，中华书局 2001 年版，第 997 页。
② 赵怀玉：《洪君墓志铭》，见《洪亮吉集》，中华书局 2001 年版，第 2362 页。
③ 《常州府志·人物传》，见《洪亮吉集》，中华书局 2001 年版，第 2353 页。
④ 《更生斋文乙集》卷三，《洪亮吉集》，中华书局 2001 年版，第 1099 页。

以之为标准，他为许多贞节烈女树碑立传，如《祝贞女传》《张烈妇诗》等，体现出对儒家所弘扬的"德"的虔诚礼赞；他在论诗时重人品，提倡儒家诗教，这也本于其儒家思想。

由于洪亮吉生当盛世，百年承平，作为一介文士，很少有"立功"的机会，但他渴望建功立业的雄心壮志始终不渝。青年时期，他曾言："胸中之奇亦思吐，意欲上书丞相府。直将心迹寄青云，不用头颅入黄土。"① 然而时代不给他驰骋疆场、建功立业的机会，他只能退而求其次，追求"立言"了。洪亮吉曾致书孙星衍云："上亦冀展尺寸之效，竭志力以报先人；下庶几垂竹帛之声，传姓名以无惭生我。"② 明言其立言之志，亮吉一生精力主要就耗在了著书讲学上，仅传世之作就达二百六十余卷，也正是其立言的追求，才使他青史留名。

第二，洪亮吉具有强烈的儒家所倡导的入世精神。孟子云："士之仕也，犹农夫之耕也。"③ 洪亮吉作为儒士，自小就沿着先贤制定的这条人生道路前进，努力挣扎在科举功名的道路上。他热衷于科名，然而却久困场屋，在科举的道路上历经艰辛，可他从不言弃，其动力便是儒家所倡导的入世精神。为官期间，又被冷置，时常流露出壮志无由施展的苦闷，直至上书言事，被遣伊犁，为他的仕宦生涯画上了一个句号。但是，即使是在他晚年归田里居时，他还是一直痛苦地期望着有朝一日能够被再度起用，因为在他被戍时，座师朱珪曾"谆谆以留此身有待为属"④。"虽耕东海田，时有北阙梦"⑤ 正是其晚年心态的真实流露，其身虽在江鸥野鹭之外，其心却在修齐治平之间，然而，这种期待却是遥遥无期的，所以其晚年的诗中充满着感伤失落的灰色

---

① 洪亮吉：《赵大怀玉招饮醉后却寄》，《附鲒轩诗》卷七，《洪亮吉集》，中华书局 2001 年版，第 2061 页。

② 洪亮吉：《与孙季逑书》，《卷施阁文乙集》卷三，《洪亮吉集》，中华书局 2001 年版，第 299 页。

③ 《孟子·滕文公下》，杨伯峻《孟子译注》，中华书局 1984 年版，第 142 页。

④ 洪亮吉：《哭座师朱大兴相国》诗注，《更生斋诗续集》卷六，《洪亮吉集》，中华书局 2001 年版，第 1705 页。

⑤ 洪亮吉：《古意十篇奉酬范文学棠见赠作》，《更生斋诗》卷六，《洪亮吉集》，中华书局 2001 年版，第 1356 页。

音符。尽管他优游林泉，行动是洒脱的，思想却是沉重的，其后半生不啻为流放的延续，其晚年的达观也是出于一种参透命运的无奈，功业未成而身已先退的悲哀在他晚年的诗中时有流露，这种不得已的隐退，使他陷入了"士"与"隐"的二难困境中，他多么期望有一天能够再回宫阙，然而，他却只能在回忆和期盼中无止境地等待着，可见，儒家强烈的入世精神始终是其思想的主导。

第三，洪亮吉具有强烈的干世意识和人文关怀精神。乾嘉时期号称盛世，其实却是"金玉其外，败絮其中"，存在着许多社会问题，政治腐败、时局动荡、民不聊生，洪亮吉对此深表忧虑，其《征邪教疏》和"千言书"① 把批判的矛头指向了社会的各个角落，揭开了盛世王朝的面纱。在腐朽的清政府的黑暗统治下，黎民百姓生活于水深火热之中，洪亮吉忧国忧民，感时伤世，他除了写诗作文为民鸣不平之外，只能做一些力所能及的事，如嘉庆十二年常州大旱，他捐金赈灾，救活家乡二十多万百姓的性命。

其次，洪亮吉毕生致力于经史考据，成为乾嘉学界的巨擘。洪氏所谓的"古学"，主要指文章、文献之学，也即汉学。乾嘉时期的汉学分为吴、皖两派，支伟成的《清代朴学大师列传》将洪亮吉列入吴派经学家的行列，这是符合实际的。吴派创始于惠栋，有两大特征：一是"其学好博而尊闻"，"笃于尊信，缀次古义，鲜下己见"。而不同于皖派的"综形名，任裁断"②。吴派只注重文字声训及名物制度的考证，不阐发经义，求古而不求是，洪亮吉为学也坚持这一原则，其《春秋左传诂序》云："大旨以前古之人正中古之说。虽旁证曲引，惟求申古人之旨，而己无预焉者也。"③《寓兴》诗亦云："古来大圣人，贵述不贵创。"④ 二是"吴学尊古崇汉"⑤，亮吉治学亦宗汉儒，以古证

① 全文存于《清史稿》卷356《洪亮吉传》中，见《洪亮吉集》，中华书局2001年版，第2377—2383页。

② 章炳麟：《检论·清儒》，《章太炎全集》（三），上海人民出版社1984年版，第473页。

③ 《更生斋文续集》卷一，《洪亮吉集》，中华书局2001年版，第1118页。

④ 《更生斋诗》卷八，《洪亮吉集》，中华书局2001年版，第1399页。

⑤ 钱穆：《国学概论》，商务印书馆2005年版，第271页。

今。从其著述来看，其研究范围主要是六朝以前的典籍，在研究方法上也很推崇汉儒，其《汉魏音序》云："今《汉魏音》之作，盖欲守汉魏诸儒训诂之学者设耳。"其《春秋左传诂序》亦云："然以后人证前人之失，人或不信之，以前人证前人之失，则庶可釐然复矣。"不过，洪亮吉又有与吴派不尽一致的地方，吴派惟汉是尚，惟古是信，正如梁启超所言"不问真不真，惟问汉不汉"①，洪亮吉虽宗汉嗜古，然却能不囿于吴派之囹圄，不盲从古人，而提出"推求本原，实事求是"②的治学原则，他在《贵州水道考·上》中云："类皆沿源溯流，证以昔闻，加以目验，既不信今，也不泥古。"③ 洪亮吉还曾致书钱大昕，批评其从侄钱坫为学"好古似微过也"④。此外，洪亮吉初涉学时，由其乡贤庄存与所开创的常州学派正如日中天，该派"其渊源所自，亦苏州惠氏尊古而守家法之遗，而不甘为名物训诂，遂循而至此也"⑤。亮吉又与庄家有亲，故而不能不受其影响。常州学派以治公羊学为本，亮吉亦曾涉足公羊学，所不同者，常派属今文经学派，而吴派则今古文不分；吴派只重名物训诂之考证，而常派则更重经世致用，洪亮吉也吸收了常派的这一特点，为学亦重实用，其《偶成》云："不作章句儒，平生慕奇节。曲台日系肘，取与日用切。"此又与埋首考据者相异。

总体来说，洪亮吉应属吴派，故江藩将他列入《国朝汉学师承记》中，汉学家们标榜汉学，目的是为反宋学，洪亮吉《邵学士家传》云："盖自元明以来，儒者务为空疏无益之学，六书训诂屏斥不谈，于是，儒术日晦而游谈炎兴。"显然是针对宋明理学游谈无根、空疏无用而发的，又表彰了邵晋涵等开拓汉学之功，"向之空谈性命及从事帖括者始

---

① 《清代学术概论》，见钱穆《国学概论》，第 273 页。
② 洪亮吉：《邵学士家传》，《卷施阁文甲集》卷九，《洪亮吉集》，中华书局 2001 年版，第 192 页。
③ 《卷施阁文甲集》卷四，《洪亮吉集》，中华书局 2001 年版，第 91 页。
④ 洪亮吉：《复钱少詹书》，《卷施阁文乙集》卷五，《洪亮吉集》，中华书局 2001 年版，第 326 页。
⑤ 钱穆：《国学概论》，第 305 页。

骎骎然趋实学矣"①。他对宋学家的鄙夷随处可见：

> 圣人旨昭昭，不向六籍寻。沉埋语录中，痼疾既已深。
>
> 《偶成》
>
> 尧夫②《经世》吾懒观，复恐误尔儒为禅。
>
> 《杨秀才崛谷渔樵问答卷子》

他之所以反对宋学，是因为在他看来宋明理学是三教合一的产物，并非纯粹之儒学，《北江诗话》卷二云：

> 大抵释氏书之精，皆庄列之绪余。南宋儒者，似又窃释氏绪余。此即庄子所谓"每况愈下"也。

因此，他便主张宗汉复古以求其真。洪亮吉还"深忌浮屠氏之说，诗文中未尝用彼教语"③，他在十四岁始学作文时便写了一篇《斥释氏文》（《年谱》）。他批驳释道，也是有为而发的，当时上至达官显贵，下至平民百姓，信佛求仙成为一时风尚。洪亮吉的座师朱珪对他有奖掖之恩，亮吉素敬重其为人，独不喜其佞佛。陈其元《张船山题画鹰诗》载：

> 船山先生与洪稚存太史亮吉皆大兴朱文正相国门下士。相国好佛，尝于生朝诸弟子称觞之际，太史袖出一文上寿。相国固喜其文，亟命读之。太史抗声朗诵，洋洋千言，多讥佞佛事。诸人大惊，先生独大笑叫绝，相国大怒。④

朱珪死后，亮吉有诗悼之："身秉安危二十年，惜犹癖佛佞神

---

① 《卷施阁文甲集》卷九，《洪亮吉集》，中华书局 2001 年版，第 192 页。
② 尧夫，指理学家邵雍。
③ 江藩：《国朝汉学师承记·洪亮吉》，第 71 页。
④ 陈其元著，杨璐点校：《庸闲斋笔记》卷五，中华书局 1989 年版，第 114 页。

仙。"① 洪亮吉贬斥释道根源于其朴素唯物主义的无神论思想。首先，他否定鬼神迷信之说，他说："鬼神之说，上古无有"（《意言·鬼神篇》），只是后人杜撰的，"山川社稷风云雷雨之神即生于林林总总之心而已"（《意言·天地篇》），因为："天苟有神，则应有天之圆以为形；地苟有神，则应规地之方以为形。今世所传天神地祇之形，则皆与人等，是则天地所造物之形而不能自造其形，及至降而学人之形，有是理乎?"因此，他得出结论："山川社稷风云雷雨皆有神乎? 曰：无也。高曾祖考皆有鬼乎? 曰：无也。""天不命雷击人，鬼神亦不能祸福人。"（《意言·祸福篇》）在他看来，所谓"雷诛隐恶刑罚之所不到者"的说法纯属无稽之谈。其次，洪亮吉还批驳了长期以来流传着的唯心主义有神创世说，他说："如谓天专生以养人，则水中之蛟鳄食人，天生人果以为蛟鳄乎?"吃与被吃只不过是"恃强弱之势，众寡之形耳"（《意言·百物篇》）。这已接近物竞天择、优胜劣汰的进化论了。再次，洪亮吉还批判了统治者历来所提倡的生死有命、富贵在天的天命论，以及当时流行的服食求仙、丧葬奢华之风。

洪亮吉思想中最闪光、对后世影响最大的便是其人口论，主要集中于《意言·治平篇》和《意言·生计篇》中，洪亮吉的《意言》成于乾隆五十八年（1793），比马尔萨斯《人口论》的出版还早五年，故而洪亮吉又被称为"中国的马尔萨斯"②。

（二）洪亮吉的个性

洪亮吉立身处世以忠孝仁义为根柢，有古之通儒贤者之风，以志行气节为儒林引重，且为人豁达，不为外物所役。"盖先生（洪亮吉）少孤，贫乏无以自存，常徒步数十里负笈从师，苦无书，怀饼就抄，穷年不倦。稍壮，设塾教弟子，所得馆谷至微，用以养生送死，愈益

---

① 《哭座师朱大兴相国》，《更生斋诗续集》卷六，《洪亮吉集》，中华书局 2001 年版，第 1705 页。
② 张荫麟：《洪亮吉及其人口论》，《东方杂志》1926 年第二卷。

困厄，而先生傲岸无愁色，处之泊如也。"① 洪亮吉亦有怆爽的一面，他"长身火色，性豪迈、喜论当世事"②。"自称性褊急，不能容物，好古人偏奇之行，每恶胡广中庸，不悦孔光、张禹之为人"③，颇有魏晋名士的任诞之风：

> 戊午年，大考翰林，公（亮吉）上《平邪教疏》，深中窾要，人争诵之。朱文正公招之入都，欲荐于朝。先生乃于朱座首斥其崇信释道，为邪教首领之语。朱正色曰："吾为君之师辈，乃敢唐突若尔？"先生曰："此正所以报师尊也。"又讥王韩城相公为刚愎自用，刘文清公为当场鲍老，一时入座，无不被其讥者。④

> （洪亮吉）性超迈，歌呼饮酒，怡怡然，每兴至，凡朋侪所为，皆掣乱之为笑乐，而议论当世大事，则目直视，颈皆发赤，以气加人，人不能堪。会有与君先后起官者，文正公并誉之，君大怒，以为轻己，遂怏怏不乐。⑤

他对待于学术更是一丝不苟，江藩《国朝汉学师承记》曾有这样一段记载：

> 嘉庆四年，藩遇君（亮吉）于宣城，论《说文解字》五龙六甲之说及"冕毓"字不合，君出示所作古文，藩又指摘其用事伪舛。君断断强辩，藩曰："君如梁武之护前矣。"君愠见于色。因藩谈次偶及奥县，君云在江都，藩据《文选注》赤岸山之证，当在六合。藩又谓《太平寰宇记》邓艾石鳖城白水陂不见于史而已，并未言无此事也。君忽寓书于藩，谓奥县实在江都，而邓艾事乐史本之《元和郡县志》，岂可疑为无此事者。洒洒千言，反复辩

---

① 吴元炳：《洪北江先生遗集序》，见《洪亮吉集》，中华书局2001年版，第2400页。
② 《清史稿》卷356《洪亮吉传》，中华书局1977年版，第11307页。
③ 孙星衍：《翰林院编修洪君传》，见《洪亮吉集》，第2358页。
④ 昭梿：《啸亭杂录》卷七《洪稚存》，中华书局1980年版，第186页。
⑤ 恽敬：《前翰林院编修洪君遗事述》，见《洪亮吉集》，第2372页。

论。藩不答一字，恐激君之怒耳，岂知益增其怒，遂不复相
见矣。①

　　他生性豁达而又刚愎自用，且十分自负，尝自称为"旷代逸
才"②，还为好友徐书受之子起名为"孟吉"，并期望他将来"富贵或
过我，文章只期同"③。洪亮吉最喜游览，"登黄山天都峰绝顶，入茅
山石洞，持烛行数里，放舟上洞庭缥缈峰，大风浪吟啸自得，皆人所
难，而气质沉厚，可任大事"④。可见洪亮吉人格性情之一斑。

---

　　① 江藩：《国朝汉学师承记·洪亮吉》，第 71 页。
　　② 伍崇曜：《粤雅堂丛书北江诗话跋》云："尝见其小印，作'旷代逸才'四字，
亦唯先生不愧此言。"《洪亮吉集》，中华书局 2001 年版，第 2314 页。
　　③ 洪亮吉：《洪儿歌为徐同年书受赋》，《卷施阁诗》卷八，《洪亮吉集》，中华书
局 2001 年版，第 625 页。
　　④ 《常州府志·人物传》，见《洪亮吉集》，中华书局 2001 年版，第 2354 页。

第二章　洪亮吉的交游

洪亮吉为人坦荡磊落，笃于友谊，一生漂泊天涯，上至名公巨卿，下至布衣寒士，无不与之倾心相交。其《北江诗话》对当时 104 位诗人的诗作进行了精辟的品评，后世闻名者颇多，除黎简外，其余诸人皆与亮吉相识，其交游之广令人惊叹。此外，乾嘉之际是考据学的全盛时期，洪亮吉作为一名朴学大师与许多耆学宿儒亦有交往，他们探讨学术，诗酒唱和，相互之间无疑也产生了一定的影响。可以说广泛的交游是洪亮吉文学、学术双丰收的一个不可忽视的因素。考察他的交游对更深入地把握其文学思想及创作具有重要的意义。其交游大体上可分为里中诸子、耆学宿儒、馆阁词臣、其他才士四大群体，据笔者粗略统计，与洪亮吉相交并有诗文酬赠的文人学士就达 370 多人，几乎囊括了乾嘉诗坛和学界的精英，由于篇幅所限，不能逐一论述，只能通过与亮吉交往密切并对他产生一定影响的代表人物进行具体论述，以此来把握不同群体对他的影响。

一　里中诸子

洪亮吉的家乡——常州，在乾嘉之际是一个人文荟萃之地、学风昌盛之邦，龚自珍在《常州高材篇送丁若士履恒》一诗中说："天下名士有部落，东南无与常匹俦！"① 袁枚亦云："近日文人，常州为盛。"②

---

① 《龚自珍全集》第九辑，上海人民出版社 1975 年版，第 494 页。
② 袁枚：《随园诗话》卷七，昆仑出版社 2001 年版，第 422 页。

如包括所属八邑，景观更为惊人。就文学而言，在诗歌方面，从赵翼开始，涌现了黄景仁、洪亮吉、孙星衍等许多著名诗人，形成了"常州四子""毗陵六逸""毗陵七子"等诗人群体，因此，同时代的诗人黎简在《夜读平叔诗》中赞美"常州天下称诗国"①；在词方面，以张惠言为首，开创了常州词派，与阳羡、浙西二派鼎足而三，成为清代中后期词坛的盟主；在古文方面，张惠言与恽敬等一起开创了阳湖文派，与桐城派分庭抗礼；就学术而言，赵翼、洪亮吉、孙星衍、张惠言等兼为学者，庄有与、刘逢禄、李兆洛、丁履恒等更是钻研学问，形成了常州学派；书法方面，洪亮吉、孙星衍等师法李阳冰的"玉筋篆"，颇受世人推崇；在绘画方面，恽南田、钱维城等开创了常州画派；在医学方面又有常州孟河医派。可以说乾嘉之际的常州是全国的人文渊薮，名家云集，他们大多与洪亮吉有交往。

亮吉生长于这片文化沃土，从小就浸润着家乡的人文气息，这对于他的成长与成才影响不小。阳湖一带母教之风兴盛，亮吉的成才与其母教是分不开的。此外亮吉的几位蒙师对他的文学创作影响也不小，如陈宾、唐为垣、邵齐焘等，其中以邵齐焘影响最大。邵齐焘，乾隆壬午翰林，"主常州龙城书院，奇赏先生与黄君景仁"（《年谱》）。洪亮吉在《伤知己赋》中写道："五经无双，爰升讲堂；青门丈人，来于新昌。② 垂二俊之誉，共江夏之黄。作论盈箧，③ 吟声满廊。快新篇之手录，播逸格于词场。"④ 邵齐焘"著有《玉芝堂诗文集》，骈体闻名四海，诗亦清雅绝俗"⑤。符葆森《国朝正雅集·寄心盦诗话》称："玉芝堂文典丽乔皇，为一时冠冕。……生平于古人文体，尝窃慕晋宋以来词藻之美。寻观往制，泛览前规，皆于绮藻丰缛之中能存简质清

---

① 黎简：《五百四峰堂诗钞》卷二十五，《续修四库全书》第 1474 册，第 79 页。

② 作者自注："岁丁亥戊子，邵先生主龙城书院讲学。余偕黄君景仁受业焉，先生尝呼之为二俊"。

③ 作者自注："余时著论史数十篇，先生奇赏之"。

④ 洪亮吉：《伤知己赋》，《卷施阁文乙集》卷二，《洪亮吉集》，中华书局 2001 年版，第 289 页。

⑤ 汪佑南：《山泾草堂诗话》，见钱仲联主编《清诗纪事》，江苏古籍出版社 1987 年版，第 5258 页。

刚之制，此其所以为贵耳"①。可见，邵齐焘的骈文以六朝为标的，追求"简质清刚"的审美风格。洪亮吉 19 岁始学骈文，22 岁师从邵齐焘，洪氏骈体风格颇似邵齐焘，也以六朝骈文为师法对象，故而黄葆树云："亮吉复以骈文名世，其得力于邵先生者必不少矣"②。乾隆三十三年，邵齐焘逝世，亮吉"婚甫五日，即赴吊邵先生齐焘于常熟"（《年谱》），并作有《哭邵先生》一诗。③

亮吉天才卓特，在青少年时期已经开始与同辈相唱和，并形成了"毗陵七子"诗人群体。"近今毗陵钱文敏公以沉宏博丽之才，提倡后学，一时异才辈出，指不胜屈，而七子为最著，惊才绝艳，均齿齐名，已二十年。其长者甫逾强仕，或入直承明，至为令长，抑亦盛矣。"④ 乾隆三十九年，"（洪亮吉）始与孙星衍订交，同里则孙、黄、赵诸君外，复偕杨君伦、吕君星垣、徐君书受，唱酬无间，里中号为七子"（《年谱》）。

黄景仁（1749—1783），字仲则，自号鹿菲子，他是清代中叶一奇才，工诗词书画，兼通制曲、篆刻，亮吉称他"系出宋秘书丞庭坚"⑤，尤以诗词名世，有人甚至说："乾隆六十年间，论诗者推为第一"⑥，他的词有人也推为南宋以后一人而已。⑦ 在清人的诗文集中洪亮吉和黄景仁的名字常常相伴出现，二人性情、身世、才华、命运俱相仿，堪称莫逆。麟庆云："乾隆间，毗陵同时以诗名者，曰洪编修稚存，黄少尹仲则，两人者，居同里，少同学，长同游，又同好为诗。"⑧

---

① 钱仲联主编：《清诗纪事》，江苏古籍出版社 1987 年版，第 5257 页。

② 黄葆树等：《黄仲则研究资料》，上海古籍出版社 1986 年版，第 30 页。

③ 《哭邵先生》一诗按《年谱》作于乾隆三十三年，但此年诗集《采石敬亭集》却未见收录。

④ 毕沅：《教经堂诗集序》，转引自陈金陵《洪亮吉评传》，第 42 页。

⑤ 洪亮吉：《候选县丞附监生黄君行状》，《卷施阁文甲集》卷十，《洪亮吉集》，中华书局 2001 年版，第 212 页。

⑥ 包世臣：《黄征君（乙生）传》，《黄仲则研究资料》，第 598 页。

⑦ 章衣萍《黄仲则评传》云："自南宋以后，仲则词可称独霸。"见《黄仲则研究资料》，第 293 页。

⑧ 麟庆：《黄少尹集序》，李国章校点《两当轩集》，上海古籍出版社 1983 年版，第 600 页。

亮吉外家与景仁家仅隔一条小溪，二人自小便已相识，黄景仁有诗云："君家云溪南，我家云溪北。唤渡时过从，两小便相识。白杨头望何妥居，辛夷树访迂辛宅。君言弱岁遭孤露，即伴霜亲外家住。"① 洪亮吉对黄景仁的才华十分心折："吾乡黄仲则先生，以诗鸣乾隆中叶。其时，里中如赵云松、洪稚存、孙渊如、赵味辛诸先辈，争雄坛坫，各树一帜，睥睨毕世。先生之出稍后，诸先达咸为俯首。洪稚存先生雄杰冠一时，见先生作，亦为心折。"② 仲则对亮吉也很钦佩，尝有诗云："我家君家不半里，中间只隔云溪渡。相思即访无常期，饮酒辄醉无好步。街衢贩贩曳手嬉，往往反触醉人怒。君才莫怀如意珠，晔如春华裛春露。及至慷慨挥千言，不知何来鬼神助。谓我作人有好处，谓我作诗有好句。口虽直任心则惭，聊以脱略祛世故……"③ 而且，黄景仁最初学诗是受了洪亮吉的影响，并最终成为名垂青史的诗人："乾隆三十一年丙戌，先生（黄景仁）十八岁，与洪君亮吉订交，始专攻为诗……岁丙戌，亮吉亦就童子试，至江阴，遇君子（黄景仁）逆旅中。亮吉携母孺人所授汉魏乐府钞本，暇辄朱墨其上，间有拟作，君见而嗜之，约共效其体，日数篇。逾月，君所诣出亮吉上，遂订交焉。"④ 可见，二人自小便已开始切磋诗文，并以此订交，成为终生知己。

洪亮吉与黄景仁的深厚友谊是在朱筠幕府中建立起来的："岁辛卯，大兴朱先生筠奉命督安徽学政，延亮吉及君子（黄景仁）幕中。……君日中阅试卷，夜为诗，至漏尽不止。每得一篇，辄就榻呼亮吉起夸视之，以是亮吉亦一夕数起，或达晓不寐，而君不倦。"⑤ 两位少年才子互相切磋诗艺，彼此之间的影响自不待言。二人的成名亦在此时，他们"各以诗相钦尚，黄似李白，君学杜甫，一时称洪

---

① 黄景仁：《醉歌寄洪华峰》，《两当轩集》卷二，第 494 页。
② 汪昉：《两当轩集光绪丙子刊本序》，《两当轩集》，第 602 页。
③ 黄景仁：《题洪稚存机声灯影图》，《两当轩集》，第 376 页。
④ 毛叔美、范季卿：《黄景仁年谱》，《两当轩集》，第 615 页。
⑤ 洪亮吉：《候选县丞附监生黄君行状》，《卷施阁文甲集》卷十，《洪亮吉集》，中华书局 2001 年版，第 212 页。

黄"①。亮吉和景仁初至朱筠幕府，"学使作书遍致同朝，谓甫到江南，即得洪黄二生，其才如龙泉太阿，皆万人敌"（《年谱》）。

黄景仁一生贫病交加，亮吉尝呼之为"黄面瞿昙"②。在弱冠之年黄景仁就向亮吉交待了后事："（黄景仁）自知年命不永，尝共赴吊邵先生于常熟，夕登虞山，游仲甫祠，北望先生墓，慨然久之曰：'知我者死矣，脱不幸我先若死，若为我梓遗集如《玉芝堂》乎？'《玉芝堂》者，王君太岳为邵先生所刊诗文集名也。亮吉以君语不伦，不之应，君就便爇神祠香，要亮吉必诺乃已。故平生于功名不甚置念，独恨其诗无幽并豪士气，尝蓄意欲游京师，至岁乙未乃行。亮吉亦以贡入都，值母孺人疾，中止。"③临行，亮吉有《送黄大景仁至都门》四首，其四云："踪迹平生苦未闲，我贫君病改朱颜。料量绝业思传世，各有名山待闭关。晓袂静看云气白，夜镫慵怫剑光斑。偏惭楚客多乡思，依旧春风策蹇还。"景仁亦有《将至都门留别洪大六首》，其四云："穷交数子共酸辛，脉脉临歧语未申。割席管宁休罢读，分财鲍叔尚知贫。初心小负栖岩约，后会依然戴笠人。除是白云知此意，几曾情艳软红尘。"④知己相别之情溢于言表。后来景仁"自京师贻亮吉书曰：'人言长安居不易者，误也。若急为我营画老母及家累来，俾就近奉养，不至累若矣。'亮吉时奉母孺人忧家居，发其书，资无所出，君向有田半顷，屋三椽，因并质之，得金三镒，俾君之戚护君母北行。后二年，而亮吉游京师，君果以家室累大困，亮吉复为营归资，俾君妇及子奉君母先回，而君已积劳成疾矣"⑤。两位失路才人为生计而奔波南北，寄诗抒怀成为联结他们友谊的纽带："如形逐影忽相失，归梦亦

　　①　孙星衍：《翰林院编修洪君传》，见《洪亮吉集》，中华书局 2001 年版，第 2357 页。

　　②　黄景仁《念奴娇》词注云："稚存常呼余为'黄面瞿昙'。"《两当轩集》卷十八，第 424 页。

　　③　洪亮吉：《候选县丞附监生黄君行状》，《卷施阁文甲集》卷十，《洪亮吉集》，中华书局 2001 年版，第 212 页。

　　④　附于《洪亮吉集》，中华书局 2001 年版，第 2012 页。

　　⑤　洪亮吉：《候选县丞附监生黄君行状》，《卷施阁文甲集》卷十，《洪亮吉集》，中华书局 2001 年版，第 212 页。

与征鸿翔。清秋绮棹待君至，高唱和入江天长。"① "别来甫及旬，离思已如疾。"② 乾隆四十四年，亮吉亦入都，住在黄景仁寓所，并一起加入了由翁方纲等组织的"都门诗社"，一时名噪都下。

乾隆四十七年，"亮吉游西安，君（景仁）继至，今陕西巡府毕公沅奇君才，厚资之，遂以乾隆四十一年上东巡召试二等，在武英殿书签，例得主薄，入资为县丞。铨有日矣，为债家所迫，复抱病逾太行，出雁门，将复游陕，次解州病殆，遂卒于今河南盐运使沈君业富运城官署。距生乾隆十四年，年三十有五"（《黄君行状》）。亮吉"得黄景仁安邑临终遗札，以身后事相嘱，先生由西安假驿骑，四昼夜驰七百里抵安邑，哭之于萧寺中，为措资送其柩归里。七月望夜方行，八月朔日抵里门，因为黄君营葬"（《洪北江先生年谱》）。世有巨卿之目，徐珂《清稗类钞》将他列入义侠类："洪北江与黄仲则友善。仲则西游，病亟，飞书达洪，促急行，以属后事。洪在毕秋帆制府幕次，闻耗，借马疾驰，日走四驿，至则仲则已逝，移殡萧寺。洪哭临甚哀，为经纪后事备至。扶榇东下，途中有《与秋帆笺》……读之想洪之风义也。"③ 时人义之，为绘《萧寺哭临图》，洪亮吉为之作跋④，又作挽联："噩耗到三更，老母寡妻惟我托；炎天走千里，素车白马送君归。"⑤ 在景仁逝世多年后，亮吉仍不能忘情，常有诗怀之，如《刘刺史为亡友黄二景仁刊悔存轩集八卷工竣感赋一首即柬刺史》：

---

① 黄景仁：《宛溪行送洪雅存归里》，《两当轩集》卷六，第150页。

② 黄景仁：《明州客夜怀味辛稚存却寄》，《两当轩集》卷一，第28页。

③ 徐珂：《清稗类钞》，中华书局1986年版，第1696页。

④ 黄逸之《黄仲则年谱》："按《更生斋文·〈萧寺哭临图〉跋》：'亡友黄君景仁，体素瘵，又不善珍摄，二十内即自知年命不永，每以后事见属，主人初以为戏也。及壮岁游燕、赵，历秦、晋，遇益穷，疾亦益甚。先是君以天津召试二等，在三馆缮写，当得官。以费无所出，癸卯五月，遂力疾出都，将游西安。至沈君业富官廨，疾已亟，飞书达主人，促急行，以属后事。主人闻耗，即借马疾驰，日走四驿，而君已不及待矣。运使已移君殡古寺中。入门而遗篇断章，零墨废纸，尚狼藉几案，哭奠后，主人日三临，并为文告殡，始偕其柩以归，葬之于黄氏先垅之侧。乌乎！主人与君交二十年，不见者又二年，竟不获执手以诀，亦命也。'"按：《〈萧寺哭临图〉跋》一文今不存于《更生斋文集》中，故辑佚于上。见黄葆树等编《黄仲则研究资料》，上海古籍出版社1986年版，第73页。

⑤ 黄逸之：《黄仲则年谱》，《黄仲则研究资料》，第76页。

一瓣心香契独神，此公高义出风尘。应怜少日齐名者，已作千秋传世人。检点溪山余笠屐，删除花月少精神。① 向平婚嫁为君毕②，亦拟穿云访列真。

黄景仁性疏狂："不广与人交，落落难合，以是始之慕与交者，皆稍稍避君，君亦不置意，独与亮吉交十八年。亮吉屡以事规君，君虽不之善，而亦不之绝。临终以老亲弱子拳拳见属，君之意殆以亮吉为可友乎？"（《黄君行状》）仲则殁后，亮吉请毕沅、翁方纲、刘大观等为其梓遗集，使其毕生心血得以传世，还对其寡妻弱子时有存恤，并大力奖掖其子乙生（《洪北江先生年谱》）。洪黄二人虽为异姓，实则情同手足，二人皆以诗鸣世，结交后常以诗切磋③，学诗均从汉魏乐府入手，宗法取径亦颇相似，且二人诗歌皆蕴含着一股哀情豪气。但二人论诗同中有异，正如洪亮吉《出关与毕侍郎笺》所云："此君平生与亮吉雅故，惟持论不同。尝戏谓亮吉曰：'予不幸早死，集经君订定，必乖余之旨趣矣。'省其遗言，为之堕泪。"④

与亮吉相契者，除黄景仁外，首推孙星衍（1753—1818）。孙星衍字渊如，号薇隐，是乾嘉时期有名的经学家、目录学家、校勘学家，少以诗名，二十二岁尝怀诗谒见诗坛泰斗袁枚，袁读罢其诗，目之为"天下奇才"⑤，"少与同里知名士游，为毗陵七子之冠"⑥，石韫玉尝序其诗曰："视黄仲则、洪稚存有过之无不及也。二子皆毗陵以诗鸣者也，少与先生齐名。"⑦ 但是孙星衍却"雅不欲以诗名，深究经史文字音训之学，旁及诸子百家，皆通其义"⑧。亮吉《北江诗话》评其诗

---

① 作者自注："诗为翁学士方纲所删，凡涉绮语及饮酒诸诗皆不录入"。

② 作者自注："君一子一女，皆君殁后为之婚嫁"。

③ 《洪亮吉集》中有赠黄景仁诗词共33首，《两当轩集》中有赠亮吉诗词共43首，可见其交情之一斑。

④ 洪亮吉：《出关与毕侍郎笺》，《卷施阁文乙集》卷六，《洪亮吉集》，中华书局2001年版，第344页。

⑤ 钱仲联主编：《清诗纪事》，江苏古籍出版社1987年版，第6569页。

⑥ 龚庆：《冶城遗集跋》，《清诗纪事》，江苏古籍出版社1987年版，第6559页。

⑦ 石韫玉：《芳茂山人诗录序》，《续修四库全书》第1477册，第571页。

⑧ 支伟成：《清代朴学大师列传·孙星衍》，岳麓书社1998年版，第50页。

曰："孙星衍少时诗如飞天仙人，足不履地"，又云："孙星衍少时诗为同辈中第一……中年以后，专研六书训诂之学，遂不复作诗，即间有一二篇，亦与少日所作如出两手也。"（《江北诗话》卷一）① 孙星衍除以诗闻名外，兼工骈文，与亮吉同为大手笔。

　　洪亮吉与孙星衍订交于乾隆三十九年（《洪北江先生年谱》），二人是因黄景仁的介绍而认识的，亮吉《简黄景仁》云："我因作客缔心知，汝也得人非貌取"，自注："余与孙子定交因黄二。"② 次年，亮吉"以亲老不能远游，因就句容林大令光照聘，课其婿漳浦郑秀才联华，时孙君星衍尊人孝廉勋，官句容教谕"（《年谱》）。亮吉与星衍的往来也就更为密切了，或"共被吟宵雨，添衣念晓寒"③，或同饮于城南酒楼，"此日楼头雨，还搜箧底钱"④。正如洪亮吉所言："君知我心如皎日，我念君情比明月。"⑤ 星衍亦云："小儒不誉风射耳，爱我如君合心死"⑥。亮吉对这位比自己小七岁的朋友的才华十分敬佩："新诗别我何横放，同辈谁能出君上。"⑦ "思君永夕空蒙望，南斗光中第一星。"⑧ 这一年亮吉给星衍赠诗多达 26 首。二人还常以元、白自居："偶读开成少传诗，七年我亦长微之。神仙共挂蓬莱籍，风月追吟杨柳枝。一代才名何必愧，九原交谊本堪师。江州司马通州倅，料理头衔似往时。"诗序云："《长庆集》乐天自序，长微之七年。今亮吉春秋

① 按：此说有误，今传《芳茂山人诗录》共八卷，其中《冶城聚养集》两卷即为嘉庆十四年去官后所作。
② 《附鲔轩诗》卷八，《洪亮吉集》，中华书局 2001 年版，第 2067 页。
③ 洪亮吉：《将至勾曲酌酒与孙大别》，《附鲔轩诗》卷七，《洪亮吉集》，中华书局 2001 年版，第 2049 页。
④ 洪亮吉：《初七日雪与孙大饮城南酒楼》，《附鲔轩诗》卷七，《洪亮吉集》，中华书局 2001 年版，第 2049 页。
⑤ 洪亮吉：《勾曲与孙大别》，《附鲔轩诗》卷七，《洪亮吉集》，中华书局 2001 年版，第 2055 页。
⑥ 孙星衍：《小除日毗陵市中别洪大杨三醉作》，《芳茂山人诗录》卷二，商务印书馆 1935 年版，第 403 页。
⑦ 洪亮吉：《小除前一日与孙大城北痛饮即送归勾容度岁》，《附鲔轩诗》卷七，《洪亮吉集》，中华书局 2001 年版，第 2054 页。
⑧ 洪亮吉：《七夕露坐忆孙大》，《卷施阁诗》卷一，《洪亮吉集》，中华书局 2001 年版，第 473 页。

三十四，而季仇年才二十七，与微之小乐天同。二人之交亦不减元白，所不逮者，或名位耳，其他尚可企及也。"①

孙星衍是清代一流的朴学大师，他对洪亮吉的影响兼及学术和词章两方面，乾隆四十二年，"座师刘公权之视学安徽，遣人相延。先生亦营葬乏资，遂于长至前由陆程赴太平，并约孙星衍偕行。……又因先生誉孙君学行，因并款留，以助衡校。自是先生与孙君助学使校文外，共为三礼训诂之学"（《年谱》），至此二人始涉足学术。乾隆四十六年，亮吉初应礼部试，出闱后，星衍招之于关中，"先是孙君星衍已入关，并札言陕西巡抚毕公沅钦慕之意，先生遂决意游秦"（《年谱》）。时毕公幕中多通儒，亮吉遂立志穷经，"家居，与孙星衍相研摩，学益宏博，时又称孙洪"②。二人同在毕公幕府七年，相互切磋学术，诗酒唱和，交情弥笃，亮吉视星衍为"知己""死友"③。二人性情亦很相似，孙为人"恃才傲物，目无余子，浅学动辄遭讥詈，同辈不能堪，欲群殴而攻之，毕公知之防护备至"④，故洪亮吉常称星衍为"狂孙"（《与孙大饮鸟翅岗主人图》）。正是相似的性格、共同的追求使他们建立了终身的友谊，"何止与君交一世，此心无昧总相从"⑤。洪孙二人都具有强烈的功业理想，常以学术共勉，亮吉《与孙季述书》云：

> 季述足下，日来用力何似？亮吉三千里外，每有造述，手未握管，心悬此人。虽才分素定，亦契慕有独至也。吾辈好尚既符，嗜欲不寡。幼不随搔头弄姿，顾影徒步之客，以求一时之怜；长实思研精蓄神，忘寝与食，以希一得之获，惟吾年差长，忧思频

① 洪亮吉：《读长庆集寄孙大》，《卷施阁诗》卷一，《洪亮吉集》，中华书局2001年版，第473页。

② 《清史列传·洪亮吉》，见《洪亮吉集》，中华书局2001年版，第2384页。

③ 洪亮吉：《渡河寄孙大星衍》："平生性命视知己，得一死友殊堪夸。"《卷施阁诗》卷一，《洪亮吉集》，中华书局2001年版，第466页。

④ 叶衍兰、叶恭绰：《清代学者像传·孙星衍》，第252页。

⑤ 洪亮吉：《客感寄孙大》，《卷施阁诗》卷一，《洪亮吉集》，中华书局2001年版，第481页。

集，坐此不逮足下耳。然犬马之齿，三十有四，距强任之日，[①] 尚复六年。上亦翼展尺寸之效，竭志力以报先人；下庶几垂竹帛之声，传姓名以无惭生我。[②]

孙星衍亦云：

> 绝业平生亦有俦，异人卢霍待孤求。百年易冷名山首，万里谁驰极塞头。独旦邅琨休辍舞，两贤蒙羿亦须雠。牛衣尚有长贫妇，为访腾空作远游。[③]

"洪稚存与孙渊如交最深，俱榜眼及第，诗篇酬酢，人以元白拟之。"[④] 二人常以诗代简，书信往来不断[⑤]，"我书必双函，君书亦百纸。书来几回读，泪落忽不止"[⑥]，"故人书来不能奉，心如波涛忽惊涌。持书怪我颜色移，忽视泪眼翻昏眵"[⑦]。孙星衍是亮吉赠诗最多的一位，故亮吉曾赠诗星衍云："半世相知尔最深。"[⑧] 乾隆五十二年，孙榜眼及第，授翰林院编修，亮吉有诗怀星衍：

> 自君居京华，令我懒作诗。作诗与谁观，谁为定妍媸。一篇偶赏心，世论不免嗤。一篇牵率成，俗赏反在斯。我虽不敢言，得失我自知。唯我与子心，胶漆难喻之。我工子开颜，我拙子不怡。非惟字句间，兼为审篇题。前寄袁尹章，昨答汪叟词。上皆

---

① 按："任"疑作"仕"，《礼记·曲礼上》云："四十曰强而仕。"

② 洪亮吉：《与孙季逑书》，《卷施阁文乙集》卷三，《洪亮吉集》，中华书局 2001 年版，第 298 页。

③ 孙星衍：《寄洪大礼吉》，《芳茂山人诗录》卷九，第 527 页。

④ 法式善：《梧门诗话》，见《清诗纪事》，江苏古籍出版社 1987 年版，第 6560 页。

⑤ 《洪亮吉集》中有赠孙星衍诗 88 首，《芳茂山人诗录》中有赠亮吉诗 24 首。

⑥ 洪亮吉：《得孙大书》，《附鲒轩诗》卷七，《洪亮吉集》，中华书局 2001 年版，第 2064 页。

⑦ 孙星衍：《得洪大书》，《芳茂山人诗录》卷三，第 419 页。

⑧ 洪亮吉：《得孙大星衍书却寄》，《更生斋诗续集》卷五，《洪亮吉集》，中华书局 2001 年版，第 1388 页。

有墨瀋，由君指其疵。或时作一篇，我心如乱丝。置君于我旁，紊者即以治。别君居三年，作诗少千首。以此厚怨君，君能识之否？①

可见，孙星衍常为亮吉校订诗歌，并对亮吉的诗歌创作有着不小的影响。嘉庆四年，亮吉远戍伊犁，赦归后，星衍有诗相赠："秉烛论心已有期，尊前霜鬓认依稀。我惊驹隙三年速，君自龙沙万里归。折槛风流成盛节，埋轮心事有危机。不知此后方元白，可仗文章定是非。"② 至晚年，星衍亦归里，复与亮吉联吟吴下："酒痕犹染旧时襟，相对居然鬓雪侵。结绶萧朱曾接踵，抽簪元白又联吟。及身易定千秋业，经世难灰一寸心。只恐未易麋鹿性，便游广厦忆长林。"③ 洪亮吉与孙星衍均为学者型诗人，且二人宗法亦颇相似，沈其光《瓶粟斋诗话》评孙诗："五言古大率规摩二谢，参以韩孟，幽秀刻削，自成一家。"④ 其诗以气势笔力胜，与亮吉同，亮吉卒后，孙星衍为之作传及墓志铭。

与亮吉相善并以诗名江左者，还有赵怀玉（1747—1823）。赵怀玉字忆孙，号味辛，"诗古文词俱工，于学无所不窥。少与同里孙渊如、洪稚存、黄仲则齐名，称孙洪黄赵。时毗陵词流竞爽，多鸿丽跌宕之才，先生独以渊雅见，所为诗不求形似一家而能具诸家之长。平生笃于友谊，与稚存先生交最善"⑤。怀玉乃赵申乔四世孙，为亮吉的姻表亲，怀玉有诗云："我之先王姑，实为君大母。君才长一龄，肩随少相狃。中间迹稍疏，订交始乙丑。过从鲜虚日，亲串兼密友。同叨乡曲誉，牵连数某某。召才日腾上，说项争恐后……"⑥ 赵、蒋二家隔溪相

---

① 洪亮吉：《有入都者偶占五篇寄友》，《卷施阁诗》卷八，《洪亮吉集》，中华书局 2001 年版，第 632 页。

② 孙星衍：《赠洪太史》，《芳茂山人诗录》卷四，第 445 页。

③ 孙星衍：《次答洪稚存太史》，《芳茂山人诗录》卷四，第 442 页。

④ 钱仲联主编：《清诗纪事》，江苏古籍出版社 1987 年版，第 6563 页。

⑤ 叶衍兰、叶恭绰：《清代学者像传·赵怀玉》，第 300 页。

⑥ 赵怀玉：《哭洪大亮吉》，《亦有生斋集》卷二十五，《续修四库全书》第 1469 册，第 550 页。

望，赵怀玉《题洪大亮吉寒檠永慕图》云："君祖迁常州，婚姻由赵始。君之外家蒋，居亦同闬里。君生六岁为孤儿，母兮鞠之兼作师。携来蒋宅邻吾宅，相望危楼一溪隔。"① 亮吉亦云："当时云溪只两楼，楼槛对映东西流。蒋家居南赵家北，两处日夜从清游。"② 二人又同学于蒋太宜人，洪亮吉云：

> 小时一笔不得书，吾母教以分行疏；小时一字不能识，吾母教之先点画。识从一字至九千，写自一笔几连篇。……卅年文誉冠九州，可识从亲授书始。白云溪头横舍东，吾亲若亲昔过从。互倚膝下问奇字，各举传记谈如风。③

乾隆二十一年，十岁的亮吉随同母亲返回旧居，与怀玉少疏，直至乾隆三十九年，亮吉归里，遂与七子酬唱无间，次年又赴句容教馆，从此二人皆客于外，很少晤面，其间诗书往来不断，亮吉赠诗云：

> 里中谁最忆？我忆味辛斋。味辛斋中居，风日多好怀。五日一出游，经旬宴朋侪。我居与若居，仅隔南北街。花时与月时，出入必与偕……④

怀玉答诗云：

> 城东曾步春月圆，与君一别今四年。前年我踏长安雪，君已先持金筑节。七千里外心迹通，寄书排日来邮筒。邮筒中有新诗句，发函先觉灵光露。读之大半多惊人，与我眷恋情尤亲。岁峥

---

① 赵怀玉：《亦有生斋集》卷十，《续修四库全书》第 1469 册，第 376 页。

② 洪亮吉：《云溪竞渡词在赵怀玉席上赋即寄蒋氏罳仲》，《附鲒轩诗》卷六，《洪亮吉集》，中华书局 2001 年版，第 2025 页。

③ 洪亮吉：《赵大怀玉写经图》，《卷施阁诗》卷七，《洪亮吉集》，中华书局 2001 年版，第 559 页。

④ 洪亮吉：《赵舍人怀玉》，《卷施阁诗》卷九，《洪亮吉集》，中华书局 2001 年版，第 647 页。

嵘兮人寂寞，风送朵云天外落。鲍叔能知管子贫，劝我忘忧且行乐。①

洪亮吉贵州学政任满还朝后，二人同在京都，唱和亦多，后亮吉以弟丧乞假南归时，怀玉有诗送之："承明庐下九年官，每许文章定子桓。诗出一时交口诵，疏成百辞动容看。"② 嘉庆五年，亮吉西戍赦归，怀玉作诗致喜："清枫林外拟招魂，此日生还入玉门。诏下已闻伸士气，身留何以答君恩。可能诗酒捐狂态，想见妻孥拭泪痕。氛祲未消云汉倬，几人对事为重论。"③ 怀玉晚岁患风痹之疾，养疴家居，复与亮吉啸吟山林。亮吉逝世后，怀玉有诗哭之："独悲卅年契，永从一朝剖"④，并为亮吉作了墓志铭。

"七子中，孙、洪、黄、赵著述风传海内，吕（星垣）有《白云草堂诗文钞》，徐（书受）有《教经堂集》均已刊行。唯杨西禾先生《九柏山房集》无传。"⑤ 杨、徐、吕声誉虽不如孙、洪、黄、赵，但在乾嘉时期的毗陵诗坛亦曾名重一时。

杨伦（1749—1803），字敦五，号西禾，乾隆四十六年进士，以《杜诗镜铨》而显名于世，"向来注杜者皆不能如其精当在家。与黄景仁、洪亮吉齐名，极为毕秋帆尚书所赏"⑥。关于他和亮吉的交往，洪亮吉《杨大令伦九柏山房诗集序》记之甚详：

余少日在外家读书，出塾后，即喜为诗，语虽不雅驯，然颇

① 赵怀玉：《正月十三日夜宿直庐有怀洪大走笔却寄》，《亦有生斋集》卷十三，《续修四库全书》第1469册，第405页。
② 赵怀玉：《洪大以弟丧乞假南归有诗志别》，《亦有生斋集》卷十六，《续修四库全书》第1469册，第405页。
③ 赵怀玉：《洪大亮吉遣戍伊犁未及一载有旨赦归至喜》，《亦有生斋集》卷十八，《续修四库全书》第1469册，第464页。
④ 赵怀玉：《哭洪大亮吉》，《亦有生斋集》卷十九，《续修四库全书》第1469册，第485页。
⑤ 金武祥：《粟香二笔》，见《清诗纪事》，江苏古籍出版社1987年版，第6504页。
⑥ 潘清：《挹翠楼诗话》，见《清诗纪事》，江苏古籍出版社1987年版，第6503页。

不可一世，视外家兄弟之作颇易之。所心折者独二人：于记诵之学，则敬蒋上舍松如；于五七言之诗格律，则敬君。松如，余外兄子；君，又余外姊子也。三人者，同志同学（按：伦亦尝从学于邵齐焘）①，出入亦无不同，大约余气最盛，松如次之，君议论及处世独持平，余与松如皆面折之，然卒以君所处为当，后与余同馆邗上，又同客京邸，又与余同举京兆试，君先成进士。越十年，君谒选，余已官京师，君又客余邸第，及拣选得广西，余送君又独远。然不十年，君遽以宰荔浦，卒于官矣。越一年，君之妇扶榇归，余吊之于孙氏。君之妇流涕为余言："君官广西日，无日不相忆，临卒而谆谆欲以诗之序见委也。……"君之诗尤讲格律，生平以唐诗人左拾遗杜甫为宗。余每欲广之，君不以为可也，独服膺余诗，以为非近人可及。犹忆岁甲午冬仲，余与君及松如吊塾师丧于宜兴之丰义乡，论诗至夜半，忽起拜余，并强君弟子今官甘肃知县歙金宜者从君后叠拜，宜不从，君大怒，责之。②

从上述文字可知，二人为远亲，自小便已相识。杨伦很推崇洪亮吉的诗才，认为他"欲与甫白争千秋"，自称"我亦平生颇自奇"，但读了洪诗，"把君诗卷三读过，旧稿填箱欲废弃"③。杨伦卒后，洪作有《哭同年杨大令伦》："一生心术及诗篇，都复研摩到昔贤。穤契许身聊复尔，④ 羲皇入梦致悠然。填胸卷轴逾三万，归骨程途渺七千。未敢与君中外叙，⑤ 忘形且自托齐年。"并为其诗集作序。杨伦是"杜诗学"专家，其诗追踪浣花，尝云："诗取道性情，亦必本经史。"⑥ 与亮吉持论颇同，但洪亮吉评其诗如"临摹画幅，稍觉失真"，徐世昌

---

① 洪亮吉：《岁暮怀人诗二十四首·杨大令伦及令弟炜》诗注言杨伦："同在龙城书院肄业。"《卷施阁诗》卷十五，《洪亮吉集》，中华书局2001年版，第806页。
② 《更生斋文续集》卷一，《洪亮吉集》，中华书局2001年版，第145页。
③ 杨伦：《读洪稚存诗赋赠》，《九柏山房诗集》卷二。
④ 作者自注："君生平作诗，服膺杜氏，所著有《杜诗境铨》二十卷"。
⑤ 作者自注："余与君皆蒋氏甥，君母则余外家姊也"。
⑥ 钱仲联主编：《清诗纪事》，江苏古籍出版社1987年版，第6504页。

《晚晴簃诗汇·诗话》据此推测，谓杨伦："或持论高而自作未能副欤。"①

徐书受（1751—1805），字尚之，世为武进望族，少有异才，耽于著述，终以副贡生充四库馆誊录，以诗名吴下。他与亮吉相识较早，洪亮吉《续怀人诗十二首·徐太守大榕暨从弟县丞书受》云："二十年前契最深，鸣珂南巷酒时斟。阿兄作吏能强项，小弟裁诗学呕心。七子才名虚拟议，一家官爵竟升沉。籝灯倘忆初逢处，只惜秦州宰木森。"② 徐书受很推崇洪亮吉和赵怀玉，"论史才学识，所见过所闻，劲故二豪最，深谈穷夜分。"③ 并说亮吉"君才超越侪辈且有余"④。嘉庆十年（1805），徐书受病卒⑤，亮吉有诗哭之："八年消息盼归舆，薄宦缘知橐久虚。笔阵已堪追二李，门风真可号三徐。⑥ 难忘旧世中州集，⑦ 苦忆平生下泽车。今日哭君情最惨，故交群从尽邱虚。"⑧ 并为他作墓志铭云："君少为奇童，长为闻人，壮为能吏，然不尽其才而卒……回忆少时，鸣珂里之徵逐，九柏山房之过从，忽忽如昨日事，而同辈及君群从无一在者。山阳嵇、阮之游，邺下应、刘之逝，世去不停，悲来无限矣。君少时工诗古文，所著有《教忠堂存稿》（疑为《教经堂存稿》）若干卷。余与君有连，举京兆试又为同岁生，是知君莫若余者。"⑨ 徐书受为诗牢骚激楚，托兴深微，故亮吉云："袁君爱巧徐爱真，二者生笔皆能臻。不然何以无风海涛相间鸣，亦复杂出紫

---

① 钱仲联主编：《清诗纪事》，江苏古籍出版社 1987 年版，第 6505 页。

② 《卷施阁诗》卷十五，《洪亮吉集》，中华书局 2001 年版，第 810 页。诗后自注："余最初识县丞时，方从董州守熙读书"。

③ 徐书受：《题赵亿生诗卷》，《教经堂诗集》卷二，诗后自注："亿生并以洪稚存南北史乐府见示，故云"。

④ 徐书受：《稚存濒行为作洪儿歌更酬此篇并寄示其诸子》，《教经堂诗集》卷十一。

⑤ 按：陈金陵《洪亮吉评传》谓徐书受卒于嘉庆十二年，有误。

⑥ 作者自注："君与从兄徐太守大榕，族弟刺史嵘庆，皆有诗名，时亦称三徐"。

⑦ 作者自注："君与诸同人及余有《中州唱和集》"。

⑧ 洪亮吉：《哭徐刺史书受》，《更生斋诗续集》卷七，《洪亮吉集》，中华书局 2001 年版，第 1755 页。

⑨ 洪亮吉：《敕授文林郎河南南召县知县候补知州徐君墓志铭》，《更生斋文续集》卷二，《洪亮吉集》，中华书局 2001 年版，第 1152 页。

燕百舌黄鹂声。"①

吕星垣（1753—1821），字叔讷，号湘皋，出生望族，"幼有夙慧，以明经入国子监。乾隆五十年，肇建辟雍，礼成，星垣进颂册，钦取一等一名，选充江苏新阳训导，历官赞皇、河间知县……星垣气骨清峻，丰采稜岸，为文章操笔立就。少时偕里中洪亮吉、杨伦、孙星衍、黄景仁、赵怀玉、徐书受皆以文章词章相器识，一时有七子之目"②。亮吉与吕星垣结识于乾隆三十八年，并有诗寄星垣："前年作客归里门，旧游说子能论文。兰陵城边数握手，杯酒未洽重辞君。识君文名已三载，才如百川不归海。银河倒注弱水西，努力沧溟欲相待。"③ 此诗作于乙未年，二人订交当在癸巳年。关于二人的交往，亮吉《吕广文星垣文钞序》记之甚详：

> 吾里中多瑰奇杰出之士，其年相若而才足相敌者，曰孙兵备星衍、杨户部芳灿暨君而三。三人者，皆肆力于诗、古文词，而各有所独到……君之文则不名一体，其上者，则敬通《问交》、士衡《辨亡》也；其次则黄甫持正之寺碑，孙可之之书壁也；至义关惩劝，旨寓抑扬，则洒千万言不止，此又君之自命，而人亦以此推君者矣。④

乾隆五十九年，亮吉持节黔中，岁暮有诗怀星垣："卅载词场志已灰，狂名犹被世人推。好奇欲破古今格，傲俗肯交中下才。不觉一官餐苜蓿，依然十幅写玫瑰。年年避债君尤窘，曾与同登百尺台。"⑤ 亮吉很欣赏他的诗才，评其诗"如宿雾埋山，断虹饮渚"，又云："吕司

　　① 洪亮吉：《董生诗赠董上舍达章》，《卷施阁诗》卷八，《洪亮吉集》，中华书局2001年版，第625页。
　　② 道光《武进阳湖合志》卷二十六。
　　③ 洪亮吉：《寄吕秀才星垣》，《附鲐轩诗》卷六，《洪亮吉集》，中华书局2001年版，第2020页。
　　④ 《更生斋文甲集》卷一，《洪亮吉集》，中华书局2001年版，第979页。
　　⑤ 洪亮吉：《岁暮怀人诗二十四首》，诗后自注："乙酉年除夕，君避债城东晒经台，余访君剧谈竟日"。《卷施阁诗》卷十五，《洪亮吉集》，中华书局2001年版，第808页。

训星垣诗好奇特，不就绳尺"（《北江诗话》卷一）。法式善《梧门诗话》亦云："吕学博星垣诗尚奇险，所谓'语不惊人死不休'者，其赠稚存长歌一篇，末云：'乾坤生才厚中央，前后万古不敢望'，可谓一语抵人千百。"① 其诗尚奇险亦与亮吉同。

　　除七子外，常州以诗名者尚有杨芳灿、杨揆、顾敏恒等，正如袁枚《仿元遗山论诗》所云："常州星象聚文昌，洪顾孙杨各擅场，中有黄滔今李白，看潮七古冠钱塘。"② 杨芳灿（1753—1815）字蓉裳，"诗文久已推尊艺林，人争先睹为快，公（芳灿）尝自比于唐李玉溪有四同三异之分，其门生周君符云答书云：'方之义山似为过之，骈四俪六已足驾庾追徐'，斯言不诬也。公少受知南昌彭文勤公，青浦王兰泉先生一见有国士之目。后受业于袁简斋先生，一时若洪稚存、黄仲则、孙渊如、方子云诸先生号海内之能诗者，公与之唱和角胜"③。杨芳灿与亮吉相交甚早，洪亮吉尝赠诗芳灿云："十五二十不可当，羡君一门双凤凰。即看骨相已深稳，坐赏毛羽生辉光。去年前年识君再，今年看山复同载。喜君交友绝畛畦，共道狂歌越流辈。"④ 此诗作于乾隆三十八年，故二人相交当在乾隆三十六年。

　　乾隆四十二年，芳灿以拔贡出任甘肃伏美知县，时回民起义，芳灿镇压颇力，屡建奇功，亮吉有诗云："丈夫事业岂偶然，颇耻仅以文章传。等身著述亦何有，我抱壮心看北斗"⑤，渴望能像芳灿一样在沙场上建功立业。后亮吉督学贵州，岁暮有诗怀芳灿："家山百里望堪通，君住溪西我水东。兄弟才名吴二陆，宦途阶级汉诸冯。射羌身手知还健，入蜀诗篇诩最上。我在黔中七千里，寄书应趁石尤风。"⑥ 亮

---

　　① 钱仲联主编：《清诗纪事》，江苏古籍出版社 1987 年版，第 7101 页。

　　② 诗后注："稚存、渊如、蓉裳、立方、仲则"。见钱仲联主编：《清诗纪事》，江苏古籍出版社 1987 年版，第 6786 页。

　　③ 杨廷锡：《芙蓉山馆诗词文钞跋》，《续修四库全书》第 1477 册，第 4 页。

　　④ 洪亮吉：《寄杨秀才芳灿罘仲》，《附鲭轩诗》卷五，《洪亮吉集》，中华书局 2001 年版，第 1955 页。

　　⑤ 洪亮吉：《喜杨大芳至大梁即送入都》，《卷施阁诗》卷八，《洪亮吉集》，中华书局 2001 年版，第 616 页。

　　⑥ 洪亮吉：《岁暮怀人诗·扬州守芳灿暨令弟观察揆》，《卷施阁诗》卷十五，《洪亮吉集》，中华书局 2001 年版，第 808 页。

吉遣戍伊犁，途经甘肃，受到杨芳灿的款待，并馈资以助其行。亮吉赦归后，芳灿作有《喜得洪稚存入关之信书此代简》："兰山话别各伤神，浩荡冰天逐雁臣。幸免若庐收杜众，还愁乐浪窜崔骃。孤踪判作长流客，温语旋回绝塞春。开尽桃花消尽雪，西行红柳送归人。……"①亮吉归家乡居后，时有诗怀芳灿："中正街前君念我，青泠江畔我思君。"② 亮吉卒后，芳灿作有《哭洪稚存大兄五十韵》：

> 一恸追畴昔，椒浆酹祲门。文章今不朽，风义古犹存。直道埋黄土，精诚恋紫阁。天涯伤永诀，往事忍重论。束发余交旧，知心几弟昆。连枝齐橘柚，同臭合荃荪。志节推怀祖，孤穷识愍孙。三余耽绝学，九变贯群言。密契观谯惠，雄谈炙毂辐。……徂年悲管辂，傲骨挫虞翻。江远迟来梦，天高有断魂。蛟龙破浪阔，死别竟声吞。③

洪亮吉的里中好友中值得一提的还有钱维乔（1739—1806），字季川，号竹初，工诗文词曲。洪亮吉与钱维乔相交始于乾隆三十七年，二人一见如故，钱维乔对洪亮吉的才华极为钦佩："乐府传华发，词坛有霸才。书能搜鲁壁，名已播燕台。"④ 后亮吉游秦，维乔任官于外，二人诗书往来不断，⑤ 洪亮吉《寄钱三维乔鄞县》云："昨闻急使到河干，珍重临期语百端。念友心情成痁疾，著书踪迹尚平安。闲中阅世谁先觉，梦里闻君欲去官。绕宅太湖三万顷，几时同我把鱼竿。"⑥ 亮吉赦归后，维乔亦弃官家居，二人时相过从，亮吉六十大寿时，维乔作有《寿洪稚存六十》："洪厓本是古仙人，已谪尘寰六十春。孤露早

---

① 杨芳灿：《芙蓉山馆吟稿全集》卷七，《续修四库全书》第 1477 册，第 87 页。

② 洪亮吉：《忆杨户部芳灿兼柬顾秀才翰》，《更生斋诗续集》卷六，《洪亮吉集》，中华书局 2001 年版，第 1711 页。

③ 杨芳灿：《芙蓉山馆吟稿全集诗钞补》，《续修四库全书》第 1477 册，第 115 页。

④ 钱维乔：《旅宿不寐忆同里故交得诗八首》其七，《竹初诗钞》卷十，《续修四库全书》第 1460 页，第 128 页。

⑤ 《洪亮吉集》中有赠维乔诗 16 首，《竹初诗钞》中有赠亮吉诗 14 首。

⑥ 《卷施阁诗》卷七，《洪亮吉集》，中华书局 2001 年版，第 598 页。

全慈母教，峥嵘晚励宿儒身。传经家有编蒲子，问字门多载酒宾。莫问江湖与廊庙，后凋长作太平民。"① 维乔逝世后，亮吉有诗哭之："逐臣纵生还，良友遽死别。君诗我点定，我句君剖析。我时劝君达，君转规我狂。远出偶一归，定复升君堂。感君抱沉疴，感君成骨立。宁知三度访，隔幔成雨泣。君虽不能饮，我自奠一卮。天地色惨悽，哭君君不知。"② 并为其校订诗集，作有《营田庙赈局得暇校竟亡友钱大令维乔诗感赋二律》，其二云："旧友云溪上，黄钱管最贤。眼皆高一世，胸已擅千年。地下诗成国，人前句欲仙。此身惭后死，耆旧倘重编。"③

维乔晚年遁入佛道，亮吉评其诗："如逸客飧霞，惜难轻举"，盖谓其诗多释道语。维乔论诗与亮吉十分相似，杨钟曦《雪桥诗话三集》云："钱竹汀詹事序钱竹初诗，谓昔人言史有三长，诗亦有四长：曰才、曰学、曰识、曰情。先生兼诗家之四长"④，亮吉论诗亦标举性情与学识。维乔诗风亦与亮吉相仿，"有豪客感激之风"⑤，故舒位《乾嘉诗坛点将录》云："浪里白条钱竹初，不平则鸣，如水上之风行"⑥。而且二人还经常切磋诗艺，洪亮吉诗风的形成无疑受到了钱维乔的影响。亮吉早年诗气势磅礴，一泻千里，自谓其诗："如激瑞峻岭，殊少回旋"，此其长也，然过犹不及，故维乔致书亮吉："新岁两奉手书，稔足下春祺增胜，藉慰远怀，见示近作二纸，反覆雒诵如聆故人声咳。足下天才放轶，跌宕不羁，何庸问途于老马不已，或为之进一解曰：'长江大河，沐日浴月，固宇内之巨观也，然必有潆洄漾演之致，乃不一泻千里。'盖少停蓄之，其气势弥厚，非如方塘小沼，徒赖萍末微

---

①　钱维乔：《竹初诗钞》卷十六，《续修四库全书》第 1477 册，第 192 页。

②　洪亮吉：《哭钱三维乔三十韵》，《更生斋诗续集》卷五，《洪亮吉集》，中华书局 2001 年版，第 1692 页。

③　《更生斋诗续集》，《洪亮吉集》，第 1763 页。

④　钱仲联主编：《清诗纪事》，江苏古籍出版社 1987 年版，第 5947 页。

⑤　法式善：《梧门诗话》，见《清诗纪事》，江苏古籍出版社 1987 年版，第 5947 页。

⑥　钱仲联主编：《清诗纪事》，江苏古籍出版社 1987 年版，第 5947 页。

风，暂生波潋耳。"① 此语可谓一剂良药，稚存晚年诗豪宕中亦多回旋，可见其影响。

亮吉赦归后，除与同辈相交外，还广接前贤，导扬后进。与亮吉相厚的同乡长辈则以赵翼为代表。赵翼（1727—1814）是性灵派的副将，与袁枚、蒋士铨并称为"乾隆三大家"，是乾嘉时期有名的史学家、诗人、诗论家。亮吉与赵翼何时相交，二人诗文集中没有记载，他们同为阳湖名宿，但奇怪的是直到晚年二人归家乡居时始有唱和。嘉庆五年，亮吉遇赦归来，时赵翼业已弃官家居，赵作诗志喜："九死投荒得赐还，德音一道万人欢"，对他的节概和诗才大加赞赏："骨荐冰霜逾劲节，诗添沙漠有奇观"②，并为亮吉的《万里荷戈集》题词，称亮吉为"第一奇才"，开天下第一诗境，"国家开疆万余里，竟似为君拓诗料"，甚至说："稚存先生今李苏"③，可谓推崇备至。亮吉答诗云："四岳三途力不支，避公海外去吟诗……归装正苦无奇句，辜负先生弁首词。"④ 从此两人结为忘年之交，诗酒酬唱无间："青鞋布袜过从频，一道横街作近邻。我已年来都散汉，君真天上谪仙人。诗才起草先邀和，谑到交锋不避嗔。如此清欢供暮景，也应俗煞软红尘。"⑤ 两人成了近邻，经常在一起探讨学术、切磋诗艺，"一巷东西本接连，数椽应愧卜居先。倘逢款户求文者，大作家今在那边"，"三伏将临九夏长，不辞挥汗走门访。奚奴拍手还相笑，此两闲人何太忙"⑥。赵翼还将他所撰唐宋金七家诗话惠示亮吉，亮吉为之作跋三首："一事皆须持论平，古人非重我非轻。编成七辈三朝集，好到千秋万世名。未免

---

① 钱维乔：《答洪稚存书》，《竹初文钞》，《续修四库全书》第 1460 册，第 235 页。

② 赵翼：《洪稚存编修以言事遣戍伊犁蒙恩赦回志喜》，李学颖、曹光甫校点《瓯北集》卷四十一，上海古籍出版社 1997 年版，第 1026 页。

③ 赵翼：《题稚存万里荷戈集》，《瓯北集》卷四十二，第 1044 页。

④ 洪亮吉：《赵兵备翼以长篇题余出塞诗后报谢二首》，《更生斋诗集》卷二，《洪亮吉集》，中华书局 2001 年版，第 1247 页。

⑤ 赵翼：《戏简稚存》，《瓯北集》卷四十六，第 1203 页。

⑥ 洪亮吉：《赵兵备翼以地理数事见访因走笔奉答猥蒙长篇奖假并目为行秘书因率成四截句酬之即戏效其体》，《更生斋诗集》卷三，《洪亮吉集》，中华书局 2001 年版，第 1272 页。

尊唐祧魏晋，欲将自郐例元明。尘羹土饭真抛却，独向毫端抉性情"，可见二人均反对厚古薄今，注重抒写性灵。亮吉称其诗话"卷卷漫从空处想，就中多有指南针"。二人论诗大体相似，但也有细微的差异，"杀青自可缘陈例，初白差难蹑后尘。[1] 只我更饶怀古癖，溯源先欲到周秦。"[2] 赵翼答诗三首，云："论人且复先观我，爱古仍须不薄今。"[3]可见，二人在复古与尊今的问题上存在分歧。

嘉庆九年，洪亮吉为赵翼题《秋山晚景图》，诗云："哦诗长日许随肩，一巷东西屋接连。只我居贫最无赖，乞君千万买邻钱。"[4] 似乎赵翼常在物质上帮助亮吉。嘉庆十一年，赵翼八十大寿，亮吉有七律二首为之祝寿：

> 云龙追逐愿宁虚，一巷迢迢共卜居。同里又兼同馆晚，大名刚称大年初。[5] 齐声久愧苟鸣鹤，为尾真输华子鱼。丝竹满堂宾满坐，兴阑我亦梦华胥。
>
> 春华秋实久分途，公独能兼钱蒋卢，传世才仍工应世，里儒识本逊通儒。平心论断追收约，快意诗篇到陆苏。青史他年要专传，一编文苑定难拘。[6]

亮吉推崇赵翼的学识兼有钱大昕、蒋士铨、卢文弨之长，并预言他日后必能名垂青史，这一预言也为历史所证实。[7] 嘉庆十四年，洪亮吉逝世，赵翼沉痛地写道："老我独伤同调尽，共谁茗碗作清谈？""廿

---

① 作者自注："君意欲以查初白配作八家，余固止之"。

② 洪亮吉：《赵兵备翼以所撰唐宋金七家诗话见示率跋三首》，诗后自注："余时亦作《北江诗话》，第一卷泛论，自屈宋起"。《更生斋诗集》卷四，《洪亮吉集》，中华书局 2001 年版，第 1294 页。

③ 附于《洪亮吉集》，中华书局 2001 年版，第 1295 页。

④ 洪亮吉：《题赵兵备翼秋山晚景长卷》，《更生斋诗集》卷五，《洪亮吉集》，中华书局 2001 年版，第 1695 页。

⑤ 作者自注："年来老辈零落殆尽，惟公灵光岿然，于是益享大名"。

⑥ 洪亮吉：《赵兵备翼八十索诗率成二律》，《更生斋诗续集》卷五，《洪亮吉集》，中华书局 2001 年版，第 1695 页。

⑦ 《清史稿》卷 485《赵翼传》。

年以长合先亡，岂意翻为作挽章"，又云："本拟凭君作替山，岂知先我委穷尘。江淹准与收残锦，王翰空教卜近邻。① 和韵诗常推劲敌，赏文钱尚赈饥民；更从何处论阴德，救得苍生反殒身。②" 赵翼本想自己逝世后，亮吉可以作为替山，主盟毗陵坛坫，然而，亮吉却不幸先逝了，诗后有小注云："余长君二十年，尝戏谓：'君他日当为吾作墓志。'君曰：'如此，则先生当早逝，待吾下笔。'余笑谓：'迟余死正以延君寿，反相促耶？'一时戏笑之言，竟成语谶。"③ 往日情状尚历历在目，好友却已隔重泉！

> （洪亮吉）自塞外归，尤喜导扬后进。每遇世交子弟才藻过人者，辄向名公巨卿称道不置。同里如刘编修嗣绾、庄上舍曾诒、黄孝廉载华、丁明经履恒、陆孝廉继辂、秀才耀通、黄上舍乙生、庄秀才绶甲、周孝廉仪暐、陆上舍镛、高秀才星紫、瞿孝廉溶等，皆得奖励之益；其专心古学者，如刘孝廉逢禄、董上舍士锡诸人，则以汉魏诸儒勖之；其在苏州、松江、镇江、徽州、宁国、池州及浙江东西诸郡，簪屐所至，从游最多，每有异才，必加奖许；其尤邀心赏者，至折辈行相交，请质文字，累累常盈几案，至有数千里转辗介绍以求诗文题字者。

> 《年谱》

洪亮吉所奖掖的后生门人成为名诗人、大学者的很多，其中以张惠言为代表。张惠言（1761—1802），字皋文，武进人，四岁孤，与亮吉一样由母教抚养而成，嘉庆四年进士，授翰林院庶吉士。他博学多才，尤以词名世，开创了常州词派，影响深远；古文别具一格，与恽敬一同开创了阳湖文派；治学长于经，其虞氏《易》号为"专家绝学"。惠言是亮吉的同乡兼弟子，嘉庆四年，亮吉"奉旨教习乙未科庶吉士。分课汤君金钊、张君惠言、贵君庆等十四人"（《年谱》）。时

---

① 作者自注："余与君共一条街"。
② 作者自注："丁卯捐赈，君独任其劳"。
③ 赵翼：《哭洪稚存编修》，《瓯北集》卷五十一，第1307页。

惠言已名噪天下。同年，亮吉获罪入狱，惠言每天都去探望他，及遣戍，惠言又抱病送亮吉至卢沟桥，"抵足剧谈至四鼓乃卧"①。临别，亮吉有《卢沟桥口占赠张吉士惠言并寄同馆诸君子》："春明门外驻征轮，簪笏同来唁逐臣。我视黄州已侥幸，缀行相送较情亲。"诗前小序云："张君本同里故交。今岁五月，余蒙恩派教习庶吉士，张君适在其内，执弟子之礼甚恭，余不敢当也。其余诸君，亦并立络绎出送致赆，故作此致意云尔。"② 可见二人乃素交，三年后惠言病故，年仅四十二岁。其间正是惠言成就学术，大张常州词派、阳湖文派旗帜的时候，而且，惠言弟张琦在毕沅幕府中亦曾从学于亮吉③，恽敬与亮吉之交情也很深厚④。亮吉为词讲求比兴寄托、为文骈散合一的实践，深深地影响了惠言、恽敬、张琦，因此，亮吉在一定意义上可以看作常州词派和阳湖文派的先驱。

惠言病故后，亮吉有诗哭之："万里逢严遣，三秋值抱疴。避人来请室，鞭马及浑河。⑤ 阅世知心少，思乡别梦多。十年无泪洒，为尔一滂沱。"⑥ 岂止是师生情谊可与比拟。多年后，亮吉读惠言遗著尚有诗追悼："五代虞翻《易》，三传杜甫诗。世非无识者，君殆欲兼之。病马行吟日，苍蝇作吊时。醉歌聊代简，慰尔九泉思。"⑦ 对惠言的学术及词章给予了很高的评价。

乾嘉时期的常州，人文蔚盛，凡有名者几乎均与亮吉有交往，以上仅举与亮吉相契厚并名重于时者论之，此外如左辅、汪端光、顾敏

①　洪亮吉：《遣戍伊犁日记》，转引自陈金陵《洪亮吉评传》，第223页。

②　《更生斋诗》卷一，《洪亮吉集》，中华书局2001年版，第1199页。

③　张琦（1764—1833），字翰风，号宛邻，于史学、舆地学、文选学、校勘学，及诗词、古文、书法、医学均卓然成家。尝从学于亮吉，见王豫《江苏诗征》及尚小明《学人游幕与清代学术》（社会科学文献出版社1999年版，第276页）。

④　详见恽敬《前翰林院编修洪君遗事述》，《大云山房文稿》卷三，商务印书馆1935年版，第241页。

⑤　作者自注："乙未八月，余在请室中，君无日不入访，濒行，复扶病送至卢沟桥，聚谈竟夕。"

⑥　洪亮吉：《哭张编修惠言》，《更生斋诗》卷五，《洪亮吉集》，中华书局2001年版，第1335页。

⑦　洪亮吉：《读亡友张编修惠言所辑虞氏易追悼一首》，《更生斋诗续集》卷五，《洪亮吉集》，中华书局2001年版，第1568页。

恒、杨揆、刘嗣绾、刘逢禄等与亮吉亦相善，其余尚多，详见《毗陵名人小传》。以"毗陵七子"为核心的常州诗人，大多性情相投、志趣相同，虽然他们个性鲜明，但其诗论及诗风也有许多相似之处，因此，纪玲妹认为称他们为"毗陵诗派"是成立的，而且将洪亮吉的《北江诗话》看作"毗陵诗派"的理论旗帜：

> 赵震《毗陵诗录》八卷，录清代武进、阳湖两邑诗人共 290 多人，羊牧之《续毗陵诗录》又录清及近代诗人 350 位，诗歌 2000 多首，可见常州诗坛繁盛之一斑。吴调公在《续毗陵诗录》序言中说："毗陵的诗文之胜，群彦汪洋，珠玑漫卷，可以说代不绝书。远自吴文化的影响昌明固然是开了个源头，而清初以来，文学主要流派的崛兴，文学风气的云蒸霞蔚，就更是历历在目了。"清代常州诗坛繁盛是个不争的事实，然而，毗陵诗派却一直没有受到研究者们的关注。从清代至今，有许多人提及这一诗派。"毗陵七子"之一的赵怀玉在序钱维乔的《竹初诗钞》中说："吾乡风雅盛于康熙间，邹进士、董文学倡国依社，后君家湘灵继开毗陵诗派，学者翕然从之。于后复有醉吟、浣花、峨嵋，一时旗鼓竞雄，故查悔余尝称'吾常为诗国'。"清代浙江人吴应奎有诗曰："毗陵诗派早知归。"查慎行不仅说"毗陵诗国千年事"，也有"诗派今属南兰陵"句。梁启超在《中国近三百年学术史》中认为："常州在有清一代，无论哪一方面学问，都有与人不同的地方；古文有阳湖派，诗亦有阳湖派。"刘世南《清诗流派史》称之为常州诗派："过去的文学史上，只有常州词派，没有常州诗派，然而实际上后者是存在的。"……关于这一诗派的名称，虽然存在一定的争议，但根据现在关于文学流派的理论及常州一地的诗歌理论及创作情况来看，笔者认为古人提出的"毗陵诗派"这一说法是有根据的。……毗陵诗派的诗论家主要是洪亮吉……其《北江诗话》奠定了毗陵诗派的诗学理论基础。①

---

① 纪玲妹：《清代毗陵诗派论略》，《江苏社会科学》2006 年第 5 期。

二　耆学宿儒

乾嘉时期，"家家许郑，人人贾马，东汉学烂然如中天矣"①。许多文士都投身于考据的热潮中，而且，钻研学术也成为科举之外的另一条进身之阶。洪亮吉就是一位朴学大师，于学无所不窥，精通经学、史学，尤嗜舆地之学，他与当时的学界泰斗几乎均有往来。

与亮吉相交的前辈学者主要有杭世骏、钱大昕、卢文弨、贾田祖等，其中以钱大昕对他影响最深。钱大昕（1728—1804），字辛楣，号竹汀，江苏嘉定人，乾隆十九年进士，少有"神童之目，初从长州沈尚书德潜游，颇擅属辞，为吴中七子之冠"。后乃肆力于学术，"博极群书，不专治一经，而无经不通；不专攻一艺，而无艺不习。凡经史文义、音韵、训诂、历代典章制度、官职、氏族、地理、金石、辽金国语，以及中西历算之法，莫不洞悉其是非"②，可谓博古通今，洵为一代儒宗。亮吉与大昕相识甚早，其《岁暮怀人诗二十四首·钱大昕》云："燕吴楚越路偏长，③ 十载才申一瓣香。"④ 参以《清代学者像传·钱大昕》："庚辰丙戌，会试同考官，试河南时即奉命提督于广东学政，次年丁父忧服阕。"⑤ 大昕服阕于丁亥年，因此二人相识当在乾隆三十二年，时亮吉二十二岁，从此诗也可看出，亮吉心折并瓣香于大昕。钱大昕对亮吉的影响主要在学术方面，亮吉常得到钱大昕的指点，其《三国疆域志》杀青后，钱大昕为之作序云："仆留意三国疆域有年，常欲作志，以补承祚之缺，蜀吴稿粗具，将次第魏事，……今读尊制，体大思精，胜仆数倍，已辍所业，让足下独步矣。"⑥ 尽管是自谦之辞，但对亮吉的推崇却溢于言表。亮吉《复钱少詹书》云："亮吉虽未及阁

---

① 梁启超：《清代学术概论》，中国人民大学出版社2004年版，第196页。
② 支伟成：《清代朴学大师列传·钱大昕传》，岳麓书社1998年版，第32页。
③ 作者自注："君官京师，余在里中；及君服阕，友人延修浙中志，余亦自楚中归，甫得相见。"
④ 《卷施阁诗》卷十五，《洪亮吉集》，中华书局2001年版，第804页。
⑤ 叶衍兰、叶恭绰：《清代学者像传·钱大昕》，第208页。
⑥ 钱大昕：《与洪稚存书》，吕友仁校点《潜研堂集》卷三十五，上海古籍出版社1989年版，第637页。

下之门，然每得阁下一书，辄悯其嗜古之诚，为析诸疑义所在，则亮吉之师阁下已久矣。"① 嘉庆九年，钱大昕去世，亮吉作诗挽之：

> 相逢握手贺生还，② 昔昔真如指一弹。犹记缺文商夏五，③ 最怜封札到秋残。④ 淮南蓟北生徒盛，王后卢前位置难。⑤ 十载顿亡三老学，凭高不觉涕汍澜。⑥

洪亮吉的学问成于佐幕朱筠期间，而且他的成名也离不开朱筠的揄扬。朱筠（1729—1781），字竹君，号笥河，直隶大兴人，乾隆十九年进士，"博闻宏览，于学无所不通……可谓地负海涵，渊渟岳峙矣"⑦。他是提议开四库馆校书的第一人，而乾嘉汉学的勃兴与四库馆的设立又不无关系，因此姚名达《朱筠年谱序》称他为"乾嘉朴学的开国元勋"⑧，亮吉亦云："先生负盖代之才，具人伦之鉴。诱掖后进，奖许辈流。寝门未阒，束脩之士纷来；夕漏欲沉，问字之车未返。而先生又各竞所长，不名一艺。……于是海内之士，有不诣先生之居者，遂不得为闻人焉。"⑨ 是以天下之士从之若市。

> 而社会上一般人号通经博古之士为朱派，朱门弟子著录的有五六百人之多……如戴震、王念孙、邵晋涵都曾在他的幕府，因他的揄扬而成名，……章学诚之史学，洪亮吉之地理学，任大椿之礼制学，钱坫之文字学，程晋芳、武亿之经学，黄景仁之诗歌，

---

① 《卷施阁文乙集》卷五，《洪亮吉集》，中华书局2001年版，第324页。
② 作者自注："余自塞外归，晤先生于吴门"。
③ 作者自注："余《左传诂》成，先生为商榷数事"。
④ 作者自注："先生以冬孟谢世，秋梢尚通音问"。
⑤ 作者自注："五十年来为朴学者：王光禄鸣盛、卢学士文弨，而先生述作尤精审"。
⑥ 洪亮吉：《钱少詹大昕挽诗》，《更生斋诗续集》卷一，《洪亮吉集》，中华书局2001年版，第1518页。
⑦ 江藩：《国朝汉学师承记·朱笥河先生》，第62页。
⑧ 《朱筠年谱》，商务印书馆1935年版，第2页。
⑨ 洪亮吉：《椒花吟舫图序》，《卷施阁文乙集》卷八，《洪亮吉集》，中华书局2001年版，第370页。

孙星衍之训诂学，江藩之传记学，汪中之诸子学，汪辉祖之姓氏学，皆卓卓有名，传于后世。而其始皆直接朱筠之传授启发，方得有成。

《朱筠年谱序》①

可见，朱筠对乾嘉汉学的兴起功不可没，而且亮吉之学有所成实得益于朱筠的传授启发。洪亮吉在未冠之时就很仰慕朱筠，十七岁时便寄书朱筠：

> 昭阴岁涂月，公文传手抄。闻公学昌黎，兴极乃欲号。昌黎善为文，乃不识李翱。昌黎善为诗，乃不值孟郊。我生十年学刺嘈，慈母训我穷风谣。哦诗切雅赋切骚，世哂才士如秋毫。君不见，公文足戴北斗杓，我笔亦倾东海涛。

其小序云："壬午冬，在友人处读公古赋数首，爱而不释，又闻公爱士，遂作此以寄之②。此诗盛赞朱筠才学，并表达了愿依门墙的想法。乾隆三十六年，朱筠督学安徽，洪亮吉"以馆谷不足养亲，买舟至安徽太平府，谒朱学使筠。时学使尚未抵任，沈太守业富素重先生，留入府署。未匝月，适安徽道俞君成欲延书记，太守以先生应聘，已至芜湖，有留上朱学使书，学使得之甚喜，以为文似汉魏，即专使相延入幕，以腊月八日复抵太平，黄君景仁已先在署。学使作书遍致同朝，谓甫到江南，即得洪黄二生，其才如龙泉太阿，皆万人敌云。是年秋，在江宁与汪明经中、顾进士九苞订交。及入学使署，又与邵进士晋涵、高孝廉文照、王孝廉念孙、章孝廉学诚、吴秀才兰庭交最密，由是识解益进。始从事诸经正义及《说文》《玉篇》，每夕至三鼓方就寝"（《年谱》）。至此，亮吉遂立志穷经。朱筠很器重亮吉，有诗云："洪生才如矛，决刺快棘榰。从我我来南，得子色已欣。更有黄生奇，

---

① 《朱筠年谱》，商务印书馆 1935 年版，第 2 页。

② 洪亮吉：《寄大兴朱编修筠》，《附鲒轩诗》卷一，《洪亮吉集》，中华书局 2001 年版，第 1915 页。

猿骨鹤之筋。二生于常士，两扛龙文斤。"① 在朱筠幕府两年期间，亮吉在朱及其幕宾的影响下，学识大进，乾隆三十八年四库馆开，江浙搜采遗书，安徽设局太平，聘亮吉总司其事。不久，朱筠因不善为官而卸任，亮吉亦归里。乾隆四十六年，朱筠卒于京师，亮吉作《椒花吟舫图序》悼之：

> 亮吉以岁辛卯，谒先生于当途学使之署，始预宾僚，继焉问业。逮己亥庚子，又从先生游京师。刘向之校秘阁，时假异书；朱祐之学成均，屡蒙殊奖。盖师友之际，存殁之感，均有不能已于言者焉。暇日，先生子孝廉锡庚出是图属为之序。窃以先生之门，著录弟子不下千人，咸负盛名，各官于外，而孝廉独授简于余者，岂非以受先生知最深。②

朱筠对亮吉的影响是多方面的。在学术方面，亮吉说朱筠"学不名一家，尤喜以六经训诂督课士子，余与黄君亦从受业焉"③。这确立了洪亮吉治学的方向——汉学。亮吉又有诗云："夫子（朱筠）导前路，饥翅摩秋鹰。陈编始相习，众义恣轹辚。"④ 可见朱筠对其学术的影响。朱筠对洪亮吉的诗歌创作影响亦不小。首先，在宗法及题材上，朱筠"初学昌谷、昌黎，五言力追汉魏，晚乃导汇百家，变化创闢，倜神明于规矩之外。尤爱佳山水……故集中亦以登临览胜之作为多"⑤。亮吉亦然。其次，在用字遣词上，昭梿《啸亭续录》云："宋子京诗文瑰丽，与兄颉颃。其《新唐书》好用僻字涩句，以矜其博，使人读之胸臆间格格不纳，殊不爽朗。近日朱筼河学士诗文亦然。余尝谓时帆

---

① 《筼河诗集》卷十一，《续修四库全书》第 1639 册，第 610 页。
② 《卷施阁文乙集》卷八，《洪亮吉集》，中华书局 2001 年版，第 371 页。
③ 洪亮吉：《书朱学使遗事》，《更生斋文甲集》卷四，《洪亮吉集》，中华书局 2001 年版，第 1034 页。
④ 洪亮吉：《赠邵进士晋涵八十韵》，《附鲒轩诗》卷三，《洪亮吉集》，中华书局 2001 年版，第 1959 页。
⑤ 徐世昌：《晚晴簃诗汇·诗话》，《清诗纪事》，江苏古籍出版社 1987 年版，第 5570 页。

祭酒云：'读《新唐书》及《朱笥河集》，如人害噎膈症，实难舒畅也'。"① 亮吉深受其影响，初所作诗清新飘逸，及入朱笥幕，随着学识日富，为诗好用奇字僻典，每以学问入诗，自矜淹博，板滞厚重，如此间所作《随母急葬归里率效述德抒情诗意白云呈大兴朱学士》《寄大兴朱学士三十韵》等。故袁枚曾致书规之："顷接手书，读古文及诗，叹足下才健气猛，抱万夫之禀，而又新学笥河学士之学，一点一画不从今书，驳驳落落如得断简于苍崖石壁间。仆初不能识，徐测以意，考之书，方始得其音义。"② 彭元瑞亦评洪诗："落笔根源篆籀文，满胸堆塞娜環记。"③ 再次，二人论诗也很相近，除重学识外，亦重性情："朱竹君学士曰：'诗以道性情。性情有厚薄，诗境有浅深。性情厚者，词浅而意深；性情薄者，词深而意浅。'"④ 最后，在诗歌风格上，亮吉评朱笥诗如"激电怒雷，云雾四塞"，这与亮吉诗风以气骨胜如出一辙。此外，朱笥幕府多通儒，他们对亮吉影响亦自不小，亮吉《伤知己赋》自注云：

> 岁辛卯，先生视学安徽，一时人士会集最盛，如张布衣凤翔、王水部念孙、邵编修晋涵、章进士学诚、吴孝廉兰庭、高孝廉文照、庄大令炘、瞿上舍华与余及黄君景仁皆在幕府，而戴吉士震兄弟、汪明经中亦时至。⑤

其中，与亮吉尤相契者为邵晋涵、汪中、章学诚。邵晋涵（1743—1796），字二云，号南江，浙江余姚人，"生而颖异，读书十行并下，终身不忘"⑥。"年才逾冠，叩其学，渊博无涯矣。"⑦ 乾隆三十

---

① 钱仲联主编：《清诗纪事》，江苏古籍出版社 1987 年版，第 5570 页。

② 袁枚：《答洪华峰书》，《小仓山房文集》卷十九，《续修四库全书》第 1432 册，第 212 页。

③ 彭元瑞：《次铅山蒋编修士铨韵》，附见于《附鲑轩诗》卷四，《洪亮吉集》，中华书局 2001 年版，第 1979 页。

④ 袁枚：《随园诗话》卷八，昆仑出版社 2001 年版，第 544 页。

⑤ 《卷施阁文乙集》卷二，《洪亮吉集》，中华书局 2001 年版，第 289 页。

⑥ 江藩：《国朝汉学师承记·邵晋涵》，第 95 页。

⑦ 支伟成：《清代朴学大师列传·邵晋涵》，第 192 页。

六年成进士。晋涵于亮吉有师友之谊，亮吉谓："平生师友谊，诲语常兢兢。"① 又云："逢君乃研经，逢君乃注史……礼堂苦写群经定，君署南江我北江。"② 在朱筠幕中二人比舍而居，亮吉出示己诗，晋涵读后有诗云："探怀玉歌诗，古乐三阶登，……因缘比舍居，朽荞占合凝。"③ 朱筠卸任后，二人又同入毕沅幕府，为幕友达四年之久，在邵的影响下，亮吉的学术日益精进。二人不但切磋学术，而且还经常在一起诗酒唱和，邵晋涵作诗赠亮吉："与君门巷近咫尺，一欢一愁殊若此。论交却忆廿年前，追逐涧磴如飞鸢。"④ 后晋涵入都，亮吉有诗赠之：

> 自君居京华，令我懒著书。一义偶有疑，搜箧复发厨。不然在君旁，理蕴已毕抒。问一必答三，背诵若贯珠……别君居三年，我书不盈尺。以此厚怨君，君行亦当识。⑤

亮吉持节黔中，时有诗怀晋涵："苦忆余姚邵夫子，授徒却待勘经回。殊师肯啖公羊饼，绝业谁营尔雅台。忆共五经连榻住，也同六郡校文来。"⑥ 嘉庆元年晋涵卒，亮吉为之作传，可见二人交情之一斑：

> 君于国史，当有专传。今子秉恒、秉华等，以亮吉尚足知君，乞先为家传，以缀君行事。亮吉与君交几三十年，于词馆后进，

---

① 洪亮吉：《赠邵进士晋涵八十韵》，《附鲒轩诗》卷三，《洪亮吉集》，中华书局2001年版，第1959页。

② 洪亮吉：《送邵秘校晋涵入都补官》，《卷施阁诗》卷八，《洪亮吉集》，中华书局2001年版，第614页。

③ 邵晋涵：《次洪稚存八十韵》，见《洪亮吉集》，中华书局2001年版，第1960页。

④ 邵晋涵：《病中戏简洪稚存》，《南江诗钞》卷四，《续修四库全书》第1463册，第666页。此诗作于邵客毕沅幕府期间，二人同在毕幕的时间为1786—1788年，二人在廿年以前就已订交，故二人相识至迟当在1768年。

⑤ 洪亮吉：《有入都者偶占五篇寄友》，《卷施阁诗》卷八，《洪亮吉集》，中华书局2001年版，第633页。

⑥ 洪亮吉：《岁暮怀人诗二十四首》，《卷施阁诗》卷十五，《洪亮吉集》，中华书局2001年版，第805页。

凡值校雠之役，如国史、石经等，亦无不与君偕，即集中唱和之作，亦惟亮吉为多。①

汪中（1745—1794），字容甫，江苏江都人，其才学为世人所推崇，被誉为"识议超卓，唐以后所未有"②，尤以骈文名世，与洪亮吉并称为清代骈文的两颗巨星。二人可能相识于同在安定书院肄业期间，时亮吉有《送江都汪中归里》："他时好结竹西邻，白昼从君借书读。"③ 二人正式订交是在朱筠幕府中（《年谱》乾隆三十六年），亮吉与汪中一样，始皆以词章名，至朱筠幕，始专攻考据，二人同在朱筠幕府两年，相互鼓励切磋，并最终成为一流的学术大师。二人又同为孤儿，皆由母教抚养而成，汪中为亮吉题《机声灯影图》时，产生了同病相怜的感慨："惘怅前宵梦，依然膝下欢。此情君不忘，在昔我曾经。历历伤心事，披图老泪零。"诗注云："中年多病，久不作诗，比至居忧，此事遂绝，某以此卷索题，有伤其事，聊作数章，以当一哭，孤子汪中记。"④ 后亮吉中进士，汪中致书亮吉曰：

> 足下与量殊、渊如，皆吾弟也，而前后登第，名次悉同，老兄不出，岂欲虚左以相待耶？量殊者，江侍御德量。渊如者，孙兵备星衍。皆中所素厚。中三十后不事科举，以选拔贡生终。中为文及诗，格度皆谨饬过甚。余怪问之，中曰："一世皆欲杀中，倘笔墨更不谨，则堕诸人术内矣。"其谲又如此。⑤

洪亮吉受汪中的影响也不小，他自言："余于弱冠后始识中，中频

---

① 洪亮吉：《邵学士家传》，《卷施阁文甲集》卷九，《洪亮吉集》，中华书局2001年版，第192页。
② 王引之：《汪容甫先生行状》，《王文简公文集》卷四，转引自尚小明《学人游幕与清代学术》第90页。
③ 《附鲒轩诗》卷二，《洪亮吉集》，中华书局2001年版，第1948页。
④ 汪中：《题机声灯影图》，《汪容甫先生遗诗》卷五，《续修四库全书》第1465册，第468页。
⑤ 钱仲联主编：《清诗纪事》，江苏古籍出版社1987年版，第6980页。

以有用之学相晶，余始愧励读书，今之有一知半解，未始非中所激成也。"①

章学诚（1738—1802），字实斋，号少岩，浙江会稽人，著名史学家、方志学家，毕生致力于文史校雠与修志事业，著述宏富，成为浙东学派的领袖。在朱筠幕府中，章学诚、邵晋涵、洪亮吉尤为契合，在章学诚的影响下，亮吉于经学外，复致力于史学，尤嗜历史地理及方志之学。而且，章学诚对洪亮吉的文学创作也有一定的影响，亮吉曾致书章学诚云：

> 自君居京华，令我懒作文。我前喜放笔，大致固不淳。君时陈六艺，为我斧与斤。不善辄削除，善者为我存。仪真有汪中，此事亦绝伦。藐视六合间，高论无一人。前者数百言，并致洪与孙。晶其肆才力，无徒嗜梁陈。我时感生言，一一请质君。君托左耳聋，高语亦不闻。② 君于文体严，汪于文体真。笔力或不如，识趣固各臻。别君居三年，作文无百幅。以此厚怨君，君闻当瞠目。③

就在朱筠卸任当年，毕沅出任陕西巡抚，开翘楚馆于关中，广延名人学士于幕下，先后为督抚二十年，所至皆有大批诗人学者追随，幕府极一时之盛，成为清初以来规模最大的学人幕府。亮吉离开朱筠幕府后，仍以游幕为生，先后客常镇通道袁鉴、江宁太守陶易、浙江学政王杰、安徽学政刘权之、常州太守黄泽定、四库馆总校孙溶等官员幕府，交游益广。乾隆四十六年，亮吉初应礼部试报罢后，接到孙星衍自关中的到来信，言毕沅钦慕之意，遂决意游秦。

毕沅（1730—1797），字纕蘅，号秋帆，江苏镇洋人，"少颖悟，

① 洪亮吉：《又书三友人遗事》，《更生斋文甲集》卷四，《洪亮吉集》，中华书局2001年版，第1040页。

② 作者自注："君与汪论最不合"。

③ 洪亮吉：《有人都者偶占五篇寄友》，《灵岩天竺集》卷八，《洪亮吉集》，中华书局2001年版，第633页。

十岁审声韵，稍长从沈文悫、惠松崖治经史辞章，学益邃"①，乾隆二十五年状元，先后出任封疆大吏二十余年，仕途显赫。他是一位学者型官员，于经史、小学、金石、舆地无不通晓。洪亮吉说他："爱士尤笃，闻有一艺之长，必驰币聘请，唯恐其不来，来则厚资给之。余与孙兵备星衍留幕最久，皆擢第后始散去。"②朱筠任安徽学政时的幕宾除王念孙外，其他人均先后追随至毕公麾下。当洪亮吉到达关中时，毕沅"倒屣以迎，翌日遂延入节署。时幕中为长洲吴舍人泰来、江宁严侍读长明、嘉定钱州判坫及孙君与先生，凡五人。陕西尚有回警。日偕毕公筹兵画饷，暇即分韵赋诗，常至丙夜"（《年谱》）。此后四年，亮吉一直在毕沅幕中，这为他提供了良好的学术环境，他的大部分著作即成于此时。

亮吉至毕沅幕中，深得毕公赏识和器重，毕沅为其题《机声灯影图》，称他"博学工文，推大手笔"③，亮吉亦云："先生以亮吉粗知湛浊，稍别广轮，每成地志之书，辄预校雠之役。"④这使得亮吉产生了知己之感，其《将赋南归呈毕侍郎六十韵》云："俾得列朋辈，宾僚皆天人"，"感今得知己，生世不可悔"⑤。毕沅还给洪亮吉的生活提供了很大的帮助，"毕公知其所赁宅逼隘，因赠资以购宅"（《年谱》）。乾隆四十八年，毕沅入京觐见皇上，打算为其幕僚谋取做官的机会，"以摩唐开成石经进呈，拟荐先生、孙君星衍及吴县江布衣声书国朝三体石经，即在西安刻石以进，为当轴者所阻而止"（《年谱》）。随后，毕沅调抚河南、湖北，亮吉始终追随着毕沅，在其幕中长达八年之久（1781—1788），是毕沅最久的一位幕宾。乾隆五十五年，亮吉五应礼部试，临行毕沅以诗饯之：

---

① 支伟成：《清代朴学大师列传·毕沅》，第 340 页。

② 洪亮吉：《书毕宫保遗事》，《更生斋文甲集》卷四，《洪亮吉集》，中华书局 2001 年版，第 1037 页。

③ 毕沅：《为洪稚存题机声灯影图》，《灵岩山人诗集》卷三十一，《续修四库全书》第 1450 册，第 296 页。

④ 洪亮吉：《晋太康三年地志·王隐晋书地道志后序》，《卷施阁文乙集》卷三，《洪亮吉集》，中华书局 2001 年版，第 303 页。

⑤ 《卷施阁诗》卷五，《洪亮吉集》，中华书局 2001 年版，第 560 页。

别思无端写玉琴，七年会合记题襟。文章声色凌河岳，风雨情怀证古今。书味蔼于春泽丽，酒痕红入杏花深。临歧不尽停云感，千里相将一寸心。①

情谊已超越了幕府宾主之间的界限。此次应试，亮吉一举中式，终于告别了漫长的游幕生涯，试后有诗赠毕沅："好交公门旧衣钵，至今惭愧说袁州。"② 乾隆五十七年，亮吉奉命视学贵州，途经武昌，访毕沅不值，有诗云：

从公十年游，八年居幕府。离公只两载，月仅二十五。③ 昨年公入觐，复得旬日从。自喜师弟缘，时可意外逢。慈恩纵愧传衣钵，幸出公门早持节。……此时忆公因不眠，起视落月行檐前。蓸腾却梦旌麾过，只隔武陵山一座。④

足见二人交情之深。同年，亮吉赴辰州谒毕沅，有诗赠之："幕府尽称诗弟子，虚窗闲礼古先生"，"述作多应拜下风，怜才如此复谁同"⑤。嘉庆二年，毕沅病故，亮吉有诗哭之："此生谁念我，九死欲呼天。"⑥ "无泪哭公惟有血，此身阅世讵多时。"⑦ 子期已逝，伯牙独伤。次年，亮吉为毕公扫墓，有诗云："公与古人争不朽，我思前事感无涯。箧中章奏千篇富，屋后峰峦百尺垂。便拟一年来一度，野花村

---

① 毕沅：《稚存应试春闱临行出素册索书诗以送之》，《灵岩山人诗集》卷三十五，《续修四库全书》第 1450 册，第 343 页。

② 洪亮吉：《胪传日马上口占寄毕尚书师湖北》，《卷施阁诗》卷六，《洪亮吉集》，中华书局 2001 年版，第 646 页。

③ 作者自注："余自己酉春从武昌计偕北上，至壬子三月，尚书入觐，都门复得握手，统计别时仅二十五日耳"。

④ 洪亮吉：《本欲诣武昌以驿道迂回不过……夜气不寐辄呈长句一篇却寄》，《卷施阁诗》卷十二，《洪亮吉集》，中华书局 2001 年版，第 711 页。

⑤ 洪亮吉：《辰州谒毕尚书师出所定诗文集见示即席赋赠一篇却寄》，《卷施阁诗》卷十七，《洪亮吉集》，中华书局 2001 年版，第 838 页。

⑥ 洪亮吉：《七月十七日惊闻毕尚书师楚南之讣……》，《卷施阁诗》卷十八，《洪亮吉集》，中华书局 2001 年版，第 886 页。

⑦ 洪亮吉：《重哭毕尚书师》，《卷施阁诗》卷十八，《洪亮吉集》，中华书局 2001 年版，第 888 页。

酒奠江湄。"① 直至晚年，亮吉对毕沅的知遇之恩仍不能忘怀，常作诗缅怀。

毕沅于亮吉有幕主兼师友的情谊，其幕府整理和刊刻了许多大型文献，大部分皆有亮吉参与。② 毕沅精通金石学，他认为金石可以证史，亮吉为学深受毕沅金石学的影响，他最初对金石之学"素寡究心"，至毕沅幕府始认识到金石资料"有裨于实学实不少也"。洪亮吉曾利用毕沅所藏碑数百通，"校史传阙遗，得其史文之误者十之三，以史文正碑石之失者，亦十之一"③，从而使他的治学路子更为广阔。毕沅对亮吉的诗歌创作也有一定的影响，亮吉对毕沅的诗推崇备至："公之诗文，气包宇宙。海立山飞，天施地受。……三唐以降，谁抗颜行。"④ 毕沅宗杜，方恒泰说："学杜而得其悲凉壮阔者，于毕秋帆制府见之。"⑤ 亮吉亦学杜。且毕沅好游，集中多山水纪胜之作，其幕宾在幕时所作亦以山水诗为多。此外，洪亮吉的诗风与毕公也很相似，《北江诗话》评毕沅诗如"飞瀑万仞，不择地流"，这也恰好是亮吉诗歌的主导风格。

毕沅幕府的宾客多来自朱筠幕府，此外尚有许多新入幕者，如程晋芳、江声等，与亮吉尤契者为凌廷堪⑥，二人后又成为同年进士，同入翰林院，亮吉自塞外归，主讲皖南毓文书院时，凌廷堪出任宁国府教授，二人过从甚密。朱筠和毕沅的幕府主要是学人幕府，几乎囊括了乾嘉时期一流的学术大师，但这些学者很少有不会写诗作文的，而且两位幕主本身就是学者型诗人，他们的幕府中也有许多专门的诗人，

① 洪亮吉：《灵岩谒毕尚书师墓》，《卷施阁诗》卷十九，《洪亮吉集》，中华书局2001年版，第905页。

② 法式善：《陶庐杂录》卷四："毕氏灵岩山馆刻书……十六种。其校正多出洪稚存、孙渊如之手。"中华书局1984年版，第127页。

③ 洪亮吉：《中州金石记后序》，《卷施阁文乙集》卷六，《洪亮吉集》，中华书局2001年版，第351页。

④ 洪亮吉：《祭毕尚书师文》，《卷施阁文乙集续编》，《洪亮吉集》，中华书局2001年版，第401页。

⑤ 钱仲联主编：《清诗纪事》，江苏古籍出版社1987年版，第5762页。

⑥ 凌廷堪（1755—1809），字仲子，江苏海州人，精通经史、乐律、工诗，兼善骈文。关于他和洪亮吉的交游详见陈金陵《洪亮吉评传》第308—315页，兹不赘述。

如方正澍①、王复、黄景仁、史善长、王文治②等，他们平时协助幕主佐理文事，暇即分韵赋诗，共同带动了清中叶幕府文学的兴盛。

除朱、毕幕宾之外，洪亮吉还与许多学士相交接，以钮树玉为代表。钮树玉（1760—1827），字蓝田，号匪石，江苏吴县人，终身不事科举，笃志好学，精研文字声训之学。嘉庆三年，亮吉以弟丧乞假南归，途经吴县，渡湖时恰与钮树玉同舟，树玉便将所著《说文新附考》让亮吉过目，备得亮吉推崇："方今富儒术，小学亦妍雅。王钱与孙段，见尔手定把。"③亮吉还向钱大昕、王念孙、孙星衍、段玉裁推荐了钮树玉的著作，经亮吉等揄扬，钮树玉方声名鹊起。亮吉赦归里居，又常与树玉结伴出游，探讨学术、切磋诗艺、过从甚密。

除以上所述诸人外，与亮吉相交的学人还有戴震、王念孙、王引之、段玉裁、洪梧、江藩、胡世琦兄弟等，洪亮吉之所以能取得丰硕的学术成果，论诗重学问与这些学人的影响是分不开的。

三　馆阁词臣

乾嘉时期历经百余年承平，人文蔚盛，清廷内阁、翰林院、内外三馆及军机处汇集了大量的文人学士，京师也成为全国的人文中心，这些文士大多出于冷官闲职的角色，平日只能借诗酒来消遣，这使得清中叶的馆阁文风盛极一时。乾隆五十五年，亮吉榜眼及第，授翰林院编修，派充国史馆，广与名公巨卿及馆阁词臣相交接。与亮吉相交最早、名位最尊者是纪昀。纪昀字晓岚，号石云，直隶献县人，乾隆十九年进士，官至礼部尚书、协办大学士，四库馆开，任总纂官，一生精力萃于《四库全书总目提要》一书，并著有小说《阅微草堂笔

---

① 方正澍（1755—1809），字子云，安徽歙县人，以诗闻名，"与袁枚激扬风雅，争长诗坛，于时词客罕有颉颃"（《清史列传》卷七十二）。

② 王文治（1730—1802），字禹卿，号梦楼，江苏丹徒人。以诗名世，《北江诗话》云："乾隆中叶以后，士大夫之诗，世共推袁、王、蒋、赵矣。"

③ 洪亮吉：《渡湖与钮布衣树玉同舟因示其所著说文新附考见示赋赠一首即荐钱少詹大昕王给事念孙段明府若膺孙兵备星衍》，《卷施阁诗》卷二十，《洪亮吉集》，中华书局2001年版，第931页。

记》，卒以二书闻名。乾隆四十九年，亮吉应礼部试，"榜发，荐而不售。本房编修祥庆公阅卷最迟，至四月四日，方以三场并荐，总裁蔡文慕公及纪公昀奇赏之。纪公尤击节五策，必欲置第一。时内监试丰润郑侍御徵以得卷迟，疑之，欲移至四十名外。纪公坚执不允，因相与忿詈不可解。总裁胡公高望调停其事，遂置不录。纪公于卷末赋《惜春词》寄意①。出闱，即先诣寓斋相访焉"（《年谱》）。

故而亮吉对纪昀怀有知己之感，及入翰林，常与纪公相往还。亮吉视学贵州，岁暮有诗怀纪公：

> 子云笔札君卿舌，当代无人可并论。直阁新衔同掌院，曲台故事号专门。研心十载雠《皇览》，快意千篇续琐言。② 只我最饶知己感，下春官第枉高轩。③

纪昀下世，亮吉作诗哭之：

> 乍入纶扉疾已绵，客冬才启八旬筵。最怜干宝《搜神记》，亦附刘歆辑略篇。绝域纪游思往日，④ 甘陵植党感余年。鳏生事事辜公望，⑤ 一事同公是戍边。⑥

洪亮吉论诗与纪昀在许多方面都很相似，其影响自不待言，详见第三章。

乾嘉之际，馆阁文风蔚盛，翁方纲的"诗境"和法式善的"诗龛"堪称两大阵营，统领着辇毂风雅。翁方纲（1733—1818），乾隆十

---

① 按：《惜春词》不见于《纪文达公遗集》（《续修四库全书》第 1435 册）。

② 作者自注："谓近所著说部书五六种"。

③ 洪亮吉：《续怀人诗十二首·纪尚书昀》，诗后自注："先生主甲辰会试，余试卷最为所赏，欲首擢之，为监试御史所阻而止，于卷末题《惜春词》六首。有云：'万紫千红号花海，冠春毕竟让槐黄。'徹棘后又枉道过访。"《卷施阁诗》卷十五，《洪亮吉集》，中华书局 2001 年版，第 809 页。

④ 作者自注："公曾以事戍乌鲁木齐"。

⑤ 作者自注："余受公知最深，期望尤切"。

⑥ 洪亮吉：《哭纪尚书昀》，《更生斋诗续集》卷二，《洪亮吉集》，中华书局 2001 年版，第 1564 页。

七年进士，年方弱冠即已成名，所著《石州诗话》风行海内，成为名满南北的诗界巨子，沈德潜退老吴中，遂为京苑诗坛领袖。亮吉在未达之时便已结识了翁方纲，乾隆四十四年，亮吉应顺天乡试而入都，虽为一介布衣，然已闻名诗坛，"时翁学士方纲、蒋编修士铨、程吏部晋芳、周编修厚辕、吴编修锡麒、张舍人埙，共结诗社，首邀先生及黄君入会。每一篇出，人争传之。是以，先生遇虽甚困，而友朋之乐，以此二年为最"（《年谱》）。二人的身份地位悬殊，然而对学术诗文的共同爱好使二人结交，翁方纲的《洪节母传》云："乾隆己亥夏，予得识武进洪君礼吉，发其箧，得所为诗文若干卷，皆磊磊志节之言，又刊史传谬误若干卷。"① 并为其题《机声灯影图》："椎心滴血数行书，儿忍吞声母泪茹。画荻戍编宁喻此，匪我废句痛何如。……石烂海枯神鬼泣，鸡鸣盥漱梦回初。"② 同年，苏轼生日时，翁方纲举诗社祀之，亮吉有诗云："殊乡作客初逢腊，学士开斋尚号苏。"③ 两年后，亮吉礼部试报罢后游秦，直至及第后，二人复诗酒唱和，"诗境"则是他们唱和的文学沙龙，翁方纲曾为亮吉祖题《秋山读书图》④。从亮吉被贬以后，二人很少晤面。嘉庆九年，有人误传翁方纲卒，亮吉"有挽诗云：'最喜客谈金石例，略嫌公少性情诗'，盖金石之学为公专门，诗则时时欲入考证也。后乃知误传，而诗已播于人口。或公闻之，亦不以为怪耳"（《北江诗话》）。翁方纲是学人诗的代表，开创了肌理派，名重一时，亮吉尽管批评翁诗"如博士解经，苦无心得"，然而，若仔细考察一下亮吉在京与翁方纲等酬唱的诗作，就会看出翁方纲的影子，其影响是不可忽视的。

就在翁方纲主持辇毂风雅之际，法式善又别树一帜，另立坛坫，与翁方纲一起成为主盟京苑骚坛的两大宗主。法式善（1753—1818），

---

① 翁方纲：《复初斋文集》卷十三，《续修四库全书》第 1455 册，第 474 页。
② 翁方纲：《洪稚存机声灯影图三首》，《复初斋诗集》卷二十二，《续修四库全书》第 1455 册。
③ 洪亮吉：《东坡生日集翁学士方纲苏斋即送罗山人聘出都》，《卷施阁诗》卷一，《洪亮吉集》，中华书局 2001 年版，第 479 页。
④ 翁方纲：《洪稚存编修以其先昆霞太守秋山读书图属题》，《复初斋诗集》卷四十八，《续修四库全书》第 1455 册，第 111 页。

字开文，号时帆，蒙古正黄旗人，乾隆四十五年进士，官至国子监祭酒，生平以友朋文字为性命，以研求文献、宏奖风流而著称于世，其所居"诗龛""梧门书屋"乃明李东阳故居，"士有一艺之长，无不被其容接，主坛坫几三十年，人以为西涯后身不愧也"①。洪亮吉尝为其诗集作序：

> 一代之兴，必有硕德伟望，起于莘毂之下，官侍从，历陟通显，周知国家掌故，诗文外复能著书满家，以润饰鸿业，歌咏太平，如唐杜岐公佑，明李少师东阳者……若余所见，则今之国子监祭酒法时帆先生殆其人矣。先生二十外即通籍，官翰林，回翔禁近者几三十年。作为诗文，三馆皆竟录之，以为楷式。②

　　洪亮吉与法式善相识当在乾隆四十五年，法式善有诗云："结交有深浅，识君已一纪。"③ 此诗作于壬子年（乾隆五十七年），故二人相交当在亮吉与翁方纲等结社唱和之时，然而他们订交却是在亮吉入翰林以后。④ 二人自小孤贫，皆由母教抚养而成，亮吉赠诗法式善云："感君与我孤露同，六岁七岁称孤童。⑤ 贫家无师读不得，卒业皆在纱帷中。"⑥ 相似的命运使二人走到了一起。二人结交后，亮吉出示《附鮆轩诗》让法式善指正，法读后大加赞赏，并有诗效其体："读君诗，识君情，路十里，隔一城，思君不见心怦怦。填满万古胸，竖起一枝

　　① 叶衍兰、叶恭绰：《清代学者像传·法式善》，第246页。
　　② 洪亮吉：《法式善祭酒存素诗序》，《更生斋文甲集》卷三，《洪亮吉集》，中华书局2001年版，第1013页。
　　③ 法式善：《洪稚存编修黔中寄书至并示入黔诗》，《存素堂诗初集录存》卷四，《续修四库全书》第1476册，第495页。
　　④ 法式善《皇清奉直大夫翰林院编修洪稚存先生行状》："当先生胪唱日，余方侍班，一见即与订交。"见《存素堂文续集》卷二，《续修四库全书》第1476册，第752页。
　　⑤ 作者自注："君以七岁孤，余甫六岁"。
　　⑥ 洪亮吉：《法祭酒雪窗课读图》，《卷施阁诗》卷十七，《洪亮吉集》，中华书局2001年版，第852页。

笔，风雨有时来，鬼神为之慄。……"① 法式善很推崇亮吉，称他为"诗佛"②。二人过从甚密，情谊甚笃，亮吉有时夜不能寐，仍在思念着居于城北的法式善，"闲房夜难寐，矫首望城北"③，法式善亦赠诗亮吉："我交君八年，喜君无世态。看花骑必连，得句床每对。"④ 法式善请亮吉为其诗龛题诗，亮吉诗云："闭门诗作命，万事不贮腹。我顷谓先生，身外物皆足。无须更诛茅，天地即诗屋。苦吟朝复夜，双举日月烛。"⑤ 亮吉督学贵州，有诗怀法式善："翰林诗格冠词场，屡改头衔作漫郎。左手书应成绝技，苦心诗已入中唐。"⑥ 法式善复诗云：

> 寄我黔阳书，字字沁肺腑。新诗雄且杰，宁止纪方土。堂堂忠孝词，自写甘与苦。处贵甫忘贱，此情不愧古。前年凤阙下，说诗猛如虎。极乐寺探花，净业湖坐雨。往往乘酒酣，奇气胸臆吐。时搴大将旗，一振军门鼓。天风若送君，春波绿南浦。何以慰相思，袖中字朽腐。⑦

亮吉任满回京，复与法式善等相唱和。嘉庆三年，洪亮吉将乞假南归，法式善请亮吉为其诗集作序，亮吉序言云："余为词馆后进，承先生不弃，前后酬唱者五年。今余以弟丧乞假归，先生曰：'君知我最

---

① 法式善：《洪稚存编修以附鲒轩诗少作见示题效其体》，《存素堂诗初集录存》卷三，《续修四库全书》第 1476 册，第 489 页。

② 法式善：《八月八日同罗两峰赵味辛张船山何兰士集洪稚存编修卷施阁》，《存素堂诗初集录存》卷三，《续修四库全书》第 1476 册，第 487 页。

③ 洪亮吉：《雨中答法学士见怀之作》，《卷施阁诗》卷九，《洪亮吉集》，中华书局 2001 年版，第 658 页。

④ 法式善：《洪稚存编修乞假回里赋赠》，《存素堂诗初集录存》卷六，《续修四库全书》第 1477 册，第 77 页。

⑤ 洪亮吉：《法学士式善属题曹指挥锐张运判道渥所绘二卷子》，《卷施阁诗》卷十一，《洪亮吉集》，中华书局 2001 年版，第 692 页。

⑥ 洪亮吉：《岁暮怀人诗二十四首》，《卷施阁诗》卷十五，《洪亮吉集》，中华书局 2001 年版，第 805 页。

⑦ 法式善：《洪稚存编修黔中寄书至并示入黔诗》，《存素堂诗初集录存》卷三，《续修四库全书》第 1476 册，第 495 页。

深，序非君不可。'"① 亮吉戍归后，式善有诗志喜："海外奇山游亦遍，诗是古人题创见。"② 自此以后，二人关山相隔，音书断绝，直至亮吉六十岁时，法式善有诗寄怀亮吉：

> 识面虽云迟，今已十六年。追送卢沟桥，从此音书捐。……君岁今六十，洗翠东篱边。黄花不愁贫，白发应放颠。我少君七龄，衰惫空自怜。却忆柳荫底，同看西涯莲。③

从前二人联吟唱和的欢乐已不堪回首。亮吉卒后，法式善为他作了《洪稚存先生行状》。法式善作为京苑诗坛的领袖，其诗是一种典型的馆阁体，对乾嘉时期的翰苑诗坛影响甚巨，亮吉亦不例外。二人初订交时，法式善读了亮吉的诗作后，有诗四首相赠，其四云："丛垢晦元机，幽怀灭尘迹。言探骊龙珠，弱者弗堪役。"④ 此时，亮吉受翁方纲的影响，作诗好入学问，法式善此诗批评其以学为诗的倾向。而且二人又都是诗论家，常在一起切磋诗艺，亮吉诗云："梧门学士才名劲，说诗亦同僧入定。席前倾耳凡几人，木佛都疑座旁听。谈深不知寺在山，高论往往通天关。"⑤ 法式善说诗常给亮吉以启发，亮吉也常为法式善校诗，并对其弊病加以规劝："我诗时苦难，君诗时苦易。若欲诗笔工，两人先易地。"⑥ "元气不可漓，期君返真朴。"⑦ 法式善乃

---

① 洪亮吉：《法式善祭酒存素诗序》，《更生斋文甲集》卷三，《洪亮吉集》，中华书局 2001 年版，第 1013 页。

② 法式善：《怀远诗六十四首·洪稚存编修》，《存素堂诗初集录存》卷十六，《续修四库全书》第 1477 册，第 587 页。

③ 法式善：《寄怀洪稚存编修》，《存素堂诗初集录存》卷二十一，《续修四库全书》第 1477 册，第 623 页。

④ 法式善：《读洪稚存亮吉编修诗集》，《存素堂诗初集录存》卷三，《续修四库全书》第 1476 册，第 487 页。

⑤ 洪亮吉：《法学士式善山寺说诗图》，《卷施阁诗》卷九，《洪亮吉集》，中华书局 2001 年版，第 657 页。

⑥ 洪亮吉：《暇日校法学士式善张大令景运近诗率赋一篇代柬》，《卷施阁诗》卷十一，《洪亮吉集》，中华书局 2001 年版，第 694 页。

⑦ 洪亮吉：《法学士式善属题曹指挥锐张运判道渥所绘二卷子》，《卷施阁诗》卷十一，《洪亮吉集》，中华书局 2001 年版，第 692 页。

神韵派嫡传，亮吉对神韵派颇有成见，故有此规劝。

馆阁词臣中与亮吉最契、对其诗歌创作影响最大的当属张问陶（1764—1814），他是性灵派的殿军，与袁枚、赵翼合称为"性灵三大家"，与洪亮吉为同榜进士。陆元宏《青芙蓉阁诗话》云："四川张检讨问陶，才力不减洪稚存。两人俱豪于饮，情好亦最笃。"① 二人在京师时，诗酒酬唱，殆无虚日，并以诗齐名鞶帨，世称"张洪"。亮吉与问陶相识于礼部会试时，二人一见如故，大有相见恨晚之感，亮吉云："乃阙前一睹，忽若素知；饮中百篇，爱同前哲……静言思之，迨即吾儒之所谓如旧相识乎！"② 问陶《赠稚存》亦云："谤诹满耳尽无端，渐近中年得友难。异姓逢君疑骨肉，同朝知我耐饥寒。"③ 初相识时，二人即以诗相质，亮吉《题张同年问陶诗卷》云："谪仙和仲④并庶几，若说今人已无偶"，⑤ 将问陶比之于李白、苏轼，今人已无可匹敌。问陶《题同年洪稚存卷施阁诗》云：

> 翰林昔未遇，名高神采王。歌声塞寰瀛，笔与岳渎抗。今春同拜官，识面銮坡上。示我《纪游诗》，双眸豁层障。墨云腾十指，一往但奔放……五字作长城，骚坛涌名将……轩然读大作，一片官音亮。万象罗心胸，此才胡可量。⑥

二人性情相投，情同手足，均以诗酒为性命，此年，唱诗极多⑦，除夕二人祭诗，亮吉有诗云："尔来四十气已降，笔阵敢许今无双。异

---

① 钱仲联主编：《清诗纪事》，江苏古籍出版社，1989 年版，第 6749 页。

② 洪亮吉：《送张同年问陶乞假归潼川序》，《卷施阁文乙集》卷七，《洪亮吉集》，中华书局 2001 年版，第 362 页。

③ 张问陶：《船山诗草》卷五，中华书局 1986 年版，第 144 页。

④ 作者自注："二公皆蜀人，故云"。

⑤ 洪亮吉：《卷施阁诗集》卷十，《洪亮吉集》，中华书局 2001 年版，第 666 页。

⑥ 张问陶：《船山诗草》卷五，中华书局 1986 年版，第 119 页。

⑦ 洪亮吉将此年所作编为《秘阁研经集》，全集除 3 首诗外，皆为与问陶唱和之作；而张问陶亦有 45 首诗赠亮吉。

才尔复出西蜀，百斛龙鼎邀同扛。"① 故袁枚曾致书问陶云："诗人洪稚存太史，旷代逸才，目无余子，而屡次来信颂执事之才为长安第一。"经亮吉介绍，袁枚认识了张问陶，并视问陶为性灵派的替山，这样经袁枚和亮吉揄扬，问陶遂蜚声诗坛。

此年年底，张问陶乞假归蜀，亮吉作诗三首相送，问陶答云："半世心交偏得尔，十年词笔偶登科。"②"思君他日书千纸，定向峨嵋顶上裁。"③ 问陶归家后，二人诗书往来不断：

> 酒人别酒人，一笑五千里。酒人忆酒人，所重在知己。我家青天上，君居帝城里。诗笺阔如云，来去殊不已。诗来我欲狂，诗去君难抵。传闻嵩华间，诗过山神起。④

后亮吉言事获遣，问陶有诗怀之：

> 无诗无酒气纵横，谁指伊吾问死生。万里风沙悲独往，旧时李杜愧齐名。是非终向平心得，毁誉徒劳众口争。落日安西凝远望，浮云难掩故人情。⑤

惜惜之情，溢于言表。亮吉遇赦后，问陶有诗志喜："小别经年归未晚，残秋高枕梦江村。"⑥ 从此二人关山相隔，音书渐少，直至亮吉六十大寿时，问陶赠诗云：

> 才投戈壁忽归田，风马云车此七年。绝域文章皆化境，更生

---

① 洪亮吉：《小除日仿唐贾岛例与张同年问陶祭一岁所作并属王文学泽为作图各系以诗》，《卷施阁诗》卷十，《洪亮吉集》，中华书局 2001 年版，第 671 页。
② 张问陶：《留别稚存诗》，见《洪亮吉集》，中华书局 2001 年版，第 674 页。
③ 张问陶：《又一首答稚存》，《船山诗草》卷五，中华书局 1986 年版，第 130 页。
④ 张问陶：《饮酒十篇和稚存》，《船山诗草》卷六，中华书局 1986 年版，第 216 页。
⑤ 张问陶：《怀稚存》，《船山诗草》卷十五，中华书局 1986 年版，第 409 页。
⑥ 张问陶：《闻稚存赦归先寄》，《船山诗草》卷十五，中华书局 1986 年版，第 430 页。

岁月即飞仙。诗经敛手神愈王,史未书名世已传。拍案不须频忆我,青山无数立尊前。①

亮吉卒后两年,问陶辞官,漫游吴越,有《过阳湖怀稚存》:

当年慷慨庆弹冠,曾有诗盟结岁寒。爱我猖狂呼李白,看君光气夺齐桓。浮沉世网终须了,进退名场本不难。泉下有灵能笑否,故人今日也辞官。②

洪亮吉与张问陶可谓忘年之交,各以诗相矜尚,论诗皆主性灵,具有共同的审美旨趣,诗歌创作也呈现出豪宕恣肆、飘逸不群的共同风貌,二人之间的影响是不可避免的。张问陶《华阴客夜读卷施阁诗文怀稚存》其一云:

敢为险语真无敌,能洗名心更不群。死有替人应属我,诗多奇气为逢君。天涯梦绕卷施阁,尚忆狂谈坐夜分。③

《北江诗话》评张问陶诗如"骐骥就道,顾视不凡",盖谓其诗以奇险胜,这明显得益于亮吉,而且问陶也以亮吉"替人"自居,并云:"大笔一枝山万仞,题诗何日与君同。"④ 在推崇亮吉的同时,亦包含着向亮吉学习的意味。洪亮吉也深受张问陶的影响,朱庭珍《筱园诗话》云:

洪稚存经术湛深,工于考据。其诗初宗法选体。时能造句,本负过人才力。中年以后,身入词林,与西川张问陶交好,唱和甚密,降格相从,颓然放笔,纵恣叫嚣,前后判然如二手矣。夫

---

① 张问陶:《寿稚存》,《船山诗草》卷十五,中华书局 1986 年版,第 472 页。
② 张问陶:《船山诗草》卷十九,中华书局 1986 年版,第 537 页。
③ 张问陶:《船山诗草》卷六,中华书局 1986 年版,第 155 页。
④ 张问陶:《华阴客夜读卷施阁诗文怀稚存》其二,《船山诗草》卷六,中华书局 1986 年版,第 155 页。

以稚存学问才力，俯视一时，一为船山所累，遂染其习气，纵笔自恣，诗格扫地。①

　　尽管批评有失偏颇，但认为亮吉受问陶影响，却是不容置疑的，细读亮吉这一时期的诗作，确如朱庭珍所言，豪宕不羁，缺乏蕴籍之致，一如问陶诗风，洪亮吉也说："我诗与君诗，识者不能别。"② 故李慈铭《白华绛跗阁诗》卷丙《论诗绝句》第四首于洪北江曰："可惜未除伧夫气，一生多事友船山。"③

四　其他才士

　　除上述三大群体外，与亮吉相交，并对他产生一定影响的才人雅士尚多，以袁枚为代表。袁枚（1716—1797），字子才，号简斋，世称随园先生，浙江钱塘人，科名早显，以诗名世。袁枚是性灵派的宗主，倡导性灵说，风靡诗坛，南北诗人咸尊之为诗坛泰斗，他与洪亮吉相交甚早。乾隆三十五年，洪亮吉赴江宁乡试，试后以诗谒见袁枚，枚读后亟赏之，谓其诗"有奇气，逢人辄诵之"（《年谱》）。亮吉亦很推崇袁枚："骚坛落落此数翁，若论文笔尤推公。""卅余年来执牛耳，不到兹园名不起。"④ 时亮吉初出茅庐，经袁枚的大力揄扬方显名于世。然而亮吉性耿介，明知袁枚"方执牛耳，以进退天下士"⑤，还与袁枚就弟子劼座师这一问题反复致书论辩："人或有规礼吉者曰：'后进之于前辈，非可以笔舌取胜也，盍少示屈乎？'"⑥ 而亮吉则不屈不挠，据理力争。然而这并未影响二人之间的交情，乾隆五十一年，洪亮吉

---

　　① 钱仲联主编：《清诗纪事》，江苏古籍出版社1987年版，第6790页。
　　② 洪亮吉：《小除日仿唐贾岛例与张同年问陶祭一岁所作士兵属王文学泽为作图各系以诗》，《卷施阁诗》卷十，《洪亮吉集》，中华书局2001年版，第671页。
　　③ 钱钟书：《谈艺录》，中华书局1984年版，第179页。
　　④ 洪亮吉：《花朝日访袁大令枚江宁即出随园雅集图索题因赋以志别》，《卷施阁诗集》卷八，《洪亮吉集》，中华书局2001年版，第611页。
　　⑤ 洪亮吉：《与袁简斋书》，《卷施阁文甲集补遗》，《洪亮吉集》，中华书局2001年版，第233页。
　　⑥ 洪亮吉：《三与袁简斋书》，《卷施阁文甲集补遗》，《洪亮吉集》，中华书局2001年版，第236页。

《卷施阁文乙集》结集，请序于袁枚，枚序之云："君善于汉魏六朝之文，每一篇出，世争传之"①。

乾隆五十五年，亮吉中式，入翰林院，成为京苑诗坛的一员健将，而袁枚则是在野诗坛的领袖，他们书信往来更为密切，成为连接朝野诗人的纽带。袁枚云："洪稚存太史在史馆，得一诗人，必通书相告"，②袁枚籍此了解朝中诗人的情况，"余访京中诗人于洪稚存，洪首荐四川张船山太史"③。正是在洪亮吉的推荐下，袁枚才认识了张问陶，找到了性灵派的接班人。次年袁枚病重，作自挽诗索和，亮吉和诗云：

> 世凡号为儒，家置公一编。上者师公文，次学公诗篇。下逮决科策，诵之口流涎。公名聋瞆知，公貌僮媪识。或疑天上人，或引作前哲。宁知公尚在，年仅七十七。如此复不死，宁能望神仙……公今虽自挽，我更欲速公。公如读之竟，大笑声隆隆。当嘉此狂生，交道有始终。④

非但没有哀悼之情，反而欲速其死，并列举了其可死者有七，读之令人捧腹。不久，袁枚病愈，有《告存诗七首》赠亮吉，亮吉答诗云："已抵红尘一百龄，名山五十载韬形。如何更展人间限，天上多应妒岁星。"⑤为他恢复健康而感到高兴。嘉庆二年，袁枚寄示《拟戊午己未重宴鹿鸣宴琼林诗二十首》，亮吉答诗："唐代诗人推李杜，何曾雁塔得追陪。先生要吐前贤气，两向慈恩顶上来。"⑥不久袁枚便病故了，多年以后亮吉偕孙星衍等冒雨至小仓山房探梅，尚有诗怀之："墩

---

① 袁枚：《卷施阁文乙集序》，见《洪亮吉集》，中华书局 2001 年版，第 265 页。
② 袁枚：《随园诗话补遗》卷五，昆仑出版社 2001 年版，第 1355 页。
③ 袁枚：《随园诗话补遗》卷六，昆仑出版社 2001 年版，第 1415 页。
④ 洪亮吉：《袁大令病中以自挽诗索和率赋一篇寄呈》，《卷施阁文诗集》卷十，《洪亮吉集》，中华书局 2001 年版，第 675 页。
⑤ 洪亮吉：《袁大令以辛亥除日复作告存诗七首索和戏加二绝奉答》，《卷施阁文诗集》卷十，《洪亮吉集》，中华书局 2001 年版，第 675 页。
⑥ 洪亮吉：《袁大令枚拟戊午己未重宴鹿鸣宴琼林诗二十首率成十二绝奉答》，《卷施阁诗集》卷十八，《洪亮吉集》，中华书局 2001 年版，第 893 页。

割一隅埋谢傅，锦留五色付丘迟。淡深红烛全销焰，门外三更雨若丝。"① 洪亮吉能以诗名，不仅是因为受到了袁枚的奖掖，而且在诗歌创作上亦得到袁枚的指点。亮吉入朱筠幕后，深受朱筠的影响，为诗好用奇字僻典，古奥艰涩，袁枚曾规之曰：

> 顷接手书，读古文及诗，叹足下才健气猛，抱万夫之禀，而又新学筠河学士之学，一点一画不从今书，驳驳落落如得断简于苍崖石壁间。仆初不能识，徐测以意，考之书，方始得其音义。足下真古人欤？虽仆与足下皆今之人，非古之人也。生今反古，圣人所戒……以圣人之尊，冠冕之重，尚且从时，足下为唐宋以后之文，而作唐宋以前之字，是犹短衣楚制，而犹席地博饭，捧鲁人之椀蕨不已，悖乎！……足下文果传焉，虽字画小差，而君之人必有为之考据字书，校正重刊者。足下之文果不传耶，虽笔笔古法，而后之人必无因此相钦，肯当作字书读者。足下不古其文而徒古其字，抑末也！《上筠河学士一百韵》，搜尽僻字，仆犹不以为然，诗重性情，不重该博，古之训也。然而如足下诗，不足以为博……②

亮吉读后，深有所悟，致书袁枚："前礼吉喜作古字，先生自数百里移书规之，礼吉至今服膺。"③ 并及时改正了这一诗歌创作倾向，摆正了性情和学识的本末位置，这在他晚年所作的《北江诗话》中可以得到印证，他主张为诗当"不以学问掩其性情"，这与袁枚的论调相仿。此外，亮吉诗以学韩、杜得其神髓而饮誉诗坛，袁枚曾致书亮吉云：

---

① 洪亮吉：《十一月二十一日消寒第三集胡户部稷昆仲邀同孙兵备星衍冒雨至小仓山房探梅并留饮小眠斋即席赋呈并赠袁公子迟》，《更生斋诗集》卷八，《洪亮吉集》，中华书局 2001 年版，第 1405 页。
② 袁枚：《答洪华峰书》，《小仓山房文集》卷十九，《续修四库全书》第 1431 册，第 212 页。
③ 洪亮吉：《三与袁简斋书》，《卷施阁文甲集补遗》，《洪亮吉集》，中华书局 2001 年版，第 236 页。

文学韩，诗学杜，犹之游山者必登岱，观水者必观海也。然使游山观水之人终身抱一岱一海以自足，而不复知有匡庐、武夷之奇，潇湘、镜湖之妙，则亦不过泰山上一樵夫，海船中一舵工而已矣。古之学杜者无虑数千百家，其传者皆其不似杜者也……稚存学杜，其类杜处乃远出唐宋诸公之上，此仆所以深忧者也。昔人笑王朗好学华子鱼，惟其即之过近，是以离之愈远；董文敏跋张即之帖，称其佳处不在能与古人合，而在能与古人离，诗文之道何独不然。足下前年学杜，今年又复学韩，鄙意以洪子之心思学力，何不为洪子之诗，而必为韩子、杜子之诗哉？无论仪神袭貌，终嫌似是而非；就令是韩是杜矣，恐千百世后人仍读韩杜之诗，必不读类韩类杜之诗！使韩杜生于今日，亦必别有一番境界，而断不肯为从前韩杜之诗。得人之得而不自得其得，落笔时亦不甚愉快。萧子显曰："若无新变，不能代雄"，庄子曰："迹，履之所出，而迹非履也"，此数语愿足下诵之而有所进焉。①

可见，袁枚对亮吉期许甚高，并以迹与履的关系为喻规劝亮吉不要拟古不化，要能变化创新，因为拟古是不可能超越古人而成为一代之雄的。亮吉深受启发，亦提出为诗当"于古人之外，拔戟自成一家"（《北江诗话》）。因此，亮吉坦言："追惟阁下教以自成一家之言，实于亮吉有师友渊源之益。寻山识路，饮水知源。虽取径不同，泖瓣香之有在也。"（《答随园前辈书》）

除袁枚之外，值得一提的还有曾燠②、邢澍③、阮元等。与洪亮吉相交接的，不止是文人学士，还有许多画家，如罗聘、方薰等，还有一些藏书家，如黄丕烈、鲍廷博等，甚至还有一些僧人、女史、缁流、羽客，如他晚年归里家居时，与诗僧巨超、慧超交接频繁，酬唱诗极

---

① 袁枚：《与洪稚存论诗书》，《小仓山房文集》卷三一，《续修四库全书》第1432 册，第 372 页。
② 陈金陵《洪亮吉评传》第 285—292 页有详细论述，兹从略。
③ 关于亮吉和邢澍的交游详见漆子扬《论邢澍在江浙的交游》，《社科纵横》2000年第 6 期。

多。① 正是由于广阔的交游，才使得洪亮吉能够在学术和文学创作上取得丰硕的成果。以上仅举与亮吉相厚且对其有一定影响者论之，余人尚多，限于篇幅，无法一一尽述。

---

① 《洪亮吉集》中有赠巨超诗 19 首，赠慧超诗 10 首。

第三章　洪亮吉的诗学思想

一　洪亮吉诗学理论产生的诗坛背景

乾嘉诗坛，流派纷呈，群芳竞秀。神韵说余波犹澜，格调说风行一时，肌理、性灵说更是方兴未艾……它们都在一定程度上继承和发展了中国传统的诗学理论，不乏精到的见解，各有其合理的一面，在不同的时代文化背景下都曾主盟过诗坛。然而，各派由于主体修养及客观条件的不同，在处理诗歌创作中继承与创新、内容与形式、性情与学识等关系问题时，均偏执一端，各有其无法克服的弊病。神韵派追求唐音，刻意模仿盛唐诗之精神气韵，追求一种缥缈、空灵、如梦似幻般的诗歌境界，这种尚虚的诗风与乾嘉时期实证学风影响下形成的尚实尚质的诗歌美学追求格格不入，从而日渐式微。格调派规模唐诗之格调，提倡儒家诗教，斤斤于声律平仄，于内容及情韵反置不言，造成其诗歌形与神的分离、名与实的不合。而且，乾嘉时期正是清朝由盛而衰的转变时期，世运从根本上决定了诗运，现实社会与盛唐格调已难合拍，"温柔敦厚"的劝讽也挽回不了江河日下的历史颓势，格调派重蹈明七子之覆辙而走向末路已成必然。肌理派重学问、讲根底，正是乾嘉时期高扬实证学风在诗歌领域的投影，在乾嘉诗坛风行一时，但却模糊了学术研究和文学创作的本质区别，以致将诗写成押韵的考据文章，以考据为诗违背了诗歌"言志""抒情"的本质，窒息了诗歌的灵性与生机，因而日益遭到诗人们的唾弃。性灵派主张抒写性灵，反对拟古，追求新变，在诗坛掀起一阵狂飙，涤荡着诗界复古、考据之风，然而，性灵后学作诗率性而为，或流于粗俗叫嚣，或流于浮滑纤佻，诗品不高，已难再号令诗坛了。各派壁垒森严，各执一端，以己之长攻人之短，在喋喋不休的争论中日趋衰落了，相继被赶下诗坛盟主的宝座。洪亮吉的诗学理论就是在这样的诗学背景下应运而生的，他总结和吸收了古人的诗歌创作经验，又批判地继承了清代各大诗派的理论精华，扬长避短，从而构建起自己的诗学理论体系。

二　《北江诗话》与洪亮吉的诗学理论

洪亮吉的诗学理论集中体现在其晚年所作的《北江诗话》中，此书成于何时已无文字记载，然亮吉《赵兵备翼以所撰唐宋金七家诗话见示率跋三首》其三有诗注："余时亦作《北江诗话》，第一卷泛论，自屈宋起"①，此诗作于嘉庆六年（1801），据此可知，《北江诗话》之创作当始于此前。《北江诗话》共六卷，前四卷为洪氏晚年手定，后两卷由其子整理而成，可见此书的创作及整理直至其逝世尚未完成，堪称其晚年诗学理论的结晶。该书最初的刻本有三家：

> 张诗舲中丞、李云生太守及蜀中周霁堂茂才也。张刻袖珍本止前四卷，李刻仅后二卷，惟周刻为同里汤秋史比部抄自《卷施阁丛书》中，实为足本。惜以后进思附青云，辄加评点于简端，多縿縩唲齵之辞，而鲜钩谶索鑰之助。遂使读者有佛头着秽之憾焉。②

这三种刊本今皆不存，其后又有咸丰八年庆符周锡光刻本。现存最早的刊本为咸丰四年刊刻的《粤雅堂丛书》本，据伍崇曜《粤雅堂丛书北江诗话跋》云："道光戊申，始得诗舲中丞刻本，特重付梓人，裨后来谈艺者有所矜式焉。"③《粤雅堂丛书》在当时流布很广，为宣

① 《更生斋诗》卷四，《洪亮吉集》，中华书局2001年版，第1294页。
② 王国均：《重刊北江诗话序》，陈迩冬校点《北江诗话》，人民文学出版社1983年版，第110页。按：张祥河巾箱本刊于道光三十年，周氏渊海楼本刊于咸丰七年。
③ 《北江诗话》，第108页。

传洪氏的诗学理论大张旗鼓，惜"谬误繁多"。^① 光绪四年，亮吉曾孙洪用懃综合上述几种版本，重新校正，随《洪北江全集》刊行，此本在清季流传颇广，"几家有其书"，并被视为"诗家之指南"^②，对晚清诗坛影响甚巨，先后被收入《小重山房丛书》和《丛书集成初编》中；其后又有民国六年上海扫叶山房石印本，1983年人民文学出版社又发行了点校本，成为研究的通行本。

《北江诗话》并没有提出什么新颖独到的见解，也没有完整、系统、思辨性很强的诗学理论，但也并非漫无统纪、支离破碎，而是有一个清晰的内在脉络。它虽内容驳杂，但仍以论诗为主，吉光片羽式的点评文字，无不体现着他对诗歌艺术本质的探求和体悟。他的诗学理论不仅体现于《北江诗话》，还散见于一些诗文序跋中。光绪十年（1884），由其元孙洪熙校订的《玉麈集》其实就是一部谈诗随笔，共包括诗词评论95则。然而，过去的研究者只注重《北江诗话》，对其论诗绝句和诗文序跋则很少论及，且多就其只言片语式的论诗文字加以评析，将其诗学理论分解得支离破碎。这就使得我们难以了解洪亮吉早期的诗学观，无法把握其诗学思想发展演变的线性轨迹，更无由把握其诗学体系的内在脉络。而且，过去的研究者很少从其学术思想角度考察其诗论的经学内涵。本书拟从洪亮吉立身为学的思想角度出发，将《北江诗话》和其诗文序跋结合起来加以分析，力求能把握其诗学理论的经学内涵、内在脉络和演变轨迹。

（一）诗歌要素论：性、情、气、趣、格

关于诗歌艺术的要素构成，历代论诗者多有论述，然各有侧重。洪亮吉批判地继承了前人的诗学理论，进而提出：

> 诗文之可传者有五：一曰性，二曰情，三曰气，四曰趣，五

---

① 林昌彝《海天琴思录》云："阳湖洪稚存太史亮吉所著《北江诗话》始刊于广州，误谬繁多。"见《清诗纪事》，江苏古籍出版社1987年版，第6789页。

② 王国均：《重刊北江诗话序》，《北江诗话》，第110页。

曰格。诗文之以至性流露者，自六经四始而外，代殊不乏，然不数数觏也。其情之缠绵悱恻，令人可以生，可以死，可以哀，可以乐，则《三百篇》及《楚骚》等皆无不然，河梁、桐树之于友朋，秦嘉荀粲之于夫妇，其用情虽不同，而情之至则一也。至诗文之有真气者，秦汉以降，孔北海、刘越石以迄有唐李、杜、韩、高、岑诸人，其尤著也。趣亦有三：有天趣，有生趣，有别趣。庄漆园、陶彭泽之作，可云有天趣者矣；元道州、韦苏州亦其次也。东方朔之《客难》，枚叔之《七发》以及阮籍《咏怀》，郭璞《游仙》，可云有生趣者矣。《僮约》之作，《头责》之文以及鲍明远、江文通之涉笔，可云有别趣者矣。至诗文讲格律，已入下乘。然一代亦必有数人，如王莽之摹《大诰》，苏绰之仿《尚书》，其流弊必至于此。明李空同、李于鳞辈，一字一句，必规仿汉、魏、三唐，甚至有窜易古人诗文一二十字，即名为己作者，此与苏绰等亦何以异！本朝邵子湘、方望溪之文，王文简之诗，亦不免有此病，则拘拘于格律之失也。

《北江诗话》卷二①

　　洪亮吉将诗文构成要素按其重要性，依次排列为性、情、气、趣、格，这是其诗论之纲领，基本上包括了其诗论的荦荦大端。

　　洪氏论诗首倡性情，认为"吟咏以性情为主"（卷六），准确地把握了诗歌艺术的本质，这一观点继承了儒家传统诗论，并受到乾嘉诗坛性灵思潮的浸染。历代论诗者几乎无一例外地倡言性情，而洪亮吉则将性情分开来讲。他将"性"排在"诗文之可传者"的第一位，再三标举"性"，认为"写景易，写情难；写情犹易，写性最难"（卷二）。将写"性"视为诗歌创作之极则，然而，何为"性"，何为"情"，洪氏并没有作进一步的阐释，二者的界限也未明言，仅举例说明。何为写性之篇，亮吉云："诗文之以至性流露者，自六经四始而外，代殊不乏，然不数数觏也。""若全椒王文学虁诗二断句，直写性

---

　　①　以下论述，凡有引自《北江诗话》者，均只标卷数。

者也。'呼奴具朝飧，慰儿长途饥。关心雨后寒，试儿身上衣。''儿饥与儿寒，重劳慈母心。天地有寒燠，母心随时深。'实能道出慈母心事。"（卷一）他十分推举毕沅之诗，谓其"《河南使署喜雨诗》云：'五更陡入清凉梦，万物平添欢喜心。'则又民物一体，无愧古大臣心事矣"（卷一）。何为写情之什？他说："其情之缠绵悱恻，令人可以生，可以死，可以哀，可以乐，则三百篇及楚骚等皆无不然，河梁、桐树之于友朋，秦嘉荀粲之于夫妇，其用情虽不同，而情之至则一也。"可见亮吉所谓的"性"，是指人的本性，它是与生俱来的，经久不变的天性，譬如他所举的"慈母心事""大臣心事"，所以，能写出"慈母心事""大臣心事"的篇章即是"至性流露"。然而，他既云六经四始为"至性流露"，又说《三百篇》无不出其情，则"性""情"当有重合处。至于二者的区别，据其于楚骚之下举言情之例只列友朋、夫妇，似五伦中以忠、孝、悌属"性"，而以夫妇、友朋属"情"。其《徐南庐先生诗集序》云：

> 诗之道，难言也。自汉魏六朝以来，大抵流连光景之词多，而抒写性情之词少。即云抒写性情矣，如苏、李河梁之什，曹、刘赠答之篇，于友朋交旧缠绵悱恻之情则有之，求其绘门内之至行，状目前之真景，词近旨远，言简意深者，常十不得一焉……若唐之赵弘智、李日知，宋之徐仲车，其人可谓孝子悌弟之人，其诗可谓孝子悌弟之诗矣。

又推崇"杜甫诗每饭不忘其君"[1]。然而，所谓"四始"，《史记·孔子世家》云："《关雎》为《风》始，《鹿鸣》为《小雅》始，《文王》为《大雅》始，《清庙》为《颂》始。"[2] 而四家诗说均以《关雎》为《风》始，《关雎》即言男女之情。《关雎》既在"至性流露"之中，而其他言夫妇之情者亦当属写性之篇。又据其《意言·真伪篇》

---

① 洪亮吉：《徐南庐先生诗集序》，《卷施阁文甲集补遗》，《洪亮吉集》，中华书局 2001 年版，第 248 页。
② 司马迁：《史记·孔子世家》，中华书局 1959 年版，第 1936 页。

认为孩提之时"知母而不知有父"为真，"至有知识而后知家人严君之义焉"；"上古之时真，圣人不欲过于率真，而必为委屈以苦之"，从而反对为人过于率真，而必须遵从圣人所制定的伦理纲常。从而可知，洪亮吉所谓"至性"盖指真情而又合乎礼法规范者。

洪亮吉的思想一本于传统的儒家思想，追求立德立言，为学主征圣宗经。他对"性"的理解明显地继承了儒家的人性学说。先秦时期，"性"常作为一个哲学术语而出现在许多典籍中，孔子云："性相近也，习相远也"（《论语·阳货》），这里的"性"是相对于后天的"习"而言的，是人生而俱来的本性。《中庸》谓："天命之谓性，率性之谓道，修道之谓教"，"性"指"天命"，即天性，而且已将"性"与"道""教"联系在了一起。孟子对此加以发挥，为"性"披上了伦理教化的外衣，他针对告子的"性无善恶说"提出了性善说："人性之善也，犹水之就下也。人无有不善，水无有不下。"[1] 又云："仁之于父子也，义之于君臣也，礼之于宾主也，知之于贤者也，圣人之于天道也，命也，有性焉，君子不谓命也。"[2] 孟子所讲之"性"，即指仁义礼智等伦常道德。后来，汉儒在孔孟人性学说的基础上，提出了"言志""诗教"等儒家诗学的纲领性理论，开始将"性"引入文艺领域，强调作家的道德修养和作品的伦理教化功能，此后，援"性"论诗者历代皆有。刘勰《文心雕龙·情采》曰："情文，五性是也。""五情发而为辞章，神理之数。"[3] 五性，即五常，在刘勰看来，辞章之源即为"性"。韩愈继承董仲舒的性"三品说"，云："性也者，与生俱生也；情也者，接于物而生也。"[4] 并将性与情相对而论，认为性为情的基础，三品之性决定三品之情。其弟子李翱承师说，在《寄从弟正辞书》中云："夫性于仁义者，未见其无文也；有文而能到者，吾未见其

---

① 《孟子·告子上》，杨伯峻《孟子译注》，中华书局1984年版，第254页。

② 《孟子·尽心下》，杨伯峻《孟子译注》，中华书局1984年版，第333页。

③ 刘勰著，周振甫注《文心雕龙》人民文学出版社1998年版，第346页。按：黄叔琳、冯舒、何焯等人的校点本均认为："情，疑作性。"

④ 韩愈：《原性》，马其昶《韩昌黎文集校注》，上海古籍出版社1987年版，第20页。

不力于仁义也。"① 显系孔子"有德者必有言"的翻版，认为文章当本于性。他在《复性书》中进一步提出"性善情恶"说，故主张"复性黜情"，他所谓的"性"，指仁义礼智信等伦理道德观念，"情"指喜怒哀乐爱恶欲等情欲。宋明理学家继承和发展了这一观点，将"性"分为"义理之性"和"气质之性"，鼓吹"存天理，灭人欲"，天理即性，人欲即情，进而主张存性灭情。宋代魏了翁的《杨少逸不欺集序》云："辞虽末技，然根于性，命于气，发乎情，止于道，非无本者能之"，认为诗歌根本于性，并对"本"的内涵作了诠释："古之学者，自孝弟谨信泛爱亲仁，先立乎其本。迨其有余力也，从事于学文……本末间该，内外交养，放言根于有德。"② 此说已颇接近洪氏之诗文要素论。杨维桢在《剡韶诗序》中云："诗本情性，有性此有情，有情此有诗也。"③ 王夫之亦云："诗以道性情，道性之情也，性中仅有天德、事功、王道、节义、礼乐、文章，欲分派与《易》《书》《礼》《春秋》去，彼不能代诗而言性之情，诗亦不能代彼也。"④ 可见历代论诗者大多将性情作为诗歌之本，且认为情本于性，性为止乎礼义之情，洪亮吉诗论关于"性"的理解显然是继承了中国古代这一诗学传统。

洪亮吉论诗首言性，次讲情，他将"情"作为"诗文之可传者"的第二位。"性"为合乎礼义之情，是人与生俱来、经久不变的本性、天性；而对"情"的界定则较为宽泛，指人一时一地的感情。《北江诗话》卷二云：

"问君能有几多愁？恰似一江春水向东流"，李后主词，写愁可谓至矣。余最爱白门凌秀才霄《秦淮春涨》诗云："春情从此如春水，傍着阑干日夜生。"写情亦可云独到。二君皆借春水以喻，然一觉伤心欲绝，一觉逸兴遄飞，则二君之所遇然也。

---

① 郝润华校点：《李翱集》，甘肃人民出版社 1992 年版，第 65 页。
② 魏了翁：《坐忘居士房公文集序》，《鹤山先生大全文集》卷五十五，《四部丛刊》本。
③ 杨维桢：《东维子集》卷七，《四库全书》第 1221 册，第 438 页。
④ 王夫之：《明诗评选》卷五，《船山全书》，岳麓书社 1996 年版，第 1440 页。

情虽有悲愁、兴奋的不同，而"情之至则一也"。又云："言情之作，至魂梦往来，可云至矣。潜山丁秀才鹏年又翻进一层云：'如何梦亦相逢少？怕我伤心不肯来'"（卷二）。可见，洪氏所谓的"情至"，即指情感的深厚诚挚，只有情至，才能写出富有感染力的作品。洪亮吉对沈德潜的"格调说"本多讥讽，独对其《七夕感事》中之"只有生离无死别，果然天上胜人间"一联极为赞赏，以其"时悼亡期近，善写夫妇之情也"，为沈赢得了一点来之不易的赞誉。任大椿《送友》"无言便是别时泪，小坐强于去后书"也以其为"情至之语，而时时喜诵之"（卷五）。洪亮吉论"情"，除讲求"真"的原则外，还讲求"善"的原则，"情"要受"性"的制约，不能直抒胸臆，而应将感情加以过滤，表现人的高尚品格和醇正旨趣，因此他对袁枚诗歌的卑下旨趣颇有微词，对挚友黄景仁诗歌之低迷情调也时加规劝。

洪亮吉将"气"作为"诗文之可传者"的第三位。"气"本属于古代哲学的范畴，朴素唯物主义哲学家将"气"看作世界之本源。以"气"来阐释诗文，曹丕首肇其端，《典论·论文》提出了"文以气为主"的观点，认为气有清浊之分，直接决定着文学创作的水平。刘勰《文心雕龙·养气篇》亦探讨了文学创作与气的关系。韩愈继承了孟子的"养气"说，重视创作主体的人格道德修养对文学创作的影响，并认为"气盛则言之短长与声之高下者皆宜"[1]。至明清时期，诗人们对"气"的标举达到了无以复加的地步，李东阳、王士禛、叶燮、李重华、章学诚等均将"气"作为诗文创作的要素。

洪亮吉亦标举"气"，但未作具体明确的解释，仅说："至诗文之有真气者，秦汉以降，孔北海、刘越石以迄有唐李、杜、韩、高、岑诸人，其尤著也。"就其所举诸人诗文来看，他们的作品或慷慨激昂，或清刚超拔，或才气豪迈，或笔力雄健，但有一个共同点，即都具有雄直刚健之气。因此洪亮吉所谓的"气"，是指诗文所表现出的峥嵘磅礴的气势和遒劲豪宕的风骨，显然，他崇尚阳刚之美。其《意言·刚柔篇》即对道家柔可胜刚的说法加以批评：

---

[1] 马其昶：《韩昌黎文集校注》，上海古籍出版社1987年版，第171页。

天不刚无以制星辰日月，地不刚无以制五岳四渎，人不刚无以制百骸四体。孔子曰："吾未见刚者"，又曰："刚毅木讷，近仁。"孟子曰："其为气也，至刚至大。"刚之德可贵如此，而守柔之说何为乎？且日有刚有柔，未闻人以刚日出则凶、柔日出则吉也。人之性有刚有柔，未闻刚者常得凶，而柔者常得吉也……若必曰柔可胜刚，则吾宁为龙泉太阿而折，必不为游藤引蔓以长存者矣。

可见，洪氏立身处世及审美旨趣皆本于儒家之处世哲学及审美理想，尤其与孟子的"知言养气"之说一脉相承，《孟子·公孙丑上》云："我知言，我善养吾浩然之气……其为气也，至大至刚，以直养而无害，则塞于天地之间。"孟子此语即提倡文人应该具有一定的思想道德修养和文化艺术素养，要具有一种"至大至刚"的正义感。洪亮吉所谓的"气"与孟子所言如出一辙，一方面指诗文作品所表现出的外在风貌、气势；另一方面指作品中所流露出的作家的气节操守及精神气质。他提倡诗人应重气节，当有正气和豪气，故其评诗论人也常以此为准则，其《道中无事偶然作论诗截句二十首》有云：

偶然落墨并天真，前有宁人后野人。金石气同薑桂气，始知天壤两遗民。

药亭独漉许相参，吟苦时同佛一龛。尚得昔贤雄直气，岭南犹似胜江南。

前一首对清初遗民诗界的双子星座顾炎武和吴嘉纪给予了很高的评价，他们在易代之际秉持节操，不随波逐流、屈仕新朝，作品中表现出了浓厚的民族气节，所以洪亮吉称赞他们的诗作有如金石般的坚贞之质和薑桂般的风霜老辣之气。后一首称赞了"岭南三家"，以遗民自居，洁身自好，诗中流露出了浓厚的遗民情结，因此洪亮吉认为他们的诗富有"雄直气"，胜过了当时的江南诗人——"江南"分明是指钱谦益、吴伟业和龚鼎孳，尽管他们都是诗坛耆宿，但是他们都没能坚持操守，故而为诗终乏凛然正气。可见洪亮吉论诗重"气"，不仅是对诗歌外在风貌的要求，更含有提倡气节、弘扬人格的意图。

"气"在明清易代之际的特殊时代背景下受到了诗人们的格外推崇，影响所及，整个有清一代诗人大多提倡气节。至乾嘉时期，性灵派亦将"气"作为诗歌理论的一面旗帜，袁枚《续诗品·理气》云："吹气不同，油然浩然，要其盘旋，总在笔先"，认为在写诗之前，应将诗气蕴蓄于诗人心中，只有这样方可"汤汤来潮，缕缕腾烟，有余于物，物自得焉"[1]。赵翼论诗亦标举"气"，他推崇元好问诗"多豪健英杰之气"[2]，此论调与洪亮吉十分相似。

洪亮吉论诗亦重"趣"，他将"趣"分为天趣、生趣和别趣。他说："庄漆园、陶彭泽之作，可云有天趣者矣"，可知，他所谓的"天趣"，当指那些自然天成又富有情韵者，实际上洪亮吉提倡"天趣"是针对沈德潜拟古格调说而发的。又云："东方朔之《客难》，枚叔之《七发》以及阮籍《咏怀》，郭璞《游仙》，可云有生趣者矣"，推其意，"生趣"应指诗人根据自己的审美感受用生动的文字描绘出新鲜活泼的艺术形象，从而使人觉得趣味盎然，意味深长，他标举"生趣"，旨在反对当时以考据为诗的瘦硬呆板诗风。"别趣"之说发轫于严羽"诗有别趣，非关理也"（《沧浪诗话》）。洪氏举王褒的《僮约》、张敏的《头责子羽文》，以及鲍照、江淹的作品为例说明"别趣"，可知，他所谓的"别趣"，当指那些嬉笑怒骂皆成文章的俳谐诗，强调别趣，诗便不腐，否则便容易堕入理学诗的恶道。

"趣"作为一个文艺批评术语，在先秦时期就已出现，六朝时进入文艺审美领域，唐宋以降，它开始频繁地出现于诗论中，并被纳入诗歌审美的质性要素中，人们对其内涵、特征、形态及生成等予以了深入的探讨。至清代，诗文词曲小说等创作领域皆重"趣"，清初的王夫之、贺贻孙、吴乔等论诗均标榜"趣"，至乾嘉时期，袁枚更将"趣"

---

① 袁枚：《续诗品》，《清诗话》，上海古籍出版社 1982 年版，第 1030 页。
② 赵翼：《瓯北诗话》卷六，见郭绍虞《清诗话续编》，上海古籍出版社 1983 年版，第 1267 页。

当作性灵派的理论支柱加以推崇，他说：

> 杨诚斋曰："从来天分低拙之人，好谈格调而不解风趣，何也？格调是空架子，有腔口易描；风趣专写性灵，非天才不办。"余深爱其言。①

他借杨万里之论批评格调说，高扬"趣"是性灵的艺术化呈现。《随园诗话》又云："熊掌豹胎，食之至珍贵者也，生吞活剥，不如一蔬一笋矣……味欲其鲜，趣欲其真，人必知此，而后可与论诗"②。袁枚"味欲其鲜，趣欲其真"的观点与洪亮吉论"趣"有着内在的一致性。

在"性""情""气""趣""格"五个诗文要素中，洪亮吉标举前四者，而对"格"则持否定态度。亮吉云：

> 至诗文讲格律，已入下乘。然一代亦必有数人，如王莽之摹《大诰》，苏绰之仿《尚书》，其流弊必至于此。明李空同、李于鳞辈，一字一句，必规仿汉、魏、三唐，甚至有窜易古人诗文一二十字，即名为己作者，此与苏绰等亦何以异！本朝邵子湘、方望溪之文，王文简之诗，亦不免有此病，则拘拘于格律之失也。

洪亮吉所谓的"格"，或以为格调，或以为格律，或以为古人诗文中所体现出的为诗作文的形式法则，众说纷纭，莫衷一是。这三种说法皆有根源，"格"在先秦时指一定的标准样式，如《礼记·缁衣》谓："言有物而行有格也。"东汉以来则多用来品评人物，指人的品格、风度，如《后汉书·灵帝纪》称郭林宗"格量高峻"。直至唐代，"格"才作为一个批评术语被引进文艺领域。日人遍照金刚《文镜秘府论》引王昌龄《诗格》一书，其南卷《论文意》篇中说："凡作诗之

---

① 袁枚：《随园诗话》卷一，昆仑出版社 2001 年版，第 4 页。
② 袁枚：《随园诗话》卷一，昆仑出版社 2001 年版，第 41 页。

体，意是格，声是律，意高则格高，声辨则律清，格律全，然后始有调。"① "格"指意，即诗歌的思想内容，"律"指声调音律。至明代李东阳始将"格""调"连用，其《麓堂诗话》云："眼主格，耳主声"②，李梦阳《驳何氏论文书》亦云："高古者格，宛亮者调。"③以上所言"格"均指诗歌的思想内容。从王世贞开始，"格"的含义发生了转变，其《艺苑卮言》云："才生思，思生调，调生格，思即才之用，调即诗之境，格即调之界"④，这里的"格"是指诗歌体制上的规矩法度。至清代，沈德潜提倡格调说，海内诗人靡然从之，人人讲求格律，研摩声调，注重诗歌的外在形式，而忽略了诗歌的思想内容。洪亮吉对诗坛这一本末倒置的现象进行了批评，其《西溪渔隐诗序》云："逮乾隆中叶，长洲沈尚书德潜以诗名吴下，专以唐开元、天宝为宗，从之游者，类皆摩取声调，讲求格律，而真意渐漓。"⑤并对其弟子王昶所选的《湖海诗传》亦多不满："侍郎诗派出于长洲沈宗伯德潜，故所选诗，一以声调格律为准。其病在于以己律人，而不能各随人之所长以为去取，似尚不如《箧衍集》《感旧集》之不拘一格也。"（卷一）他还对王士禛为诗尚格律多有批评："王新城尚书作《声调谱》，然尚书生平七言歌行，实受声调之累，唐宋名家，大家均不若此。"（卷二）他对好友汪中、杨伦二人为诗拘守格律亦有微词。

从洪亮吉对以上诸人的批判中可知，他所谓的"格"是指古人诗歌中所体现出来的形式法则，具体指声调格律。他虽然反对格律，但他也并非不懂格律，他说：

徐凝《庐山瀑布》诗："终古长如匹练飞，一条界破青山色。"东坡以为恶诗，足矣。然东坡诗如："岭上晴云破絮帽，树

---

① ［日］遍照金刚著，周维德校点：《文镜秘府论》，人民文学出版社 1980 年版，第 128 页。

② 见郭绍虞《清诗话续编》，上海古籍出版社 1983 年版，第 1371 页。

③ 郝润华《李梦阳集校笺》，中华书局 2020 年版，第 1918 页。

④ 见郭绍虞《历代诗话续编》，中华书局 1983 年版，第 964 页。

⑤ 《卷施阁文甲集》卷十，《洪亮吉集》，中华书局 2001 年版，第 219 页。

头晓日挂铜钲"诸联，独非恶诗乎？且非独此也，铜钲又属凑韵。尝有友人子以诗见示，笔甚清脆，卷中忽以铜钲代晓日，予曾喻之曰："东坡此种最不可学，今用庚字韵，故曰铜钲；若用元字韵，则必曰铜盆；寒字韵，则必曰铜盘；歌字韵，则必曰铜锅矣。"坐客皆失笑矣。

（卷五）

而且，并非如以前的研究者所言洪氏是排斥格律的，他既将"格"列为"诗文之可传者"之一，可知，他还是不完全否定格律的，只是反对"拘拘于格律"。他说："吴祭酒伟业诗，精熟诸史，是以引用确切，裁对精工，然生平殊昧平仄，如以长史之'长'为平声、韦杜之'韦'为仄声，实非小失。"（卷一）可见，亮吉是以思想内容为第一，形式风格为其次的，很好地处理了明清以来诗坛性情和格律何者为先的争论，在当时诗坛具有特殊的意义。

（二）诗歌本体论：性情、学识、品格

众所周知，性情乃诗歌之本，一定的学识修养是作诗的必要条件。而至乾嘉时期，在经学光环的照耀下，诗人们大多崇尚以学为诗，这样，性情和学识何者为诗歌之本成为诗坛争论的焦点，具体表现在当时的两大派别——性灵派和肌理派的分歧与对立上。性灵派专主性情，反对以学问为诗；肌理派则以学问代替性情作为诗歌之本，以考据为诗。二派在当时风行一时，在彼此的较量中难分轩轾，这就使得许多追随者迷失了方向。洪亮吉与二派的首领均有密切的交往，他摇摆于二派之间，对二派的长短也有深刻的认识，他批判地继承了二派的理论精华，折中调和了二者的论点，从而提出了自己的看法：

乾隆中叶以后，士大夫之诗，世共推袁、王、蒋、赵矣。然其诗虽各有所长，亦各有流弊。好之者或谓突过前哲，而不满之者又皆退而后言。平心论之，四家之传，及传之久与否，亦均未可定。若不屑于传与不传，而决其必不可朽者，其为钱、施、钱、

任乎！宗伯（载）之诗精深，太仆（朝韩）之诗古茂，通副（澧）之诗高超，侍御（大椿）之诗凄丽，其故当又求之于性情、学识、品格之间，非可以一篇一句之工拙定论也。

（卷五）

洪亮吉论诗首倡性情，强调写诗当"另具手眼，自写性情"（卷四），性情是其诗学思想的核心，也是其评诗的基本准则，这在他早年的诗文中就有体现，其《三山僧诗合刻序》云："既而读三僧诗，其清远绝俗，若出一辙，又加以性灵……然后知方外之诗亦未尝不以性情为重也。"① 他很推崇那些"性情毕露"的作品，谓孙星衍少日诗"凄艳绝伦"，读之"令人惘惘，则可见其性情毕露"（卷一）。对于那些诗少情致的诗人则予以批判，《读雪山房唐诗选序》云："又尝论之王文简，沈文悫，以名公巨卿手操选政，文简则专主神韵，而踏实或所未及；文悫则专主体裁，而性情反置不言。其病在于以己律人，又强人以就我。"② 这样的例子在他的诗文集中俯拾皆是。

洪亮吉极言性情，显然是受到诗坛性灵风潮的浸染，他也承认在诗学上袁枚"于亮吉有师友渊源之益"（《答随园前辈书》），并与赵翼、张问陶、孙原湘、舒位等不少性灵派的骨干诗人交厚，且洪亮吉与性灵派在诗学理论及创作上均有相通之处，故而许多研究者想当然地将洪亮吉列入性灵派的外围成员。③ 但若全面深入地考察其诗学理论及创作与性灵派的异同，就会发现这一观点是值得商榷的。表面上看，洪亮吉与袁枚均主张抒写性情，可是二者却有本质的差异。

首先，洪亮吉与袁枚对"性情"的理解不同，洪亮吉的性情观源于儒家的人性论，而袁枚的性情观则本于自然人性论。洪亮吉论诗重"性"，前面已经分析了洪氏所谓的"性"，即合乎儒家伦理道德规范的"情"，他强调性情"真"与"善"的统一，诗歌应表现人的真情实感，

---

① 《更生斋文甲集》卷一，《洪亮吉集》，中华书局 2001 年版，第 971 页。

② 《更生斋文续集》卷一，《洪亮吉集》，中华书局 2001 年版，第 1136 页。

③ ［日］青木正儿：《清代文学评论史》，杨铁婴译，中国社会科学出版社 1988 年版，第 147 页。

但却不能超越礼法的规范，即主张"发乎情，止乎礼义"。而袁枚论诗重"情"，主张诗歌应表现源于自然本性的真情，反对以"性"节"情"，他对"性情"的理解与正统的儒家观念截然不同，他说："诗者，由情生者也，有必不可解之情，而后有必不可朽之诗。情所最先，莫如男女。"①"情以真而愈笃"②，他言性情只讲"真"不"真"，不论"善"不"善"，故其诗中常充斥着卑下的情调，深为亮吉所不齿。

其次，虽然洪亮吉与袁枚都认为"性"为"情"之本，但二者的侧重点不同。洪亮吉更强调"性"，他将"性"排在"诗文之可传者"的第一位，再三标举"性"，认为"写景易，写情难；写情犹易，写性最难"（卷二）。将写"性"视为诗歌创作之极则，并主张以"性"节"情"。而袁枚则更侧重于"情"，主张即"情"以求"性"，他说："夫性，体也；情，用也。性不可见，于情见之。""善复性者，不于空冥处治性，而于发见处求情。"③ 他实际上是以具体的、感性的"情"替代了抽象的、用来节制"情"的"性"。同样是提倡性情，一言"性"，一谈"情"，二者有本质上的不同。

再次，洪亮吉的性情论源于古典诗论中的"言志说"，而袁枚的性情论却本于"缘情说"。洪亮吉作为吴派经学家，其诗论多本于汉儒经师之诗说。《毛诗序》云："诗者，志之所之也。在心为志，发言为诗。情动于中而形于言。"所谓"志"，是指符合礼法规范的情志；而所谓"情"，则指一己之情，所以《毛诗序》要求诗歌必须"发乎情，止乎礼义"，将"情"因势利导，使之合乎礼法规范，因为，"发乎情，民之性也；止乎礼义，先王之泽也"④。所以，朱自清在《诗言志辨序》中说："'言志'的本义跟'载道'差不多，两者并不冲突"，"这种

---

① 袁枚：《答蕺园论诗书》，《小仓山房文集》卷三十，《续修四库全书》第 1432 册，第 344 页。

② 袁枚：《答尹相国》，周本淳标校《小仓山房诗文集》卷十八，上海古籍出版社 1999 年版，第 1542 页。

③ 袁枚：《书〈复性书〉后》，《小仓山房文集》卷二三。《续修四库全书》第 1432 册，第 252 页。

④ 《毛诗序》，见郭绍虞主编《中国历代文论选》，上海古籍出版社 2003 年版，第 63 页。

志，这种怀抱，其实是与政教分不开的"，并称"诗言志"是中国古典诗论的"开山的纲领"①，它也成为历代正统诗论家所恪守的神圣教条，洪亮吉的性情论即源于此。西晋时期，陆机一反传统而提出"缘情说"，与"言志说"的载道观分庭抗礼，试图突破"礼义"对"情"规范的樊篱，历代虽不乏响应者，然而正统的"诗言志"说"始终屹立着，而'诗缘情'那种新传统虽也在发展，却老只掩在旧传统的影子里，不能抬头露面"②，直至清代，袁枚采用偷梁换柱之法，以"诗缘情"来替代"诗言志"，他说："千古善言诗者，莫如虞舜，教夔典乐曰：'诗言志'。言诗之本乎性情也。"③ 以"性情"来诠释"志"，并把二者等量齐观，这是对"诗言志"之载道本义的革命。可见，洪亮吉的性情观是在儒家正统诗论的基础上立论的，主张诗歌应合乎"思无邪"的宗旨，以维护儒家诗教为旨归。而袁枚则主张直抒性灵，解放人的情欲，籍以冲决儒家诗教的网罗，进而达到批判纲常名教的目的。因此，洪亮吉与以袁枚为首的性灵派的诗论实有天壤之别，根本就不能将他划入性灵派。

正是由于二人持论不同，洪亮吉对袁枚从人品到诗格均有嘲讽，成为嘉庆初年倒袁风潮中的领军人物。洪亮吉一向论诗先论人，他对袁枚放荡不羁的人格品性本就不满：

> 徐知诰辅吴之初，年未强仕，以为非老成不足压众，遂服药变其须鬓，一日成霜。宋寇莱公急欲作相，其法亦然。余见近时公卿，须鬓皓然，而百方觅药以求其黑者，见又出二公下矣。袁大令枚有《染须》诗，余尝戏之曰："公事事欲学香山，即此一端，已断不及。香山诗曰：'白须人立月明中'，又云'风光不称白髭须'，而公欲饰貌修容，是直陆展染须发，欲以媚侧室耳。"坐客皆大笑。

（卷二）

---

① 朱自清：《诗言志辨》，华东师大出版社 1996 年版，第 4 页。
② 朱自清：《诗言志辨》，华东师大出版社 1996 年版，第 41 页。
③ 袁枚：《随园诗话》卷三，昆仑出版社 2001 年版，第 175 页。

洪亮吉评袁枚诗"如通天神狐,醉即露尾",意谓袁诗是野狐禅,就像通天神狐一样是不可能修成正果的,只是玩弄狡狯,蒙蔽读者而已,并说"袁大令枚诗,有失之淫艳者"(卷三)。"商太守盘诗似胜袁大令枚,以新警而不佻也"(卷二);"诗固忌拙,然亦不可太巧,近日袁大令《随园诗集》颇犯此病"(卷一)。在洪亮吉看来,其根本的弊病是其格调不高,"近湖北张明经本,有《题袁大令小仓山房集后》云:'奄有众长缘笔妙,未臻高格恨才多'"(卷一)。袁枚的部分诗作对一些日常琐事及感观体验津津乐道,的确有淫艳纤佻之弊,洪氏的批评本无可厚非,反而有补偏救弊的作用。

此外,性灵派专主性灵,反对以学问为诗,袁枚说:"自《三百篇》至今日,凡诗之传者,都是性灵,不关堆垛。"① 甚至说:"读书久觉诗思涩""学荒反得性灵诗"②,又对诗坛流行的卖弄学问的风气加以批判:"人有满腔书卷,无处张皇,当为考据或骈文,何必借诗卖弄?"并讥笑肌理派"误把抄书当作诗"。他虽然把握了诗歌创作的本质,但将性情和学问完全对立了起来,又走向了另一个极端。而洪亮吉在标举性情的同时,亦极言学识的重要性,崔旭的《念堂诗话》卷三云:"洪稚存劝船山师多读书,船山师劝稚存少读书,二人各有见,洪说似长。"③ 可见洪亮吉与性灵派在对待学识上的分歧。因此,洪氏诗论与性灵派貌合神离,而亮吉的诗歌创作则是其理论的实践,故而不能简单地将洪亮吉划入性灵诗派,诚如姚椿《樗寮诗话》所云:"毗陵人士多能自重……不肯游随园之门。而洪稚存、黄仲则虽与过从,亦未尝列北面。"④

乾嘉时期考据之学全盛,在许多文人的心理格局中,学术的地位远高于诗文创作,他们大多以义理、考据为本务,而视文章为小道末技,耻为章句之儒,许多人甚至为研经而放弃诗文创作,如钱大昕、孙星衍、汪中等。在这种学术热潮中,即使是诗文作家也很重视学问,

---

① 袁枚:《随园诗话》卷五,昆仑出版社 2001 年版,第 283 页。
② 袁枚:《随园诗话》卷三,昆仑出版社 2001 年版,第 170 页。
③ 《清诗纪事》,江苏古籍出版社 1987 年版,第 6789 页。
④ 《清诗纪事》,江苏古籍出版社 1987 年版,第 6788 页。

甚至将学问推崇到了诗歌本体的地位，如章学诚说："毋论诗文，皆须学问，空言性情，毕竟小家。"① 而洪亮吉作为朴学大师，经术湛深，论诗重学问当是情理之中的事。他在倡言性情的同时，亦标举学识，认为作诗当以学问为根柢。他说：

> 诗人之工，未有不自识字读书始者。即以初唐四子论，年仅弱冠，而所作《孔子庙碑》，近日淹雅之士，有半不知其所出者。他可类推矣。以韩文公之颣视一切，而必谆谆曰："凡为文辞，宜略识字。"杜工部，诗家宗匠也，亦曰："读书难字过。"可见，读书又必自识字始矣。
>
> （卷三）

> 人但知陶渊明诗一味真淳，不填故实，而以为作诗可不读书。不知陶渊明所著《圣贤群辅录》等，又考订精详，一字不苟也。
>
> （卷三）

> 李太白诗，不特天才卓越，即引用故实，亦皆领异标新……白诗不肯作常语如此，他若《行路难》《上云乐》等乐府，皆非读破万卷者，不能为也。
>
> （卷五）

因此，他主张为诗"声音、训诂之学宜讲也"（卷一）。并作诗云："信知学益人，饥者侍之饱。明明愚与智，一日忽颠倒。词章尚如此，何况穷道理。百事且勿营，扃门读书蚤。"（卷五）明确要求"作诗必读书"（卷三），他在《北江诗话》一开篇即云：

> 西汉文章最盛，如邹、枚、严、马以迄渊、云等，班固不区分别立传，此文章所以盛也。至范蔚宗始别作《文苑传》，而文章

---

① 章学诚著，叶瑛校注：《文史通义》卷五《诗话》附录，中华书局 2004 年版，第 570 页。

遂自东汉衰矣。

（卷一）

此语仅从表面看会令人很费解，苏完恩的《洪北江先生遗集序》为之作了注解：

> 自古文章之士，未有不本于经术。司马相如、扬子云皆西汉文士，而相如《凡将篇》有功于小学，子云则训纂《方言》，长于古训，《太玄》之作合于卦气，是经术文章未尝岐而二之也。至范史始分儒林、文苑为二。自是以后，治朴学者拾郑、孔之余唾，骛词华者猎齐、梁之浮艳，经术文章，岐而为二，而学问之事亦少衰。①

其隐含的意思即要将经术和词章合而为一，此论与肌理派首领翁方纲不谋而合，翁方纲亦言："史家文苑接儒林，上下分明鉴古今。一代词章配经术，不然何处觅知音？"②可见肌理说对洪氏的影响。

洪亮吉论诗虽重学识，但却与肌理派有所不同。翁方纲虽然主张"诗合性情卷轴而一之也""由性情而合之学问"③，其实质却是用学问代替性情，将学问与性情视为一体，因此为诗常济之以考据之学，公然在诗中作起了考据。洪亮吉不满这种掉书袋式的诗风，他对翁方纲也多有批评，其《道中无事偶然作论诗截句二十首》云：

> 鬼簿算经虽作俑，王杨卢骆信难诃。近来海内诗家少，一半人夸记诵多。
>
> 只觉时流好尚偏，并将考证入诗篇。美人香草都删却，长短皆摩《击壤》篇。

---

① 《洪亮吉集》，中华书局 2001 年版，第 2399 页。

② 翁方纲：《书〈空同集〉后十六首》其十二，《复初斋诗集》，《续修四库全书》第 1454 册，第 512 页。

③ 翁方纲：《谢蕴山诗序》，《复初斋文集》卷四，《续修四库全书》第 1455 册，第 381 页。

　　洪亮吉批评了时人以挦扯为工的风尚，并说："诗人之诗，固不必责以考据也。"（卷四）又谓翁方纲诗"如博士解经，苦无心得"（卷一），在有人误传翁卒后，"作挽诗云：'最喜客谈金石例，略嫌公少性情诗。'盖金石学为公专门，诗则时时欲入考证也"（卷一）。可见，亮吉论诗虽以学问为根基，但他却反对肌理派摭拾前人、堆垛书卷的作风。他对以学问为诗的浙派亦深致不满，谓："近日浙中诗人，皆瓣香厉鹗《樊榭山房集》。然樊榭气局本小，又意取尖新，恐不克为诗坛初祖。"（卷一）洪氏所谓的"意取尖新"，盖指浙派为诗好阑人奇字僻典，取境幽深孤峭，使诗歌艰涩难懂。

　　洪亮吉既重性情，又重学识，然而如何处理二者的关系呢？他作为一代学术大师、诗文名家，一生致力于寻找学术和词章的契合点，直至晚年方才提出"不以学识掩其性情"的原则（卷五），以性情为诗歌之本原，以学问为诗歌之根柢，很好地处理了当时诗坛所争论的焦点——性情与学识的关系问题，并为诗人提供了一种合诗人之诗与学人之言的理想模式。因为在他看来，性情和学识并非互相抵牾的，而是相辅相成的，他说："今世士惟务作诗，而不喜涉学，逮世故日胶，性灵日退，遂皆有'江淹才尽'之诮矣。"（卷三）可见，他认为如果没有必要的学识修养，诗人的性灵就会枯竭，惟有将性情与学问合而为一，才能使诗歌永葆生机。

　　洪亮吉将"性情"作为诗歌之本，还具有崇扬人格的意图，要使诗歌格高调逸，诗人就必须涵养性情，提升自己的人格。而且洪亮吉论诗常将"性情"和"人品"联系起来，他说：

　　　　雕虫小技，壮夫不为，余于诗家咏物亦然。然亦有不可尽废者。丹徒李明经御，性孤洁，尝咏佛手柑云："自从散罢天花后，空手而今也是香。"如皋吴布衣，性简傲，尝咏风筝云："直到九霄方驻足，更无一刻肯低头。"读之而二君之性情毕露。谁谓诗不可以见人品耶？

　　　　　　　　　　　　　　　　　　　　　　　　　　　　　　（卷一）

七律至唐末造，惟罗昭谏最感慨苍凉，沉郁顿挫，实可以远绍浣花，近俪玉溪。盖由其人品之高，见地之卓，迥非他人所及。次则韩致尧之沉丽，司空表圣之超脱，真念念不忘君国之思。孰云吟咏不以性情为主哉！

（卷六）

他几乎将性情与人品等同起来，在他看来，罗隐、韩偓、司空图之所以能饮誉晚唐诗坛，正是因其"人品之高，见地之卓"。又云："元和、长庆以来诗人如沈太守、杜舍人，皆有节概，非同时流辈所及。"（卷六）可见，洪亮吉认为人品决定着诗品，这与明清易代之后，诗人论诗大多强调气节和人品的诗学思潮是一致的，洪亮吉评诗往往也自论人始。他说：

诗人不可以无品，至大节所在，更不可亏。杜工部、韩吏部、白少傅、司空工部、韩兵部，上矣。李太白之于永王璘，已难为讳。又次则王摩诘，再次则柳子厚、刘梦得，又次则元微之，最下则郑广文。若宋之问、沈佺期，尚不在此数。至王、杨、卢、骆及崔国辅、温飞卿等，不过轻薄之尤，丧检则有之，失节则未也。

（卷四）

于清初诗人，则十分推崇顾炎武、吴嘉纪、屈大均等遗民诗人，而对贰臣文人则多讥诃：

顾宁人诗有金石气，吴野人诗有蓠桂气，同时名辈虽多，皆未能臻此境也。

（卷四）

"人之将死，其言也善。"盖死生之际，亦天良激发之时。宋陆务观、近时吴伟业，皆诗中之大家也，陆临终诗云："死去应知万事空，但悲不见九州同。王师北定中原日，家祭无忘告乃翁。"

人悲之，人复敬之。吴临终填《贺新凉》一阕，其下半阕云："故人慷慨多奇节。为当年沉吟不断，草间偷活。艾炙眉头瓜喷鼻，此事终当决绝。早患苦重来千叠。脱屣妻孥非易事，便一钱不值何须说！人世事，几圆缺？"人悲之，人无复惜之者。则名义之系人，岂不重乎！

（卷三）

然而，他又在《道中无事偶然作论诗截句二十首》中说："早年坛坫各相期，江左三家识力齐。山下靡芜时感泣，息夫人胜夏王姬。"前两句说"江左三大家"称雄清初诗坛，诗学上识力相当，难分轩轾。入清以后，三人均出仕清朝，而洪亮吉从吴伟业沉重的感泣中，对他的无奈境遇给予一定的同情和理解，他用"山下靡芜时感泣"来表现吴伟业晚年处于夹缝中的两难心境，十分恰切。末句又以历史上的女性处境为喻，含有同情和宽宥之意，认为吴伟业在节操上略胜于钱谦益、龚鼎孳。此外，洪亮吉本尊崇朱彝尊，然而就因朱曾诏试鸿博，出仕新朝，而对其深表惋惜："辛苦谢家双燕子，一生何事傍门墙。"（《道中无事偶然作论诗截句二十首》）

洪亮吉还认为诗人性情之厚薄、人格之高低直接决定着诗作成就的优劣，他贬低袁枚，就是因其品格不正。他推崇钱维乔的诗，是因为在他流放前夕，"时余在请室中，缧绁满身，役车又敦促上道，匆猝未暇念及妻子也，独割谳案纸尾，疾作书，寄季木与孙兵备季仇，与之诀别。闻季木得余书，痛哭失声，时时走余家问消息。及抵戍所甫一日，即得季木书于患难中，申之以婚姻，所以慰戒之者无不至。在戍所三阅月，凡三得季木书，而余已蒙恩旋里矣。季木于友朋死生离合之际，不忍相负如此，然后知季木诗之工，季木性情之挚为之也"①。而且在他看来，诗人的胸怀、气度、品格决定着诗歌的风貌，他说：

孟东野诗："出门即有碍，谁谓天地宽。"非世路之窄，心地

---

① 洪亮吉：《钱大令维乔诗序》，《更生斋文甲集》卷一，《洪亮吉集》，中华书局2001年版，第968页。

之窄也。即十字而踽天蹐地之形，已毕露纸上矣。杜牧之诗："蓬蒿三亩居，宽于一天下。"非天下之宽，胸次之宽也。即十字而幕天席地之概，已毕露纸上矣。一号"诗囚"，一目"诗豪"，有以哉。

（卷四）

这种诗如其人的观点已十分接近布封的"风格即人"。

总之，洪亮吉论诗是以性情为诗歌之本原、以学问为诗歌之根柢、以品格为诗歌之灵魂，这是洪亮吉诗论的核心。其实，这一理论在其早先的诗文中已有表述：

> 夫诗以人传乎，抑人以诗传乎？吾必曰：诗不足以传人，惟人足以传诗耳。何则？今之伸纸握管者，不下千百人矣，何足传者不少慨见乎？此其故不在语言文字间也。品之不端，则无以立其干；气之不盛，则无以举其辞；性情之不挚，则无以发其奇；心思之不沉，则无以抉其奥；学术之不赡，则无以极古今上下屈伸变化之方。五者具而始足以言诗之传。①

可知，洪亮吉早年即要求诗人性情要挚，学术要赡，品格要端，心思要沉，气势要盛，十分强调诗人的主体修养。洪亮吉这一理论旨在调和当时诗坛所争论的焦点问题，建立一种诗人之诗和学人之诗二而一之的诗歌范式，对当时及其后的诗坛具有一定的导向作用。然而，性情和学问本来就是难以调和的，诗歌讲求形象思维和移情式的审美感受，而学术则注重分析归纳的逻辑思维和观照式认知，二者是相互抵触的。洪亮吉以此立论，贬低袁、王、蒋、赵，而盛推钱、施、钱、任，历史的发展证明，袁、王、蒋、赵皆成了不朽的诗人，而钱载、钱澧诗名为画名所掩，任大椿只是以经学家而留名，而施朝干则名不显于世，可见，洪亮吉的这一理论尝试是不成功的。

---

① 洪亮吉：《庄达甫征君春觉轩诗序》，《更生斋文续集》卷一，《洪亮吉集》，中华书局 2001 年版，第 1146 页。

（三）诗歌功能论：重诗教，贵比兴

通过对洪亮吉所提倡的"性""情""气"及"品格"等诗学命题内涵的考察，可以看出他十分注重诗歌的社会功用，强调诗歌为政教服务的价值。故《北江诗话》于中唐以后诗人独推小杜，以其"文章则有经济"（卷二），其《翟孝子诗》亦云："我诗不妄作，冀以扶人伦。"① 洪亮吉的诗歌功能论亦是秉承了先秦儒家之诗说，《论语·阳货》云："小子何莫学夫诗？诗可以兴、可以观、可以群、可以怨。迩之事父，远之事君，多识于鸟兽草木之名。"兴、观、群、怨之说自孔圣人提出后，成为历代正统文士所恪守的信条。兴，朱熹《论语集注》谓"感发志意"，指诗歌的抒情功能，洪亮吉论诗即首言性情，前已论及。观，是指诗歌的认识作用，可以通过诗歌了解民风之厚薄，考见政治之得失，《北江诗话》云：

> 诗虽小道，实足以睹国家气运之衰旺。即如五代晋时冯道奉使契丹，高祖宴之于禁中，及使回，道赋诗云："殿上一杯天子泣，门前双节国人嗟。"盖是时燕云十六州已割属契丹，国势奄奄，如日之垂暮，故虽宰相作诗，而气象衰飒如此。至宋则不然，太祖太宗之世，宇内渐已削平，景物熙熙，已若日之初熙，故李昉《禁林春直》诗云："一院有花春昼永，八方无事诏书稀。"又《昌陵挽诗》云："奠玉五回朝上帝，御楼三度纳降王。"何等气象！盖同一宰相也。而吐属不同如此。孰谓诗不随气运转移乎？
>
> （卷六）

在强调诗歌认识功能的同时，亦指出诗歌风貌与时代盛衰的关系。

群，指诗歌的教化功能，这是洪亮吉诗论的立足点。乾嘉时期的朴学家为学皆主回归元典，诗人学者论诗均标举《诗经》，《北江诗话》亦不例外。汉儒从《诗三百》中看到了其政治教化功能，《礼

---

① 《更生斋诗续集》卷四，《洪亮吉集》，中华书局2001年版，第1138页。

记·经解》："孔子曰：'入其国，其教可知也。其为人也：温柔敦厚，《诗》教也'；……温柔敦厚而不愚，则深于《诗》者也。"汉儒秉承孔子"思无邪"的诗学精神，而创设了儒家诗教，成为后代诗人为诗之神圣教条。亮吉作为吴派经学家，论诗亦遵从汉儒所提出的儒家诗教说。《北江诗话》卷四云：

> 凡作事，古人皆务实，今人皆务名也。即如绘画家，唐以前无不绘故事，所以著劝惩而昭美恶，意至善也。自董、巨、荆、关出，而始以山水为工矣。降至倪、黄，而并以笔墨超脱，摆脱畦径为工矣。求其能绘故事者，十不得三四也。而人又皆鄙之，以为不能与工山水者并论。岂非久而离其宗乎？即诗何独不然。魏晋以前，除友朋答赠、山水眺游外，亦皆喜咏事实，如《古诗为焦仲卿妻作》以迄诸葛亮《梁父吟》、曹植《三良诗》等是矣。至唐以后，而始有偶成、漫兴之诗，连篇累牍，有至累十累百不止者，此与绘事家之工山水何异？纵极天下之工，能借之以垂劝诫否耶？是则观于书画两门，而古今之升降可知矣。
>
> （卷四）

洪氏立足于儒家"诗教"，强调诗歌"著劝惩而昭美恶"的社会功能，要求诗歌应有裨于国计民生、政治道德，因而他特别推崇那些温柔敦厚、有益于教化的诗歌：

> "穷达恋明主，耕桑亦近郊"，钱起诗也；"身多疾病思田里，邑有流亡愧俸钱"。唐韦应物诗也。读之觉温厚和平，去《三百篇》不远。
>
> （卷一）

> "宁可枝头抱香死，不曾吹堕北风中。""此生但除君父外，不曾别受一人恩。"北宋末郑所南思肖诗也。读之顽夫廉，懦夫立志。
>
> （卷二）

112

　　明御史江阴李忠毅狱中寄父诗："出世再应为父子，此心原不问幽明"，读之使人增天伦之重。宋苏文忠公《狱中寄子由》诗："与君世世为兄弟，又结他生未了因"，读之令人增友于之谊。唐杜工部送郑虔诗："便与先生成永诀，九重泉路尽交期"，读之令人增友朋之风义。唐元相悼亡诗："惟将终夜长开眼，报答平生未展眉"，读之令人增伉俪之情。孰谓诗不可以感人哉！

（卷一）

　　洪氏主张诗歌应能厚人伦，促教化，应有裨于世道人心，有关于社稷治术。可见，洪氏诗论具有浓厚的儒家伦理教化色彩，而诗歌若要负担起政教功能，诗人首先应具有高尚的人格，故而他对诗人的品格气节十分注重。

　　怨，指诗歌可以抒发愤懑，泄导人情，何晏《论语集解》引孔安国语指"怨刺上政"，朱熹《论语集注》说是"怨而不怒"，前者概括了诗歌怨刺的内容，后者则限制了怨刺的程度，而要做到"怨而不怒"，作诗就必须讲求含蓄蕴藉、不迫不露，故而汉儒在提倡温柔敦厚的诗教的同时，又主张为诗作文应"主文而谲谏"（《毛诗序》），提倡比兴寄托，郑玄《周礼·春官·大师》云："比，见今之失，不敢斥言，取比类以言之；兴，见今之美，嫌于媚谀，取善事以喻劝之。"[1]可见，提倡儒家诗教与讲求比兴寄托本是相辅相成的，清初以来，诗家如王夫之、沈德潜等，多言儒家诗教，但往往不讲比兴，而片面强调封建伦理原则，这就使其诗说犹如奇肱之民，具有先天的缺陷。洪亮吉所处的乾嘉时代，统治者大兴文字狱，捕风捉影，使得文人们大都噤若寒蝉，唯恐因言致祸，洪亮吉本人也因上书言事过于直切而被贬戍伊犁，这件事让他心有余悸，不能不影响到《北江诗话》的论诗倾向，因此洪氏论诗，秉承以人伦教化为鹄的儒家诗教，追求"言志咏言"的诗歌正轨，崇尚儒家"以和为美"的诗美理想，提倡比兴的

---

　　[1]　郑玄：《周礼·春官·大师》，《十三经注疏》，上海古籍出版社 1997 年版，第796 页。

作诗原则。《北江诗话》卷一云："余于四时最喜二月，以春事方半，百草怒生，万花吐蕊，物物具发生气象故也。一月至三月，则过于烂漫矣。"可见，洪亮吉崇尚含蓄美、朦胧美。又云：

> 唐诗人去古未远，尚多比兴，如"玉颜不及寒鸦色""云想衣裳花想容""一片冰心在玉壶"及玉溪生《锦瑟》一篇，皆比体也。如"秋花江上草""黄河水直人心曲""孤云与归鸟，千里片时间"，以及李、杜、元、白诸大家，最多兴体。降及宋元，直陈其事者十居七八，而比兴体微矣。
>
> （卷一）

故而，他对含蓄蕴籍之作大加赞赏，而贬斥那些直抒胸臆的作品：

> 读其（施朝干）诗可以知其品也。五言《哭亡妇》诗云："白水贫家味，红罗旧日衣。"七言《志感》："委蛇岁月羞言禄，寂寞功名称不才。"何婉而多风若此！
>
> （卷五）

> 即如同一谪官也，摩诘则云："执政方持法，明君无此心。"不特善则归君，亦可云婉而多风矣。若文房之《将赴岭外留题萧寺远公院》则直云："此去播迁明主意，白云何及欲相留？"殊伤婞直也。孟浩然云："不才明主弃"，亦同此病，宜其见斥于盛世哉。刘、孟之不及出亦以此。
>
> （卷五）

> 高侍郎启，以宫词"小犬隔花空吠影，夜深宫禁有谁来"二语贾祸，至于杀身……以其稍欠蕴藉耳。"
>
> （卷六）

可见，洪亮吉认为作诗应合乎"思无邪"的宗旨，宜讲比兴寄托，追求委婉含蓄的艺术风格，"淋漓尽致中，下语复极有分寸"（卷二），而反对直抒性灵。

洪亮吉的诗歌功能论是其诗论的灵魂，也是其诗学体系的基点，这一诗学思想一方面本于洪亮吉的儒家思想及学术思想，另一方面，还与当时的时代息息相关。乾嘉时期号称盛世，其实已经在走下坡路了，在内忧外患的频频冲击下，清王朝呈现出风雨飘摇之势，朝政腐败，世风日下，人心不古。面对千疮百孔的社会现状，乾隆皇帝深感提倡诗文载道教化功能的必要性，他说："古人鑑盘几丈有箴有铭，其文也即其道也。今则以词藻相尚，不过为应制之具，是政道与文而二之矣。"① 在皇帝的号召下，一时诗文界名流，如沈德潜、翁方纲、姚鼐等均起而响应，或倡诗教，或讲义理，都主张文道合一。这样，提倡诗文的经世功能也成了时代风潮，亮吉亦不例外，他的诗歌功能论也是这股时代潮流的回响。

（四）诗歌创作论：师古兼师心

古典诗歌艺术发展至唐代达到了顶峰，同时也出现了一种极盛难继的局面，明清时期作为古典诗歌的总结期，面对深厚的历史文化积淀，许多诗人感到茫然失措，要想在诗歌创作的天地里争一席之地，是该突破前人的束缚，大胆创新呢；还是该模仿和承袭丰厚的诗学遗产呢？继承和创新的问题成为明清诗坛一直以来争论的焦点，并主导着诗歌潮流的起伏消长。明代诗坛始终交织着复古与反复古这两种思潮，并以复古为正，反复古为变，前后七子高举"文必秦汉，诗必盛唐"的大旗，主张以学习典范来复兴诗道，结果适得其反，由复古逐渐陷入食古不化的泥潭，遭到了清人的讥诃。清人鉴前朝诗歌探索之失，普遍认为诗歌要想超越前人，就必须于古人之外，另辟蹊径。从清初的钱谦益等至乾嘉时期的性灵派均主张抒写性情、诗贵创新，反对因袭模拟。然而，要摆脱前人的影子，超越前人似乎又很困难，与洪亮吉同时的管学洛在其《贺新凉》词中不禁发出了这样的感喟："恨

---

① 《学政全书》卷五《崇尚实录》，转引自陈居渊《清代朴学与中国文学》，百花文艺出版社 2000 年版，第 161 页。

不奋身千载上，趁古人未说我先说！"（《北江诗话》卷五）这样的反复古思潮始终涌动着。至乾嘉时期，朴学大兴，学者们主张返回元典，唯古是尚，他们埋首于故纸堆中钻研考据，古文经学达到极盛，这种学术界的复古大潮渗透到诗歌领域，诗文创作中的复古之风再掀波澜，盛极一时的格调派、肌理派和浙派等，尽管相互之间争论很激烈，但实际上是殊途同归，争论的焦点是诗歌的宗法取向问题。就在诗坛上各诗派为继承与创新问题争得不可开交之际，洪亮吉提出了自己的看法——师古兼师心。

首先，洪亮吉作为吴派经学家，毕生致力于古文经学，与学界复古思潮相一致，其诗学思想具有浓厚的复古色彩，故而王国均在《重刊北江诗话序》中说，洪亮吉"立身以忠孝为大，论学以经史为宗，论诗以《三百篇》为主，故于魏晋诗人，独取陶靖节，以其去古未远也。盛唐李杜，已视为诗派之支流。历宋元明，旁及各家，吞云梦者八九，目中安有余子哉"！洪亮吉在《北江诗话》卷一中亦云：

> 《三百篇》无一篇非双声叠韵，降及《楚辞》与渊、云、枚、马之作，以迄《三都》《两京》诸赋，无不尽然。唐诗人以杜子美为宗，其五七言近体，无一非双声叠韵也。间有对句双声叠韵，而出句或否者，然亦不过十分之一。中唐以后，韩、李、温诸家亦然。至宋元明诗人，能知此者渐鲜。

> 唐诗人去古未远，尚多比兴……降及宋元，直陈其事者十居其七八，而比兴体微矣。

其论调与经学大师钱大昕"训诂必依汉儒，以其去古未远"[1] 十分相似。他还明确提出"诗以代降"（卷三）的观点，因此当赵翼将写好的唐、宋、金七家诗话给他过目时，他的跋诗云："杀青自可缘陈

---

① 钱大昕：《臧玉林经义杂识序》，吕友仁校点《潜研堂文集》卷二十四，上海古籍出版社 1989 年版，第 391 页。

例，初白差难踵后尘。① 只我更饶怀古癖，溯源先欲到周秦。"② 洪亮吉坚决反对将查慎行列入八家。赵翼和诗云："论人且复先观我，爱古仍需不薄今。"③ 而且并未采取洪亮吉的建议，他不仅将查慎行列入八家，还将高启和吴伟业也一并列入，写成后书名《十家诗话》，又名《瓯北诗话》，可见赵翼主张诗贵创新，反对厚古薄今，而洪氏则秉"怀古"之心，论诗推举周秦，从中亦可见出洪氏与性灵派在对待继承与创新问题上的分歧。洪亮吉以"诗以代降"为立论点，推许唐以前诗，对宋代诗人则批评较多，即使是对欧阳修、苏轼、陆游这样的大家，他也颇有微词，如批评欧阳修不善评诗，"所推苏子美、梅圣俞，皆非冠绝一代之才"。他对苏东坡写诗以"铜钲"凑韵也加以嘲笑，并说陆游"六十年间万首诗，吾以为贻误后人不少"。对元明两代的诗人则更不屑论及，足见其复古倾向。

　　洪亮吉尽管倡言复古，但他又反对亦步亦趋于古人，主张习古要袭神遗貌，达到"不描摹古人而自合于古"④ 的境界，而对那些祧唐祢宋者则大加贬斥。他说："王文简之学古人也，略得其神，而不能遗貌。沈文悫之学古人也，全师其貌，而先已遗神。""用前人名词入诗，仿于元遗山，而成于王文简。然必不得已，则用其全句可也。若王文简用杜诗'意象惨淡经营中'，而必改末一字为'成'字，非凑韵，则直欲掩其迹耳。点金成铁，其能为文简解乎！"而推许杨宗发诗"无意学太白，而神致似之"（卷四）。他将王士禛诗与明七子之"规仿汉魏三唐同列"（卷二），并讽刺他：

　　　窘于篇幅师王孟，略具才情仿陆苏。学古未成留伪体，半生益觉赏心孤。

---

　　① 作者自注："君意欲以初白配作八家，余固止之"。
　　② 洪亮吉：《赵兵备翼以所撰唐宋金七家诗话见示率跋三首》，诗后自注："余时亦作《北江诗话》，卷一泛论，自屈宋起"。《更生斋诗》卷四，《洪亮吉集》，中华书局2001年版，第1294页。
　　③ 附于《洪亮吉集》，中华书局2001年版，第1295页。
　　④ 洪亮吉：《师大令二余堂诗集序》，《更生斋文续集》卷二，《洪亮吉集》，中华书局2001年版，第1294页。

蚕尾山人绝世姿，聆音先已辨妍媸。何应一代才名盛，只办
唐临晋帖诗。①

其《包文学家传》又云：“时长洲沈尚书德潜方以诗名吴下，从之
游者，类皆研摩格律，剿取声调，以求合于唐开元、天宝诸巨公，而
貌合神离，千首一律，其弊至以前人名作，窜易数字，冒为己有者。”②
在他看来神韵、格调等宗唐派亦步亦趋于唐人，乃东施效颦。洪亮吉
本就鄙薄宋诗，对学宋派更是深恶痛绝，他说：

余颇不喜吾乡邵山人长蘅诗，以其作意矜情，描头画角，而
又无真性情与气也。晚年，入宋商邱莘幕，则复学步邯郸，益不
足观。其散体文，亦惟有古人面目，苦无独到处。

（卷二）

惟吾乡邵山人长蘅，初所作诗，既描摹盛唐，苦无独到处，
及一入宋商邱幕府，则又亦步亦趋，不能守其故我。人或以其名
重，尚艳而称之。吾以为其品既不及前修，则其诗亦更容论定也。

（卷五）

可见他对学步邯郸者的反感。又云：“近时诗人，喜学白香山，苏
玉局，几于十人而九，吾见其俗耳，吾见其滑耳”，认为亦步亦趋于古
人，必然导致千篇一律，千人一面，他指出俗、滑的毛病“非二公之
失，不善学者之失也”（卷一）。他提出师古应“善学”，不能优孟衣
冠，寄人篱下，而要“无意学古人而自然入古”（卷一）。又认为“无
意学古人，无一类古人，而转似古人，则又当于神明之中求之耳”（卷
五）。可见，洪亮吉师古贵在师法其精神气韵，而反对斤斤于字句格律
之间。此外，他对古诗的一些技法十分推崇，如比兴体、双声叠韵、

---

① 洪亮吉：《道中无事偶然作论诗截句二十首》，《更生斋诗》卷二，《洪亮吉
集》，中华书局 2001 年版，第 1245 页。

② 《卷施阁文甲集》卷十，《洪亮吉集》，中华书局 2001 年版，第 215 页。

倒句法等，他说：

> 《三百篇》无一篇非双声叠韵。降及《楚辞》……能知此者渐鲜。……本朝王文简颇知此诀，集中如"他日差池春燕影，只今憔悴晚烟痕"，此类数十联，亦可追踪古人。
>
> （卷一）

> 诗家例用倒句法，方觉奇峭生动，如韩之《雉带箭》云"将军大笑官吏贺，五色离披马前堕"，杜之《冬狩行》"草中狐兔尽何益？天子不在咸阳宫"。使上下句各倒转，则平率已甚，夫人能为之，不必韩杜矣。
>
> （卷二）

洪亮吉在强调师古的同时，更强调创新，这明显是受到当时诗坛性灵思潮的熏染。他在朱筠幕府时作诗喜用古字，袁枚曾以迹与履的关系为喻劝之，亮吉心悦诚服，明白了师古即使是逼肖古人，亦无法超越古人的道理，前后七子以盛唐诗为学习的典范，半个多世纪的实践证明，他们在唐人开创的格律和诗艺中挣扎徘徊却永远跳不脱唐人的圈子。惩七子之失，洪亮吉指出：

> 《离骚》以后，学《离骚》者宋玉、贾谊、东方朔、严忌、王褒、刘向、王逸等若干人，而皆不及《骚》，以绝调难学也。陶渊明以后，学陶者韦应物、柳宗元以迄苏轼、陈无己等若干人，而皆不及陶，亦以绝调难学也。庾信《哀江南赋》，无意学《骚》，亦无一类《骚》，而转似《骚》。王维、裴迪《辋川》诸作，元结《春陵》篇及《浯溪》等诗，无意学陶，亦无一类陶，而转似陶。则又当于神明中求之耳。
>
> （卷五）

> 宋初杨、刘、钱诸人学"西昆"，而究不及"西昆"；欧阳永叔自言学昌黎，而究不及昌黎；王荆公亦言学子美，而究不及子

美；苏端明自言学刘梦得，而究亦不能过梦得。所谓棋输先著也。

（卷五）

杜工部之于庾开府，李供奉之于谢宣城，可云神似。至谢、庾各有独到之处，李杜亦不能兼也。

（卷二）

可见，他深知学古即使是"神似"，亦不能超过古人，因为"绝调难学"，"棋输先著"。因而，他十分赞赏包士曾：

先生虽为尚书（沈德潜）所激赏，而意趣不同。尝与同辈论诗曰："诗为心声，吾之诗，必肖吾之心然后可。若转而求肖古人，纵极天下之工，亦古人之诗，非吾之诗也。"①

基于此种认识，洪氏主张为诗应独具风貌，各自名家，反对模拟古人、析宗别派。他说：

今之称诗者众矣，当具何种手眼观之？余曰："除二种诗不看，诗既少矣。假王孟诗不看，假苏诗不看是也。何则？今之心地明了而边幅稍狭者，必学假王、孟；质性开敏而才气稍裕者，必学假苏诗。若言诗能不犯此二者，则必另具手眼，自写性情矣。是又余所急欲观者也。"

（卷四）

与提倡抒写性情相一致，洪氏主张作诗应有个性，特别强调诗人应有"独到之处"，要能"各自名家，并拔戟自成一队"（卷五）。他推崇王采薇诗"皆未经人道语"（卷二），推许法式善诗"无一语旁沿前人及描摹名家大家诸气习"②。又云：

① 《卷施阁文甲集》卷十，《洪亮吉集》，中华书局 2001 年版，第 215 页。
② 洪亮吉：《法式善祭酒存素诗序》，《更生斋文甲集》卷三，《洪亮吉集》，中华书局 2001 年版，第 1013 页。

　　谪仙独到之处，工部不能道只字，谪仙之于工部亦然。退之
独到之处，白傅不能道只字，退之之于白傅亦然。所谓可一不可
两也。外若沈之于宋，高之于岑，王之于孟，韦之于柳，温之于
李，张、王之乐府，皮、陆之联吟，措词命意不同，而体格并同，
所谓笙磬同音也。唐初四杰，大历之十子亦然。欲于李、杜、韩、
白之外求独到，则次山之在天宝，昌谷之在元和，寥寥数子而已。
诗文并可独到，则昌黎而外，唯杜牧一人。

（卷六）

　　杜牧之与韩、柳、元、白同时，而文不同韩，诗不同元、白，
复能于四家外，诗文皆别成一家，可云特立独行之士矣。韩与白
亦素交，而韩不仿白，白亦不学韩，故能各臻其极。

（卷一）

　　余于近日诗人，独取岭南黎简及云间姚椿，以其能拔戟自成
一家耳。

（卷一）

　　而批评那些效颦者，他说："朱检讨彝尊《曝书亭集》，始学初唐，
晚宗北宋，卒不能熔铸自成一家"（卷一）。又讥讽邵长蘅作诗"亦惟
古人面目，苦无独到处"（卷三）。

　　洪亮吉在提倡个性的同时，反对标榜门户，树宗立派之习。他说：

　　诗至今日，竞讲宗派。至讲宗派，而诗之真性情真学识不出，
尝略论之。康熙中，主坛坫者，新城王尚书士禛，商丘宋尚书荦。
新城源出严沧浪，诗品以神韵为宗，所选《唐贤三昧集》，专主
王、孟、韦、柳而已，所为诗，亦多近之，是学王、孟、韦、柳
之派。商丘诗主修畅，又刻意生新，其源出于眉山苏轼，游其门
者，如邵山人长蘅等，亦皆靡然从风。同时海盐查编修慎行亦有
盛名，而源又出于剑南陆氏，是又学苏、陆之派；秀水朱检讨彝

121

尊，始则描摹初唐，继则泛滥北宋，是又学初唐北宋之派；博山赵官赞执信，复矫王、宋之弊，持论一准常熟二冯，以唐温、李为极则，是又学温、李之派。迨乾隆中叶，长洲沈尚书德潜以诗名吴下，专以唐开元、天宝为宗，从之游者，类皆摩取声调，讲求格律，而真意渐漓，是又学开元、天宝之派。盖不及百年，诗凡数变，而皆不出于各持宗派，何则？才分独有所到，则嗜好各有所偏，欲合之，无可合也。①

诗坛上建立门户之习由来已久，其害处是导致诗风雷同，这就与洪氏主张的个性、创新不相符了。郭绍虞说："明人论诗，正因各个偏胜见长，所以分别门户。清初一般人，大抵都反对这种风气，不欲以门庭自限。于是，有一共同倾向，都求之于古，同时也即求之于诗之本。"② 洪亮吉师古兼师心恰好体现出这一倾向。尽管清人普遍反对树宗立派，而实际上整个清代诗坛门户林立，洪亮吉对这种风气发出了挑战，主张不矜宗派、无所依傍，在继承的基础上有所创新，体现出洪氏卓尔不群、不谐流俗的孤高品质。

写诗要有个性，就必须尚新求奇，与众不同。洪氏为诗贵独创，喜听新响，主张务去陈言，深忌重复雷同。时人咏菜花诗有"花枝不上美人头"句，洪氏"独以为不然"，并反其道作"摘得菜花何处用？嫩黄先衬玉搔头"（卷二）。前人有"蝉曳残声过别枝"，洪氏《捕蝉行》却又转进一层："余声尚未到别枝，黄雀突来将汝捕。微虫虽小响未沉，倘向黄雀喉中寻"（卷二）。姑且不论其优劣工拙与否，单其对"未经人道语"孜孜以求的精神，就颇令人为之击节，至于他絮絮不绝玩赏他人新奇之句的例子更是不胜枚举。然而，他尚新倡奇绝非片面地追求险怪荒诞，以至于搜奇剔怪，寻章摘句，炫人心目，而是主张"奇而入理"，将"新""奇"的尚求约束于"理"的范围之内，求新

---

① 洪亮吉：《西溪渔隐诗序》，《卷施阁文甲集》卷十，《洪亮吉集》，中华书局2001年版，第218页。

② 郭绍虞：《中国文学批评史》，上海古籍出版社1979年版，第68页。

于理，觅奇于真，才不致流为奥僻怪异的文字游戏。他认为对古人的新奇之句，不能一味顶礼膜拜，而要"身亲历之"，加以考察验证。岑参有"一川碎石大如斗，随风满地石乱走"，及《游终南山》诗："雷声傍太白，雨在八九峰。东望紫阁云，西入白阁松。"可谓奇绝矣，洪氏在"身历其险，身亲其地"之后方才断言："惊心动魄者，实由于耳闻目见得之，非妄语也。"（卷五）他这种求真务实的作风是其实事求是的学风在诗话创作中的投影。

然而洪氏亦主张不迷信古人，不为古人所惑，对古人的奇绝之句应持有怀疑精神，如："李昌谷'酒酣喝月使倒行'，语奇矣，而理解不足；若宋遗民郑所南'翻海洗青天'句，语至奇而理亦至足，遂为古今奇语之冠。"（卷五）他还指出即使是一代宗师韩愈，其诗亦"有奇而太过者，如《此日足可惜》一篇内'甲午憩时门，临泉窥斗龙'。岂此时时门复有龙斗耶"（卷六）？

洪亮吉主张学而能创的诗歌创作论，是其诗论的主导，师古仅是一种学诗的门径，是手段而非目的，作诗当在继承的基础上自成一家，这为当时诗坛上师古与师心之争提供了一个很好的解决方案。

三　洪亮吉诗学理论的价值和意义

洪亮吉的诗学理论以要素论为纲领，以本体论为核心，以功能论为灵魂，以创作论为主导，从而构成一个系统的诗学理论体系，各部分之间有内在的脉络串联起来，而且蕴含着深厚的经学内涵，渗透着浓厚的儒家文化特质。他的诗论在继承前人的基础上提出自己的看法，正确地解决了乾嘉诗坛所争论的焦点问题——性情与学识、内容与形式、师古与师心等诗学命题之间的关系问题，对乾嘉诗坛各诗派起到补偏救弊的作用。至嘉庆初年，性灵、肌理说退潮之后，诗坛出现了一个盟主缺失的时期，诗歌创作进入了一个迷茫期，诚如蒋湖南所言："乾隆、嘉庆间，主骚坛牛耳之南北两大宗，随园、苏斋是也。两家诗法互相救，互相轻，而各有流弊。宗随园者失之俗，宗苏斋者失之肤，善学者盖无人焉。余尝北入京师，东走吴会，西抵秦关，所交英伟奇特之士，以诗相见者甚多，大都詈随园而诟苏斋。"① 这时，洪氏提出性情与学识相结合的理论对诗坛的发展起到了一定的导向作用。

洪亮吉的诗歌本体论还反映了乾嘉诗歌潮流的共同倾向，格调、性灵、肌理诸派在相互的论证中也逐渐认识到了自身的缺陷，他们也不断吸收他人的长处来修正和完善自己的理论。格调派虽主张拟古，讲求格律，却也提倡性情、学问、品格，"有第一等襟抱，第一等学识，斯有第一等真诗"②。袁枚论诗除大谈性灵外，亦兼采各家之说，可谓面面俱到，他虽云诗无定格，不必拘守古调，却又称："平生诗格爱三唐。"③ 他一方面讥弹考据成癖的"腐儒"，另一方面却又时时鼓吹以学问济性灵："万卷山积，一篇吟成。……曰不关学，终非正声。"④ 翁方纲论诗在高倡"肌理"的同时，亦讲求格调、性情："自为格制，自为机杼。"⑤ 可见，将性情、学识、品格三者结合起来是乾嘉诗坛的共同潮流，而洪氏诗歌本体论则正顺应了这一潮流。

此外，洪亮吉的诗论迎合了统治者的诗学倾向。乾隆皇帝虽很少论诗，但从台阁重臣沈德潜和纪昀的诗论中就可窥见其的诗学倾向。沈德潜以诗受知于乾隆，其格调说正是迎合了圣意才大行其道的，乾隆皇帝还亲自为其《清诗别裁集》作序，在一定程度上他的诗学观即代表着官方意志。沈氏提倡儒家诗教："诗之为道，可以理性情，善伦物，感鬼神，设教邦国，应对诸侯，用如此其重也。"⑥ 而且，他还提倡性情、学识、品格三者相兼，他虽主学古，但也讲变通："诗不学古，谓之野体。然泥古而不能通变，犹学书者但讲临摹，分寸不失，

① 蒋湘南：《蕉窗诗草序》，《七经楼文钞》卷六，《续修四库全书》第1541册，第350页。
② 沈德潜：《说诗晬语》卷上，见《清诗话》，上海古籍出版社1999年版，第524页。
③ 袁枚：《遣兴杂诗》，《小仓山房诗集》，《续修四库全书》第1431册，第376页。
④ 袁枚：《续诗品·博习》，郭绍虞辑注，人民文学出版社1963年版，第147页。
⑤ 翁方纲：《格调论下》，《复初斋文集》卷八，《续修四库全书》第1555册，第422页。
⑥ 沈德潜：《说诗晬语》卷上，《清诗话》，第523页。

而已之神理不存也。"① 纪昀主持《四库全书》的编纂，其《四库全书总目》亦不能仅看作一家之言，而应视为清朝官方立场的代表，他论诗亦本于儒家正统诗论，秉持"诗言志"的传统命题，注重诗歌的社会功能。他说：

> 齐梁以下，变而绮丽，遂多绮罗脂粉之篇，滥觞于《玉台新咏》，而弊极于《香奁集》，风流相尚，诗教之决裂久矣。有宋诸儒起而矫之，于是文章正宗作于前，濂洛风雅起于后，借咏歌以谈道学，固不失无邪之宗旨，然不言人事而言天性，于理固无所碍，而于"兴""观""群""怨"，"发乎情，止乎礼义"者，则又大相径庭矣。②

纪昀亦强调人品决定诗品，"人品高，则诗格高；心术正，则诗体正"③。也主张学古与变通相结合："王、李之派，有拟议而无变化，故尘饮土羹；三袁、钟、谭之派，有变化而无拟议，故俪规破矩。"④可见，纪昀主张调和七子与公安、竟陵二派的诗论。沈德潜和纪昀的诗学思想与洪亮吉在许多方面十分相近，所以说他的诗学思想迎合了官方意志，故而他的诗论在其后具有广泛的接受群体，尤其是对宋诗运动的兴起起了一定的引导作用。

《北江诗话》还有许多零星的、感性的诗文评点，大多十分精当，如《北江诗话》卷一对当时诗坛 104 位诗人的诗作加以评点，比喻贴切，几乎囊括了乾嘉诗坛的精英，成为研究乾嘉诗歌的宝贵资料。他的这种评论方式，古已有之，《世说新语·文学》中东晋孙绰比较西晋潘岳和陆机的文章云："潘文烂若披锦，无处不善；陆文若排沙简金，往往见宝。" 明代朱权《太和正音谱·古今群英乐府格势》以四字为喻

---

① 沈德潜：《说诗晬语》卷上，《清诗话》，第 525 页。
② 纪昀：《诗教堂诗集序》，《纪文达公遗集》卷九，《续修四库全书》第 1435 册，第 374 页。
③ 纪昀：《郭铭山诗集序》，《纪文达公遗集》卷九，第 364 页。
④ 纪昀：《四百三十二峰草堂诗钞序》，《纪文达公遗集》卷九，第 373 页。

评论元曲作家 150 人、明初作者 16 人的风格,青木正儿说:"洪亮吉的评论,按人数说,较宁献王的评论稍少,但宁献王的评论,语言陈腐空漠,枯燥无味;亮吉的评语清新切实,其才情远在宁献王之上,诚然蔚为壮观。"① 伍崇曜的《粤雅堂丛书北江诗话跋》亦云:"至自述各诗,单词片语,亦如西子王嫱,嫣然一笑。"② 此外《北江诗话》还列举了许多诗坛逸闻、诗歌本事、科场掌故等,颇具参考价值。然而,毋庸讳言,洪亮吉的《北江诗话》中亦有一些错误和失当之处,如谓黎简"惜其年甫四十而卒"(卷三),按:黎简生于 1747 年,卒于 1799 年,享年 52 岁,洪说实误。而且,《北江诗话》中充斥着连篇累牍的考证,还有许多关于物产饮食方面的内容,这些都是不可取的。然如李慈铭所云:"稚存于诗本非专门,故所论多未确"③,则未免有失公允。正是由于其《北江诗话》具有很高的价值,所以被看作是"诗家之指南",至光绪年间已"几乎家有其书"④。

① [日]青木正儿:《清代文学评论史》,第 148 页。
② 《洪亮吉集》,中华书局 2001 年版,第 1314 页。
③ 李慈铭著,由云龙辑:《越缦堂读书记》,上海古籍出版社 2000 年版,第 1221 页。
④ 王国钧:《重刊〈北江诗话〉序》,见《洪亮吉集》,中华书局 2001 年版,第 2241 页。

第四章　洪亮吉诗歌的题材内容

洪亮吉的诗词文赋俱享盛名，其中他最为重视，也最为自负的便是诗歌创作，也正是其诗歌创作奠定了他在乾嘉文坛上的重要地位。亮吉学诗甚早，十三岁集中始有存稿，《附鲔轩诗》八卷为三十一岁以前所作，《卷施阁诗》二十卷为乾隆四十四年（三十四岁）至贬戍之前（五十四岁）所作，戍归以后诗收于《更生斋诗》及续集当中。奇怪的是在其三十一岁至三十四岁期间竟没有诗作留存，到底是他没有作诗还是这期间的诗作已亡佚，已没有文献记载。参稽《洪北江先生年谱》，于其每年的文学创作情况都有简略的记述，而唯独这三年的诗歌创作却没有记载，或许是因其母丧或治学之故而没有作诗。洪亮吉作诗的态度是非常严谨认真的，他说："诗可以作可以不作，则不作可也。陆剑南六十年间万首诗，吾以为贻误后人不少。"（《北江诗话》卷四）他的诗多是有感而发、有为而作的，今尚存诗近 5500 首，可谓洋洋大观，就以数量论，置之有清一代，乃至整个古代诗史亦属罕见。

洪亮吉之所以能够蜚声乾嘉诗坛，不仅仅是以量取胜，其诗歌创作成就无疑也是非常突出的。他的诗歌创作取材非常广泛，举凡诗人的喜悦、悲伤和忧愁，友朋宴饮的欢乐，大自然的景观以及对世情的体悟等等，无不阑入诗中，他的诗歌可谓是其生命足迹的记录、心路历程的展现。

洪亮吉的诗歌创作从取材倾向及创作风格而言，总体上可以分为三个阶段。

一是前期创作（1758—1789），即洪亮吉未登第以前的创作。这一时期，他的诗歌更多的是关注个人的生命状态，重视自我，表现内容多停留在抒发凌云壮志、人生憧憬以及科场失意上，即使是描摹山水时亦带有一种莫可名状的感伤，情调凄婉，风格清峭新警，郁勃不平之奇气常蕴涵于其中，诗歌体裁以古体、歌行为多。

二是中期创作（1790—1799），即洪亮吉入仕为官期间的创作。在科举的道路上挣扎了大半生，终于如愿以偿地踏入了仕途，心情自然是愉悦的，虽然偶尔也发发"冷官"的牢骚，但已经没有了先前的那种郁勃不平之气，因此，这一时期，洪亮吉的诗歌多吟花弄月、酬赠唱和之作，风格温婉，诗歌多用律体。直至被贬出塞，忠而被遣，郁勃怒张之气复被激发，所为边塞诗奇肆磅礴，达到其诗歌创作的巅峰，正如张维屏《听松庐诗话》所云："先生未达以前名山胜游诗，多奇警。及登上第，持使节，所为诗转逊前。至万里荷戈，身历奇险，又复奇气喷溢。信乎山川能助人也。"①

三是后期创作（1800—1809），即洪亮吉戍归后的创作。自塞外归来，恍如隔世，诗人开始冷静地回味过去，在体悟中他变得豁达起来，这一时期的诗歌多登临酬赠之什、观花赏景之篇，在经历了一场生死劫之后，以往那种郁怒之气业已消歇，为诗清新香软，大部分作品都弥漫着一种挥之不去的哀伤，体裁多用近体。如《过三塔荡》：

> 花光照夜都无隙，帆底略闻香气息。三层帘外软东风，开到桃花已无力。红窗一扇纱斜破，梦里惊闻纸鸢堕。湖波添得尺五宽，蝴蝶娇憨飞不过。

诗艺日益精熟，而以往那种豪宕激昂的精神气韵已失，故袁行云说他："晚归湖山，声誉益高，而豪情顿减，所作转逊于前。"② 不过，这一时期亮吉的诗歌题材有所拓展，逐渐把目光由个人的狭小天地转向广阔的社会生活，写下了不少关心民生疾苦的诗作。

---

① 《清诗纪事》，江苏古籍出版社 1987 年版，第 6789 页。
② 袁行云：《清人诗集叙录》，文化艺术出版社 1994 年版，第 1470 页。

一　边塞画卷，异域风光

嘉庆四年（1799），洪亮吉被贬出塞，"万里荷戈"诚然是其人生之大不幸，但西域之奇异景观、壮丽风光却为他提供了新鲜而丰富的诗料，拓展和提升了其诗歌境界，终使其名垂诗史，又是诗家之大幸，正如赵翼所评："国家开疆万余里，竟似为君拓诗料"；"出塞始知天地大，题诗多创古今无"①。

八月二十八日，洪亮吉被押出京城彰义门，开始了其西戍之行。亮吉素以诗酒为性命，"至保定，甫知有廷寄予伊犁将军，有'不许作诗，不许饮酒'之谕。是以自国门及嘉峪关，凡四匝月，不敢涉笔。及出关后，独行千里，不见一人，经天山，涉瀚海，闻见恢奇，为平生所未有，遂偶一举笔，然要皆描摹山水，决不敢及余事也"②！他出关以后，不禁为塞外的风光所倾倒，再也顾不得朝廷的禁令，于是放开歌喉，纵情高歌。《出关作》写道："半生踪迹未曾闲，五岳游完鬓乍斑。却出长城万余里，东西南北尽天山。"在《抵玉门县》中又写道："万余里外寻乡郡，③ 三十年前梦玉关。④ 绝笑班超老从事，欲从迟暮想生还。"可见诗人冥冥中早已与天山结缘，他把出塞看作是圆回乡之梦，又自比为出使西域的班超，渴望能像班超一样生还故里。但他明白自己也许将埋骨关外："世缘应已尽，梦亦不还家。别有关心处，偏忘去路赊。几行坟树影，千叠陇云遮。他日能归骨，从亲傍水涯。"（《除夕夜坐》）至安西，遇到了故人陈世昌，亮吉有诗纪事：

> 偶逢陈世昌，曾令楚边邑。杀贼为贼缚，荷戈来百驿。三岁得减徙，庶几归有日。班荆相慰藉，反致泪呜咽。一妻前被杀，两子致残疾。生还虽可乐，奈已乏家室。东望嘉峪关，中怀惨

---

① 赵翼：《题稚存万里荷戈集》，《瓯北集》卷四十二，上海古籍出版社 1997 年版，第 1044 页。
② 《天山客话》附《出塞纪闻》。
③ 作者自注："余家郡望敦煌"。
④ 作者自注："余弱冠时，在天井巷汪斋课甥，曾夜梦至天山。详见所著《天山客话》"。

如结。

《安西至格子墩道中纪事》

二人同命相怜，亮吉哀其不幸，并由此及彼地联想到了自己的命运，前途渺茫、生死未卜的感伤凝结在诗人胸中。身为南方文士，初至塞外，荒寒的气候让他极难适应，《安西道中》写道："万古飞难尽，天山雪与沙。怪风生窟穴，战地绝蓬麻。"《早发四十里井寒甚路人有堕指者》又写道："极天惟有雪，万古不开山。只觉云生灭，从无鸟往还。路人伤堕指，迁客屡摧颜。倘有攀跻处，思排虎豹关。"两首诗皆以极简练的语言，写尽大漠荒寒寥廓、毫无生命亮色的情境。诗人已年过半百，在如此恶劣的生存环境下，已预感到必将终老于塞外，"齿发能旋里，应知亦主恩"（《菩萨沟道中》），并作好了埋骨于关外的心理准备，他已看破生死，并将之置之度外，这样他的心灵反而得到了解脱，当他踏足塞外，看到高峻神秀的天山时，被贬谪的怨气和生死未卜的感伤全被抛到了九霄云外，他不禁神采飞扬，纵情高歌：

地脉至此断，天山已包天。日月何处栖，总挂松树巅。穷冬棱棱朔风裂，雪复包山没山骨。峰形积古谁得窥，上有鸿蒙万年雪。天山之石绿如玉，雪与石光皆染绿。半空石堕冰忽开，对面居然落飞瀑。青松岗头鼠陆梁，一一竟欲餐天光。沿岭弱雉飞不起，经月饱啖松花香。人行山口雪没踪，山腹久已藏春风。始知灵境迥然异，气候顿与三霄通。我谓长城不须筑，此险天教限沙漠。山南山北尔许长，瀚海黄河兹起伏。他时逐客倘得还，置冢亦像祁连山。控弦纵逊骠骑霍，投笔或似扶风班。别家近已忘年载，日出沧溟倘家在。连峰偶一望东南，云气濛濛生腹背。九州我昔历险夷，五岳顶上都标题。南条北条等闲耳，太乙太室输此奇。君不见，奇钟塞外云奚取，风力吹人猛飞举。一峰缺处补一云，人欲出山云不许。

《天山歌》

　　全诗构思奇特，跳跃跌宕，以瑰丽的彩笔描绘了巍巍天山雄伟奇特的自然景色：天山之大，大到包天包地；天山之高，高到日月在这里栖息；天山之奇，奇在朔风凛冽，银妆素裹；天山之妙，妙在石绿如玉，雪映青碧。诗人以石破天惊之语开篇，传神地表现了天山奇异的美、洪荒的美，似大笔泼墨般给人一种强烈的宏观印象。接下来作者又用工笔画般的精细描摹，细致地描绘了天山的另一番风景：人在山口行走，茫茫风雪顷刻就掩盖了踪迹。然而，切莫以为天山只有万年不化的积雪，当你走入山谷深处，就仿佛置身于灵境仙界：暖流宜人，如沐春风，看那石堕冰开之处，喧嚣的飞瀑飞奔而出；那枝头跳跃着的松鼠，似乎竟要捕食日月；那用松花香子喂饱的雪鸡，在林中扑闪着娇嫩的翅膀，却怎么也飞不起来。它们栖息在这天山深处，多么宁静恬淡，悠然自得！于是诗人不禁想象这得天独厚的灵境绝非寻常之地，大约是和天上的仙界相通的。接下来诗歌连续转韵，由雄山胜景的描写转为抒怀言志。诗人置身于天山间，眺望着雄伟壮观、绵延无际的崇山峻岭，思绪猛然跳荡开去，驶向邈远的历史时空：中华大地有这样的天然屏障，何须修筑长城？它挡住了塞外的莽莽黄沙，将消融的冰雪渗入瀚海，潜出为黄河，滚滚东流而去。他由长城联想到开边破敌的霍去病、投笔从戎的班超、置冢像祁连山的阿史那社尔等古代名将，并将自己与他们联系起来，曲折地表达了对先贤的追慕，并以他们来勉励自己，鼓起生活的勇气。诗的末章由历史回到了现实，诗人站在天山顶上眺望东南，那濛濛的云气却阻隔了思乡之情。但是，此时诗人胸中升起的感情却不是空虚和惆怅，而是对边疆雄山的由衷赞美之情，它冠绝群山，压倒五岳，最后突出了"奇钟塞外"的主旨，诗歌的结尾"一峰缺处补一云，人欲出山云不许"，诗人置身在层峦叠嶂的天山山谷中，那多情的云霭似乎还要恋恋不舍地留住诗人，写景拟人化，以无生命之云的依恋，反写诗人对天山的热爱和留恋。《天山歌》堪称洪亮吉边塞诗之冠。

　　行经天山南麓，洪亮吉见"一路老柳如门，飞桥无数，青松万树，碧涧千层，云影日辉，助其奇丽，忘其为塞外矣"（《遣戍伊犁日记》），写下了《进南山口》一诗：

一峰西来塞官路，峰头一峰复回互。人疲马懒亦少休，云外飞桥落无数。山坳路古盘如线，却向林梢瞰遥甸。一片伊吾晓日华，黄金世界空中现。

开头两句模仿孟郊的笔法，以拟人化的手法，用一个"塞"字形象地刻画出南山之巍峨高大、突兀惊险，然而，山外更有山，峰顶还有峰，第二句更突出南山之险峻。在崇山峻岭中行走，人马俱已疲惫，在休息的时候，诗人纵目远眺：无数彩虹般的飞桥在云外飘荡着，山间的小径像一条线一样弯弯曲曲地通向林梢以外的远方，顺着林梢望去，晓日的光华撒遍了伊犁，将她装扮成一个黄金世界，置身在这样一个美妙的世界，难怪诗人会"忘其为塞外矣"。"过岭，则风色顿殊，雪飘如掌，阑干千尺，直下难停。岭头一外委率十余兵助挽始下。至晚，雪乃盈丈"（《遣戍伊犁日记》）。亮吉作有《下天山口大雪》：

危峰去天高无际，过岭风声水声异。鞭梢拂处险接天，峰势吹人欲离地。千峰万峰迷所向，意外公然欲相抗。云头直下马亦惊，白玉阑干八千丈。

诗句写得惊险、夸张、英气勃发。诗人在险峻入云的高峰上策马下山，鞭梢过处仿佛要拂着天际，狂风吹得人几乎要腾空而起。风雪交加，山路迷离，山峰好像也迷失了方向，峰势交错回互，似在相互抗衡。一朵白云飘飘直下，落在了马头，把马吓得惊奔起来，从白玉般的八千丈冰柱丛中疾驰而下。过了天山，就到了西域胜地松树塘，此地险峻峭拔，松涛起伏，亮吉诗兴勃发，写下了《松树塘万松歌》：

千峰万峰同一峰，峰尽削立无蒙茸。千松万松同一松，干悉直上无回容。一峰云青一峰白，青尚笼烟白凝雪。一松梢红一松墨，墨欲成霖赤迎日。无峰无松松必奇，无松无云云必飞。峰势南北松东西，松影向背云高低。有时一峰承一屋，屋下一松仍覆谷。天光云光四时绿，风声泉声一隅足。我疑黄河瀚海地脉通，何以戈壁千里非青葱。不尔地脉贡润合作天山松，松干怪底一一直透星辰宫。好奇狂客忽至此，大笑一呼忘九死。看峰前行马蹄驶，欲到青松尽头止。

诗歌的前八句写松树塘万松，采用了万松与万峰相映衬的构思，即以"万峰"之形态衬托"万松"之形态，又以"万峰"之色彩映衬"万松"之色彩，天山的"千峰万峰"是背景，松树塘的"千松万松"则是前景主体，诗人运用广角镜头，多侧面地捕捉松树的形、影、光、色，非但句式构造特殊，还交错运用了顶真、当句对、隔句对、流水对等不同的修辞和对仗手法，拍摄出松的千姿百态：天山的峰峦壁立如削，山脚的松树株株亦笔直入云，在群峰的陪衬之下，"直上"之松林更添凌云之气。诗在描写了万松之形态后，又改为从色彩的角度描写：群峰或青或白，笼烟凝雪，松林则或红或黑，青白红黑四种颜色交相辉映，构成一个瑰丽夺目的色彩世界。接下来诗人又把松之意象与云、峰之意象交叉联系起来，具体描绘松之"奇"，主客配合，奇正相生。这些松树有的长势与峰势呈垂直之势，松影与云影相映成趣；有的单株怪松竟长在山峰之顶的小屋之下，枝杈覆盖着峡谷，更显得傲岸不凡。"松树塘万松"从总体上看，则是"天光云光四时绿"，使塞外戈壁显得生机盎然，天山之一角又飘荡着"风声泉声"，真是有声有色，奇丽壮观！诗的前十六句写景，最后八句则抒写了诗人的审美感受与喜悦。诗人展开想象的羽翼，从正反两方面生发奇思：他先是怀疑"瀚海"与黄河是否相通，不然何以戈壁千里不见青翠之色？转而一想，他又认为地下水流还是相通的，因为它浸润着戈壁大漠，才滋养出天山万松，不然松干怎么能直插云霄呢？因此，诗人经过此地，意外地见到了如此奇境而极大地满足了他好奇的审美心理，他不禁忘掉了被贬的痛楚和前途未卜的隐忧，而纵情地大笑狂呼，诗人的奇气与豪情都激发了出来，他驾马疾驰于松树塘道上，意欲饱览这松树、云、石，直到尽头，从中亦可看出诗人已鼓起生活的勇气，他会坚强地生活下去，直到生命的尽头。全诗似一幅有声有色、空灵剔透的水墨写意画，诗句跌宕腾挪，气势峥嵘飞动，诗情澎湃激昂，想象恢奇绝伦，境界阔大壮丽，堪称边塞佳制。跨过松树塘，诗人来到了巴里坤，写有《廿八日抵巴里坤》：

> 南山高瞰城，下复裂深谷。巉岩千丈堞，排齿入山腹。晴天飞雪霰，即已没车轴。阴寒中人深，肩背苦瑟缩。千年留战地，往往鬼夜哭。年残风益暴，客至裹重幄。灯火集一城，宵惊烛光绿。

塞外的景色不总是那么宜人的，巴里坤虽为镇西府所在地，实为群山包围着的一座深谷，人烟稀少，加之隆冬奇寒，万物萧条，诗人客居度岁，触目凄清，百感交集，于是写下了这首诗。全诗画面黯淡，以冷色调为主，所选择的意象又极衰败萧瑟、鬼气森森，深得李贺及竟陵怪杰钟惺诗之三昧，阴暗怪诞，更烘托出诗人的愁苦心境。全诗因景置韵，韵皆用仄声，恰好表达诗人婉转凄凉的情思。洪亮吉以负罪之身西戍，期限严苛，加之当时新疆的交通极为不便，在风雪天赶路，诗人历经艰辛和波折。嘉庆五年正月初三日，洪亮吉冒雪启程，"己刻行七十里抵达苏吉，未至半里，车夫不知何往，马惊，车覆，压客几死。半时许，逢人救乃苏"（《遣戍伊犁日记》），洪亮吉有《覆车行》纪事：

> 风漫天，雪逼夜。匹马只轮，驰至山下。惊沙扑面马忽奔，削径倒下先摧轮。车厢压马马压人，马足只向人头伸。身经窜逐死非枉，只惜同行仆无辜。惊魂乍定忽自疑，奔车之上无伯夷。

全诗前半部分突出了塞外恶劣的气候，后半部分写得尤为诙谐，将生死悬于一线的情形写得趣味横生，足见诗人早已将生死置之度外。经过苏吉便到了肋巴泉，诗人又写下了《肋巴泉夜起冒雪行》：

> 北风排南山，山足亦微动。寒光亘千尺，壁立雪若衖。车厢沁肌骨，清绝无一梦。更残欣出穴，飞白压衣重。百里仅数家，

山房叠成瓮。相将依爨火，浆浊感分送。人气亦少苏，无如马蹄冻。

前两句极写风之大，仿佛要掀动山脚；天寒地冻，飘荡着的雪花仿佛也要被冻结。在这样的风雪之夜行走，车厢里的人自然寒冷沁骨，以至于梦也不肯前来慰藉一下可怜的诗人，辗转反侧，难以成寐，诗人信步走在雪地里，大片的雪花落在身上，显得格外沉重，仿佛落在了诗人心头。塞外地广人稀，走了百里路，却只有数家灯火，山房栉比，像一个个叠起来的大瓮一般。诗人上前款门，得到了居民的热情接待，让他们烤火取暖，并为他们分送热汤，这时候人气才得到复苏，不像马蹄那样冰冷了，末句趣甚，非襟怀旷达者，不能作此语。

次日行至大石头汛，"山甚险，且积雪没路，至日落甫到"（《遣戍伊犁日记》），又作有《发大石头汛》：

天山界画分半空，白雪自白云光红。马蹄斜上雪飞尽，衣袂飘入云当中。连峰中断邮亭坏，此是奇台镇西界。平沙日午卷北风，数点牛羊落天外。

诗中描写了连绵的天山雪峰一白接天，晓行时东方天际红霞初露，诗人策马上山，马蹄上飞溅起洁白的雪沫，衣袂飘荡在云中。正当日午，大风卷起平沙，远处星星点点的牛羊仿佛坠落天际，多么美妙的一幅画卷呀！至晚，行经重镇木垒，诗人作有《夜抵木垒河》：

到得山村夜已迷，窗棂全不辨东西。狼驯似马凭鞭策，鹊大于鸡共树栖。穴鼠岸然欺客睡，野猿时复杂儿啼。峰峰塞路谁能究，只觉檐前北斗低。

诗人随笔点染，却句句惊人，写出塞外独有的景象：狼驯服得像马一样任人鞭策，乌鹊比鸡还大，二者共栖一树；穴鼠浑不怕人，当人熟睡时就出来搅扰，远处野猿的叫声和婴儿的啼哭声混杂在一起；绵延不断的山峰阻断了道路，北斗七星低垂于檐际，这种景象恐怕只有塞外才能看得到。

　　洪亮吉经过了大石头汛，从乌兰乌素到安济海，在茫茫雪原上跋涉十余日，见天不见地，禁不住写下了《自乌兰乌素至安济海雪皆盈丈十余日不见寸土因纵笔作》：

　　　　乌兰乌素迄安济，十日见天不见地。有时天亦被雪遮，天与雪光原不异。惟交日午与月午，日月破空光独丽。阜雕如鹏排齿舞，黑貖象龙交角戏。双峰独峰驼背阔，三角乙角羊头细。家牛潼乳酪尤厚，野雉作羹膏过腻。冰崖倏尔超百仞，雪窟不须分四季。狭哉竖亥东西步，笑绝唐虞朔南暨。汉家亦仅开张掖，惹得控弦益无忌。何如圣世中外一，并断匈奴左边臂。南庭北庭幕已空，阳关玉关门不闭。二千余年方拓壤，三十六国皆请吏。尤欣栖亩尽军食，不尔开辟亏国计。温都斯坦布鲁特，退木尔沙哈拉替。修眉罗刹久作汗，带角博罗都号比。群驱羊马作互市，从此番回悉衣被。赐之瑰丽手加额，目以酋豪头戴髻。昆仑去天才几尺，日月藉此相隐蔽。金银台殿谁得过，我欲乘风纵游骖。浑河入地波乍洄，热海逼冬泉亦沸。山倾西北悉破碎，河界天人此分际。张骞凿空乃得到，伯益蹑实何其谛。荒寒近始遭抉剔，神妙谁能复思议。元霜更在昆冈外，手握龟蛇出人意。只怜我亦老史臣，振笔欲增西域记。会看拓地过西海，不使群生有殊气。闽船已具千百艘，宛马益多三万骑。寒门铜柱勤勒铭，功德高于百王帝。

　　乌兰乌素一带原为准噶尔牧区，迄嘉庆朝人烟稀少，黄羊出没，巨鹏盘旋，野雉群飞，冬日过此，一片冰雪世界，更显肃杀。诗歌开篇直写眼前景观，其后荡开一笔，由眼前的景观追溯至遥远的历史天空，讴歌起前代国君开疆拓土、逾迈汉唐的伟绩来，各部落皆来朝贡，四海归一，天下太平。接下来诗人的思绪又由历史转向虚幻的仙界，奇思萌发，欲效屈原作天上游，诗人善纵善收，运用浪漫主义的笔法，驰骋想象。诗的末章，诗人不顾自身不幸的遭遇，打算效仿投笔从戎的班超，振笔书写西域记，襟怀是何等的超迈！当洪亮吉行经二台时，遇风雪阻道，写下了《三台阻雪》一诗：

> 北风吹雪入鬼门，风定雪已埋全村。村人凿穴透光景，百尺棱棱瞰楼顶。烧松作炭雪不消，反使石穴全身焦。征人停车已三日，雪穴惊看马牛出。平明一线阳光开，乌鹊就暖皆飞来。征人欲行马瑟缩，冰大如船复当谷。

诗题为《三台阻雪》，然勘之《伊犁日记》，诗人并未经过三台，阻雪为经二台时事："巳刻行半道，忽大风雪，如山崩电裂，并前雪积成丈许，四十里至松树头店，重车已不能行。轿车复冒雪行二十里，抵二台，时已及申末。然自松树头至此二十里中，茫茫雪海，惟高下千万松顶露青，亦奇观也。是夜，无卧具，无食物，冷坐一宿。"据此，诗题中"三台"似为"二台"之误。诗的开头写北风怒卷雪海，埋没了整个山村，待到风定天晴，民房俱已被冰雪覆盖，村民们不得不把楼顶上的冰凿开以取光。为使冰雪尽早消融，居民们就在屋里烧起了木炭，然而，非但没有使屋外的冰雪融化，反而把屋子熏得漆黑。诗人在此已停车三日，惊奇地看着从冰雪窟里走出的牛马。当旭日东升，一线阳光从冰隙中透了进来，成群的乌鹊都向屋子里飞来。天晴了，征人又该上路了，而马却瑟缩不前，因为巨大的冰块像一艘巨船一样横亘在谷口。自二台至头台的路上，又是另一番风景，《伊犁日记》载：

> 初八日，晴，辰刻行六七里，至陡坡，雪深山险，人皆下车步行乃得过。然山益奇峭，急湍西下如箭，距水一寸，飞雪皆积成冰，时合时开，惊流飞出。山中气候虽异，然已春仲，候遇晴和，晓日乍开，青松叠荫，老泉百道，削壁千寻，鸟不避人，鱼能瞰客，城中无此幽境也。二十里外，仍复飞雪夹道，间有杂树，然柳已发青，水多萍绿，共行四十里，过三十余飞桥，方抵头台，日乍中。

《发二台》诗当作于此："看山不厌马蹄遥，笠影都从云外飘。一道惊流直如箭，东西二十七飞桥。"全诗写得清丽洒脱。次日又赋《行至头台雪益甚》："天山雪花大如席，一朵雪铺牛背白。寻常鸡犬见亦惊，避雪不啻雷与霆。几家房廊陷成井，百丈青松没松顶。瞥惊一骑去若飞，雪不没踝风生蹄。东风乍停北风起，驱雪松涛十余里。松柴烧赤老瓦盆，奇冷更变成奇温。"前两句看似夸张，实为实写，形象地写出塞外雪花之大，极为生动别致，五六两句转进一层，以大雪压陷房廊、埋没松顶来突出雪之大。东风消歇，北风乍起，拂动着十余里被雪覆盖着的松林，卷起阵阵雪涛，多么壮观的景致呀！

经过 161 天的长途跋涉，洪亮吉于"嘉庆五年二月十日抵戍所，至四月三日即有特旨释还，统计居惠远城仅及百日。同人言，自辟新疆以来，汉员赐还之速，未有如余者"（《遣戍伊犁日记》）。但这场巨大的政治打击已给诗人留下了深深的精神创伤，因此，当他经过乌鲁木齐时已决心戒酒。至伊犁后，一方面是因朝廷有谕在先，不许他饮酒作诗；另一方面，他也听取了好友庄炘"北客若来休问讯，西湖虽好莫题诗"的劝告（《北江诗话》卷四），故而连创作也小心了起来，自言："余自经忧患后，夙有戒心，断除笔墨已久。终日危坐，惟效陆忠州检校经验良方，及偶观一二说部而已"（《天山客话》）。诚如戍所的好友陈淮所言："荷戈来伊江，闭门断诗酒。"① 他在戍所极少作诗，在伊犁百日间只作有《伊犁纪事诗四十二首》，及追忆道中闻见所补作的六首诗，多记伊犁之民生、物产。

洪亮吉在伊犁度过了百日流戍岁月，于嘉庆五年四月三日遇赦归家，这是诗人所没有预料到的："出关无别念，止有首丘愿。何期圣人恩，特赦返乡县"，"兹还梦想所不及，到日闭门先感泣"（《庚申又四月廿七日特奉恩命释回感事纪恩四首》）。在即将离开戍所时，诗人竟有点恋恋不舍了，"下马步出城，百步履驻脚。长刀短后衣，未忍即抛却"（《别惠远城》）。

在赦归途中，诗人归心似箭，无心观赏沿途的风景，故写诗不多，

---

① 《更生斋诗》卷一附《题万里荷戈集诸友人诗》。

也没有西戍途中诗作那么奇肆瑰丽，聊举数例，以窥其一斑。至吉木萨尔，诗人写有《三台夜宿》："峰峦南北途千曲，天半落霞烘马足。山程九十到未迟，觅得山村最西屋。绿纱窗开波影摇，酒渴我尚餐山桃。夜阑残月仅一线，紫燕白鸽争归巢。"奇则奇矣，然而已没有了戍途中诗作的那种豪宕奔放之势。行经哈密，又写下了《道白山口取小南路往哈密》：

> 一山倾欹一山断，婉转前行入螺旋。山头云气复四飞，人行忽如虮缀衣。行完百里无一家，荒寂并乏栖林鸦。黄羊上岭客登树，相望遥遥彻天曙。①

诗人归心似箭，取道捷径，盘旋行走于崎岖的山路上，仿佛虮虱爬行于衣服上，比喻奇特。荒山野岭行走了百余里，不见一户人家，静寂的山林连乌鸦也不来栖息，只有数只黄羊和行客一样登树休息，遥遥相望等待着东方日出。天亮之后，当诗人行至白山之东时，遇到了飓风，作有《道中遇大风避入山穴半晌乃定》："白山之东绝瓦椽，间有土房人亦寡。云光裹地亦裹天，风力飞人复飞马。马惊人哭拼作泥，吹至天半仍分飞。一更风颓樵者唤，人落山头马山半。"多么惊险的一幕，似是夸张，实为实写，如此壮观惊险的场面恐怕只有在塞外才能见到。新疆的气候本来就一日三变，阴晴只在俄顷之间，过了白山，至七个井，又变得风和日丽，《将至七个井宿》写道：

> 日脚欲下雨脚酣，半岭草色同江南。山坳一道去如线，卅里外人皆睹面。霞光半天色若赪，新月竟与斜阳争。星光延回日光瞑，一道彩云生斗柄。

虽然地处塞外，然而却与江南风光无异，多么美丽的一幅边塞画卷呀：首起颇有"东边日出西边雨"的感觉，读来更觉清新可爱；山坳间的小径似一条线一样通向远方，由于天气晴朗，卅里以外的人都

---

① 诗后自注："是夕人马依高树下宿"。

能看得真切。末尾写傍晚天空中的景色，灿烂的晚霞红遍了西天，一弯新月从东边升起，仿佛要与西垂的夕阳争辉；当夕阳的光辉渐渐隐去，星星点点的繁星在天幕中睁开了眼睛，恋恋不舍的夕阳在落山之际，把最后一朵云彩挂在了北斗的斗柄。行抵星星峡，诗人又写下了《十三夜三鼓抵星星峡》："天上星，白皑皑，地上星，黑累累。星星峡中十五夜，天星地星光激射。一层皆支一星隙，须臾天晦地忽明。地星却比天星青，北斗黯黯鸡初鸣。声三号，眠一眨。炎炎火，星星峡。"全诗好似一幅美妙的繁星图。

洪亮吉戍边虽仅百日，但却历经艰险，还差点葬身塞外，然而他对这片广袤神奇的土地却产生了深厚的感情，当他入关行经武威时，禁不住写下了最后一首西域诗《凉州城南与天山别放歌》：

> 去亦一万里，来亦一万里。石交止有祁连山，相送遥遥不能已。昨年荷戈来，行自天山头。天山送我出关去，直至瀚海道尽黄河流。今年赐赦回，发自天山尾。天山送我复入关，却驻姑臧城南白云里。天山之长亦如天，日月出没相回环。朝依山行暮山宿，万里不越山之弯。松明照彻伊吾左，隆冬远藉天山火。安西雨汗挥不停，酷暑复赖天山冰。天山天山与我夙有因，怪底昔昔飞梦曾相亲。但不知千松万松谁一树，是我当时置身处。兹来天山楼，欲与天山别。天山黯黯色亦愁，六月犹飞古时雪。古时雪著今杨柳，雪色迷人滞酒杯。明朝北山之北望南山，我欲客梦飞去仍飞还。

此诗可以看作洪亮吉西戍诗的压卷之作，出塞路过此地时的心情是忧伤的、沉重的，而此刻的心情则是愉悦的、轻松的，全诗通篇采用拟人化的手法，将留恋之情抒写得淋漓尽致。都说磐石无情，而天山却是有情的，绵延千里的祁连山（匈奴人称"天"为"祁连"，故把祁连山呼为天山）仿佛不忍诗人离开，她绵延千里，一送再送，一路跟随着诗人，以山写人，留恋之情，溢于言表。去年天山送我出关，直到"瀚海道尽黄河流"，如今我脱罪回籍，天山复送我入关，都说

"西出阳关无故人"，而我却在戍途中结交了这样一位不离不弃的友人——天山。而这一回，天山驻足于武威城南，在云山雾海中目送我离去。天山的襟怀如天一样广阔无边，日月都在山脊上回环出没，在戍途中，我清晨出发，依山而行，傍晚休息，依山而宿，万里行程，我总在天山的"臂弯"中，她像慈祥的母亲一样给予我无微不至的关怀：在严寒中，她送我柴火取暖；在酷暑中，她又送我冰凉清澈的雪水。天山如此厚待我，诗人禁不住要发问，是不是天山与自己有无法割舍的因缘呢？诗人想起了早年的一个梦，《天山客话》记载：

> 余年二十外，在天井巷汪氏斋课甥……就楼西观我斋读书，倦极隐几，忽梦身轻如翼，从窗隙中飞出，吹入西北……见一大山，高出天半，万松棱棱，直与天接，下瞰沙海无际，觉一翼之身，吹贴松顶，乃醒。今岁腊月二十六日，从哈密往巴里坤，道出南山口，所见山及松皆前梦中景也。益信事皆前定，此行已兆在三十年前矣。

因此，诗人得出结论"天山天山与我夙有因，怪底昔昔飞梦曾相亲"。此时就要与天山离别了，天山的色彩也因之而黯淡，在天空中飞洒着鸿蒙之雪，以景写情，以山写人，写尽诗人的留恋之情。最后，诗人高呼"明朝北山之北望南山，我欲客梦飞去仍飞还"，希冀他年"客梦"仍能飞回天山。这种对西域山河近乎痴迷的感情，正是因为诗人与天山有着不解的情缘，未及登临，已梦里神游，如今告别天山，更是留恋不舍，以致黯然神伤，可谓情满天山，情系天山。此诗是诗人对天山热情的礼赞，也是诗人对自己西域之行的热情讴歌。

洪亮吉的边塞诗，以描摹塞外风光为主，也有一些描写西域民生物产、风土民情的诗作。新疆地处西陲，地广人稀，物产丰饶，洪亮吉用诗歌反映了边地百姓的生活及辛勤劳作的场面，如《自三堡至头堡一路见刈麦者不绝》：

> 三堡至头堡，亩亩麦新刈。咸携薄笨车，往返数难记。伊吾

节候晚，已及三夏季。缠头何辛勤，风雨所不避。全家挈框榼，儿女在旁戏。一岁只一收，仓箱已云备。穷荒无天时，只复收地利。今看戈壁外，沃壤庶无弃。尚书膺大任，本裕经国计。①

诗歌反映了回部人民不避风雨、辛勤劳作的场景。伊犁的节候比内地要晚得多，故而至季夏才苅麦，不过，土壤肥沃，每年只种一茬，即可仓廪丰足。在诗的末尾，诗人还肯定了陕甘总督长麟的政绩，赞美他富有经国之计，还建议他把陕甘地区的众多流民迁徙至新疆，一方面可以使他们有所养，防止他们追随白莲教滋事，另一方面也有利于开发边疆，可见，诗人即使是在戍途，亦关注民生、国事。还有《四十里井汎》也描写了边地居民们的生活："四十里井间，只有十家住。十家汲井过，并向麦畦注。麦肥如野菽，饱食耐征戍。耕余了无事，间或插桑苧。遂令半里间，夹屋无杂树。"当时当地的水利还很落后，需要汲井来灌溉麦田。还有一些游牧民族依靠放牧和打猎为生，如《鹰攫羝行》写道："一山巉岩忽裂口，千羊万羊出其窦。羊群居前牛在后，鹰忽飞来攫羝走。羊群哀鸣牛亦吼，北巷南村集群狗，鹰攫羝飞势偏陡。云中健儿弓已拓，一箭穿云觉云薄。羊毛洒空鹰爪缩，半天红云尚凝镞。"形象生动地描绘了一幅少数民族牧羊射猎图，以射鹰护羊的惊险场面展示了边疆牧民能牧善射的高超技艺，字里行间倾注着钦佩之情。

亮吉的部分边塞诗还描写了边疆各民族之间和睦相处、友好往来的情景。如《伊犁纪事诗四十二首》之六描绘了布鲁特人（柯尔克孜族人）到伊犁互市的盛况："谁跨明驼天半回，传呼布鲁特人来。牛羊十万鞭驱至，三日城西路不开。"②《伊犁纪事诗四十二首》之二十二又写道："将军昨日射黄羊，亲为番王进一汤。③ 百手尽从空里举，更

---

① 诗后自注："秦陇多流民，移来就边地。邪教近又滋扰秦陇一带，并突至静宁、安定间"。
② 诗后自注："布鲁特人每年驱牛羊及哈拉明镜等物至惠远城互市"。
③ 作者自注："时哈萨克王子以承袭王爵来谢，因照例设宴"。

凭通事贡真香。"① 新疆各部族自归顺以来，每有王爵承袭则要向伊犁将军朝贡，此诗形象地反映了这一历史事实，赞美了汉族和新疆少数民族的和睦相处。伊犁素有"小江南"之称，物产丰饶，洪亮吉《伊犁纪事诗四十二首》也有记载：

> 古庙东西辟广场，雪消齐露粉红墙。风光谷雨尤奇丽，苹果花开雀舌香。

（其十二）

> 鹁鸪啼处却东风，宛与江南气候同。杏子乍青桑椹紫，家家树上有黄童。

（其二十六）

苹果、杏子、桑椹都是西域的特产，当时内地还很少见，而伊犁已普遍种植了。西域的许多生物都与中原有所不同，《伊犁纪事诗四十二首》其四十："昨宵一雨浑河长，十万鱼皆拥甲来。"诗注云："伊犁河鱼极多，皆无鳞，而皮厚如甲。"伊犁还产有一种怪蛇，尤为奇特，《伊犁纪事诗四十二首》其二十二："芒种才过雪不霏，伊犁河外草初肥。生驹步步行难稳，恐有蛇从鼻观飞。"诗注云："伊犁南山下有异蛇一种，遇骒马即直立如挺，或入马鼻中啖脑髓，马遇之无不立死。"然而当时的新疆有不少地方仍很荒寂，许多土著居民仍过着半人半兽的穴居生活：

> 乌兰以北地不毛，极视千里无秋毫。荒寒鸟亦拙生计，啄土饮雪居无巢。居人睹面能欺客，兽复欺人占居宅。健儿弯弓不得射，空手归来气填臆。

《乌兰乌素道次》

> 林鸟大如犬，兀傲不避人。攫肉翔道旁，足蹴十丈尘。居民

---

① 作者自注："外番以藏香为贵，有所敬则献之"。

半焦黑，人鬼固不分。出穴竟往来，半杂鸡与猪。襁被何处栖，爬抉沙石根。不然升高原，庙古依土神。

《安西至格子墩道中纪事》

《伊犁纪事诗》还记载了一些伊犁的神奇传说，从这些记述可见当时伊犁迷信盛行：

生羌一月病弥留，夜半魂归户不收。忽变驴鸣出门去，郭桥何似板桥头。①

（其二十四）

环碧轩中祟不迷，仅余风析雨凄凄。固知此老愚难近，绝胜宵分咒淮提。②

（其二）

幽绝城西半亩宫，古垣迤北尽长松。危楼不用枯僧上，魍魉时时代打钟。③

（其十四）

总之，洪亮吉的边塞诗以其丰富的题材、独特的艺术魅力而成为中国古代边塞诗史上的一朵奇葩，他的边塞诗既不同于盛唐边塞诗，又有异于清人边塞诗。首先，洪亮吉的边塞诗在表现题材上远轶盛唐边塞诗，盛唐边塞诗多以表现边地战争为主题，以沙场为背景，表现慷慨从戎、驰骋疆场、保家卫国、建功立业的雄心壮志，或登楼远眺、听笛思乡的情怀；而洪亮吉的边塞诗举凡山川地貌、风物气候、民生物产乃至灵异传说等均阑入诗题，大大地拓展了古代边塞诗的题材。

---

① 诗后自注："二月中，有生羌居北关外，将死忽变为驴，惟一足未化，人皆见之"。

② 诗后自注："余寓斋相传有魅，全太守士潮居之，每为所奸，夜分辄诵淮提咒，然不能禁也。余未至前数日，邻童梦魅已移去"。

③ 诗后自注："西城外有古庙，常白昼见魍魉迷人。人无敢入庙者"。

不过，洪亮吉的边塞诗在艺术手法及精神气度等方面颇有盛唐边塞诗之情韵，想象恢奇，气势峥嵘，境界阔大，笔力遒劲，情志昂扬。其次，洪亮吉的边塞诗在情感基调、精神气韵等方面又不同于同时代的边塞诗作，而更接近盛唐边塞诗。清代边塞诗继盛唐边塞诗之后再度繁荣，而清代边塞诗人的主体是流人，不论是清初的东北流人边塞诗还是清中叶的西域边塞诗，从总体上来说都有一个共同特点——已经没有了盛唐边塞诗昂扬浓烈的理想色彩了，其以表现被贬谪后的怨怒哀伤为主题，即使是在描写壮观奇丽的自然景观时，也使客观外物染上一层悲情色彩。而洪亮吉的边塞诗则有别于此，他的边塞诗取材上倾向于描摹和歌颂塞外壮观的山川景物，很少在诗中流露出被贬谪的怨愤之情，尽管，他在西戍之初偶尔也抒发一下失意哀伤的情绪，如：

> 今来迁客梦，仍阻乱山旁。莽莽沙如雪，劳劳鬓已霜。
>
> 《人日白山道中》

> 云边一笛惊残梦，天外三山伴此生。肯把障泥容易干，就中犹有帝京尘。
>
> 《古城逢立春》

> 山魈独足蛇岐首，尽咒征夫去不回。
>
> 《行抵伊犁追忆道中闻见率赋六首》

这些诗句曲折委婉地流露出诗人哀伤的情绪，但更多的时候，其诗情还是昂扬向上的，如："车厢缩项冻欲死，谁复料理征人行。忽然破屋晴光出，涌得天山一轮日。疲羸嘶风马亦奋，踏雪兼程到噶顺。"（《自白山至噶顺》）"从戎本吾愿，前路莫潸然。"（《疏勒泉》）"书生亦有伸眉日，独跨长刀万里驰"（《伊犁纪事诗四十二首》之二）。

洪亮吉的边塞诗之所以充满豪情壮志，很难看到怨愤颓废的情绪，究其原因有以下三个方面：第一，乾嘉时期，大兴文字狱，许多人因作诗而获罪，所以乾嘉时期的文人大多不敢在诗文中涉及敏锐的政治话题。况且洪亮吉本人就是因言获罪而被流放西域的，这一当头棒喝给他的震慑自不待言，"一朝被蛇咬，十年怕井绳"。另外，在其流放之初，朝廷就下了谕旨，命他不许饮酒、不许作诗，开禁作诗也就罢了，若有违碍之句，必将招来灭顶之灾，所以当他到伊犁戍所时，整日诚惶诚恐，其《二十日抵乌鲁木齐那灵阿州守顾揆熊言孔徐午三大令频日致饯即席赋赠三十韵》记载了他刚到戍所拜谒将军时的情景，从中亦可看出他在伊犁时的生存境遇：

> 磨刀营门前，到日即延颈。鼓严方唤入，长跪气先屏。厉语若震霆，官皆上持梃。归来荒屋下，闭户匿形影。时时语童仆，恐不待朝景。①

在这种履薄临深、朝不保夕的情形下，诗人当然不会拿自己的生命开玩笑了，所以作诗"要皆描摹山水，绝不敢及余事也"。第二，洪亮吉本来"性好奇山水"，当他来到西域，塞外的奇山胜水刚好满足了他好奇的审美需求，诗人为西域的美景所倾倒，被贬谪的怨愤渐渐消释了，故而亮吉在《松树塘道中》言："渐忘迁客感，足慰看山情。阅世心俱寂，听泉梦亦清。"而且当诗人晚年回忆起这段刻骨铭心的经历时还说："回思至危境，亦即寓至乐。岂惟豁双眸，胸次亦已拓。"②第三，洪亮吉生性豁达，宠辱不惊，不斤斤于个人的不幸遭遇，故而才显得那么洒脱，再者，作为一个儒者，他为自己致君泽民的理想已经尽力了，不管皇帝是否听取自己的意见，哪怕换来的是被贬谪的命运，他胸中一直以来的心结却已经解开，当他到西域时不禁写诗道："平生每厌尘寰窄，天外如今一举头。"故而才显得那么豁达洒脱，他的边塞诗才会似天马行空般轻灵飞动。

正如亮吉的好友赵翼所言："人间第一最奇景，必待第一奇才领。"

---

① 诗后自注："余未到时，总统将军已具清字折密奏，稍蹈故辙，即一面入奏，一面正法"。

② 洪亮吉：《寓兴》，《更生斋诗》卷八，《洪亮吉集》，中华书局 2001 年版，第1400 页。

有人称洪亮吉为"清代新疆山水诗的第一高手"①，洵非溢美之辞。洪亮吉的边塞诗尽管数量不多，仅有 150 余首，但却是其诗歌的精华所在，并以其独特的艺术魅力赢得了海内诗人的普遍赞誉，《北江诗话》卷一云："余自伊犁蒙恩赦回，以出关、入关所作，编为《荷戈》《赐还》二集，海内交旧作诗题集后者，不下百首"，也正是边塞诗使其饮誉清代诗坛，朱则杰称他是清代西北边塞诗中成就最高者②，潘瑛、高岑的《国朝诗萃二集》甚至说他的"塞外诸诗，奇情异景，穷而益工。其雄健遒宕，在《秋笳集》之上"③。

二　徜徉山水，纪游览胜

洪亮吉"平生雅嗜游览，足迹遍吴、越、楚、黔，又嵩、华、黄山，皆登绝壁题名"④，他自称："平生无别嗜，有景必搜索"⑤，故而"踪迹所至，几遍寰宇，缒凿幽险，冒犯霜霰，若饥之于食，渴之于饮"⑥ 每每登临吊古，抒发襟怀，留下了大量的山水纪游之作，这也构成其诗歌的主体，因此，他自言"强半诗从马上成"⑦，此类诗歌今存近 3000 首，这在清代亦属罕见，从数量上来说已远远超过以山水诗而蜚声诗坛的查慎行、厉鹗等名家，堪称清代山水诗的一员健将。

综观洪亮吉的山水纪游诗，按其表现内容、思想意蕴、风格意境等方面的差异，大致可分为以下三个阶段。

第一个阶段，即洪亮吉三十五岁以前创作的山水纪游诗，其描写

---

① 王琳：《清代山水诗管窥》，《内蒙古民族师院学报》（哲学社会科学汉文版）1999 年第 1 期。

② 朱则杰：《清诗史》，江苏古籍出版社 2000 年版，第 298 页。

③ 《清诗纪事》，江苏古籍出版社 1987 年版，第 6787 页。

④ 徐世昌：《晚晴簃诗汇·诗话》，见《清诗纪事》，江苏古籍出版社 1987 年版，第 6792 页。

⑤ 洪亮吉：《寓兴》，《更生斋诗》卷八，《洪亮吉集》，中华书局 2001 年版，第 1400 页。

⑥ 洪亮吉：《平生游历图序》，《更生斋文乙集》卷二，《洪亮吉集》，中华书局 2001 年版，第 1073 页。

⑦ 洪亮吉：《汤阴道中简管同年世铭》，《卷施阁诗》卷十二，《洪亮吉集》，中华书局 2001 年版，第 704 页。

范围以江南诸名山大川为主，多用古体，这一时期的山水诗表现出一种"有我之境"，即借山水寄寓情怀，主要反映了年轻诗人入世的雄心以及壮志未酬的慨叹，对山水景物的审美传达并非诗歌的主旨。如其三十岁所作的《大风登摄山顶望江》：

> 山僧出户惊狂客，绝顶立同山木植。苍松岗南阁一层，飞鸟欲下人还登。白云濛濛一招手，天风忽吹离立久。雄心直挟海水飞，南望天门北京口。

全诗气势飞动，诗情狂放，诗人一落笔即以"狂客"自许，当诗人傲然挺立在摄山山顶，顿觉万物皆为我所役，白云濛濛，随手招来，诗人仿佛要踏上云头，乘着天风，凌空飞向南天门。前面的景物描写其实都是为最后一句的抒怀作铺垫，全诗的诗眼在于抒发"雄心直挟海水飞"的豪情和渴望登第的理想。又如《天台赤城歌寄孙大》：

> 赤城黄海天下奇，我昔探奇入云海。天台山高一万丈，结雾蒙云住仙宰。奔车覆舟何不闲，数载岂复窥青山。丈夫事业百不就，筋力苦瘁登临间。山中之人蘖萝绕，尘面看山亦徒扰。奔猿立鹤噪岂休，笑我饥驱发蓬葆。黄尘入骨体不轻，手扶赤藤上赤京。崖穷壑转忽相失，侧耳已听鸣泉清。尘寰下士禽子夏，五岳游期迫衰谢。我留绿发不敢迟，急复料理居山资。人生何为南北驰，忧患亦苦无穷时。岩栖谷汲谁赏心，素抱幸有雍门琴。不然云山苍苍万条路，更挂飞瓢觅君去。饮肩拍处我欲狂，君亦寻君遂初赋。

此诗借天台赤城山的风景向好友孙星衍抒发了"丈夫事业百不就，筋力苦瘁登临间"的愤懑情思，诗歌一开篇即大笔如椽，意境壮阔，气势磅礴，颇有太白《梦游天姥吟留别》的气概，但快意登临已是过去的事情了，更反衬出如今之落魄，抒发了"人生何为南北驰，忧患亦苦无穷时"的感慨，以及知音难觅、怀才不遇的苦闷。全诗并未刻意描绘赤城山的美景，而以愤懑情思的宣泄为主旨。再如其三十四岁所作的《夜行宿迁道中》：

> 荒原真厌马行迟，不定阴晴四月时。破涧怒雷分雨势，断崖高树表风枝。无家已绝经年梦，有约先悬出世思。他日故巢相忆处，好寻芳草寄卷施。

这首诗表面上看是在写景，然而每一句中都渗透着诗人的情感，我们从字里行间能够明显地感受到诗人的郁闷和焦躁，至于其原因，则未明言，或许是因为母亲的逝世，或许是因为科场的失意，使诗人产生了遁世的想法，全诗的主旨在于抒发"无家已绝经年梦，有约先悬出世思"的情感。

第二个阶段，即洪亮吉三十六岁至被戍前所作的山水纪游诗。这一时期的山水诗以表现关陇名山及黔中胜景为主，古近体兼有，风格较第一个阶段更为奇肆豪放，颇多奇景奇观，然已与第一个阶段的山水诗大不相同，表现出一种"无我"之境，即表现主题已由原来第一阶段的抒情转变为镜花水月般的山水描摹，可以称之为"纯粹的山水诗"。洪亮吉的山水诗之所以会产生这种变化，是因为这一时期是洪亮吉生活最为丰裕、心情最为舒畅的阶段。在毕沅幕府时，洪亮吉深得毕沅的赏识与器重，在经济和治学方面都得到了很大的帮助，虽然偶尔也抒发一下科场败北的失意，但总体上心情还是舒畅的；登第后，荣任贵州学政，荣耀惬意自不待言。这就使得诗人有审美的胸襟，去感受、体悟壮丽山河的自然美质，而排除了个人愁思的干扰，从而使他对山水诗意蕴的认识发生了质的变化，诗人四十七岁时所作的《暇日校法学士式善张大令景运近诗率赋一篇代柬》对这一认识进行了总结，他指出："张君下笔有古人，我诗下笔苦有我。若论诗格超，有人有我皆不可。"所谓"有古人"，即当时诗坛盛行的拟古之风，洪氏是明确反对的；所谓"有我"，即类似于袁枚所言的"著我"（《续诗品》），诗人为什么也要加以反对呢？其实，他并非反对诗歌要表现诗人的情感、个性，因为他分明又强调"心志各凌烁，口眼各阖开，不将我之心志口眼寄于古人四体百骸内"，可见，诗人所反对的"有我"

实际上是指斤斤于个人得失，无法摆脱小我的感情。洪亮吉所追求的是超越个人恩怨荣辱的超逸格调，力求能达到"为天地立言，于我亦何有"的审美境界。因此，他明确地提出自己的山水诗创作观——"为山水写照，而我何容心"，即把山水诗看作是对天地自然之美的传神写照。故而，洪亮吉这一时期的山水诗多摹山范水之作，从审美的角度来说，更贴近山水之美质。这一时期的代表作如《由车厢谷经十八盘诸险》：

> 一松扶上天，一石绝入地。信哉云门堑，奇险久难闭。坡陀半日上，直下复里计。飞腾挂枝猿，曲折施磨蚁。非徒镌镵工，迥出神鬼意。坤灵信难戴，天意恍立意。排空刺日月，齾齾试锋利。仙人万间厦，破碎忽被弃。岩东不开辟，拟以巨灵臂。十折复八折，草路入云细。回瞻足几失，直视神乃悸。篮舆尚徐行，天路诚匪易。

此诗突出了诗题中的"险"，写尽造化之奇。诗人采用移步换景的写作角度，写出身在山谷之间忽上忽下，曲折行进的感受，形象逼真地传达出"天路"之险，并动用了多样化的写作技巧，如"一松扶上天，一石绝入地"的夸饰、"飞腾挂枝猿，曲折施磨蚁"的妙喻、"排空刺日月，齾齾试锋利"的拟人、"仙人万间厦，破碎忽被弃"的联想、"十折复八折，草路入云细"的描写、"非徒镌镵工，迥出神鬼意"的议论、"篮舆尚徐行，天路诚匪易"的感叹，极写山之陡峭、路之曲折。而《坐玉女峰望东峰松桧》则采用静坐远观的写作视角，勾勒出"松桧一万株，山黑团古青。空濛洗头盆，下落北斗星"的恢奇景观，意境开阔，比喻奇特，颇得昌黎诗之三昧。

洪亮吉任贵州学政期间，利用视学之便，饱览了贵州的奇山异水，直至晚年，他还写诗言："我行遍天下，却爱黔中山，黔中山势尽壁立，出地万仞无弯环。"[①] 在任期间他写了许多山水诗，瑰奇如《侵晓

---

① 洪亮吉：《消寒第六会汪公子彦国召集复初斋观王石谷绘山水直幅》，《更生斋诗》卷四，《洪亮吉集》，中华书局 2001 年版，第 1302 页。

人太和洞》："转觉岗峦峻，难容地脉回。客方升阁望，山欲渡溪来。"险怪如《上油榨关》："一石恒绝天，一石横塞地。盘空两巨石，缺处复锋利。"亮吉游黔诗的代表作是《关索岭》：

> 山南路，飞鸟亦不知。排空翠巇逼天住，乃识细路悬如丝。前行问路频相失，时入穴中时出穴。东西向背杳莫分，幸向林梢辨斜日。两山中间夹一桥，细水毕集声如萧。过桥三折方遵岭，忽讶危桥若深井……君不见，来途一线云初破，天上惊看马头堕。

该诗开篇用"排空翠巇逼天住"一句极写山之峭拔，连鸟都无法飞越，人行其上连方向也难以辨认。接下来写水声之美、危桥之险，最后一句可谓奇崛到了极致，当天晴云开，山路如丝，盘空而上，山顶上跟随而来的人马仿佛要从半空中坠落而下，给人以强烈的视觉冲击。然而洪亮吉的游黔诗中似这般雄奇的诗作并不多，诚如张维屏所云："及登上第，持使节，所为诗转逊前"，确为的评。不过，在表现题材领域方面，他拓展了山水诗之西南一隅，厥功甚伟。

洪亮吉的游黔诗尽管缺少其关中山水诗之奇肆雄健的风概，但其新警柔美处却是关中山水诗所难企及的，尤其是一些写景短篇，恰似一幅幅水墨画一般。洪亮吉既是一位诗人，又是一位画家，[①] 他善于运用画家的眼光、诗人的笔法，把眼前的景物迅速地捕捉下来，所以他的写景诗往往诗中有画，画中有诗，风景绮丽，设色巧妙，清新自然，毫无斧凿痕迹，如：

> 江干春晓泛浮槎，隔岸山隈路几叉。行入白云红万点，半空都放石榴花。
>
> 《初六日渡鸭池河至四方井道中作》

> 高下田如百衲衣，人家初日启双扉。草中尚有闲蝴蝶，却恨

---

① 俞剑华《中国美术家人名辞典》谓洪亮吉"能书画，偶一为之，书卷之气溢于楮墨。"上海人民美术出版社1981年版，第610页。

芦花作雪飞。

《过思南塘道中》

马蹄真已踏千峰，上岭丛杉下岭松。当午日光分显晦，南山云淡北山浓。

《黄泥峡》

洪亮吉在关中所作的山水诗雄健磅礴，在贵州所作则清婉秀丽，这也是其审美意识自觉追求的结果，《北江诗话》卷四云："诗人所游览之地，与诗境相肖者，惟大、小谢。温、台诸山，雄奇深厚，大谢诗境似之。宣、歙诸山，清远绵邈，小谢诗境似之。"可见，亮吉追求诗歌境界要与山水之风貌相肖。

第三个阶段，即洪亮吉贵州任满，回朝以后的山水诗作，所表现的题材以西域边陲及江浙名胜为主，亦包括其边塞山水诗。洪亮吉这一时期的山水诗，既不同于第一阶段的借景抒情，又有别于第二阶段的摹山范水，而是在努力追求一种情景交融的"无我之境"，使其山水诗提升到了一个新的境界。这一诗歌创作倾向，在其晚年所作的《北江诗话》中也有体现，洪亮吉把性情作为诗歌的首位要素，其山水诗也必然要以表现诗人的性情为主，他说："写景易，写情难"，把写情作为更高一层的要素去追求，故而，他批评皮日休、陆龟蒙的诗"能写景物而无性情，又在唐彦谦、崔涂、李山甫诸人之下"（《北江诗话》卷六）。他所追求的是一种具有"化工之蕴"的境界，《北江诗话》一开篇即云：

余最喜观时雨既降、山川出云气象，以为足以窥化工之蕴。古今诗人虽善状情景者，不能过也。陶靖节之"平畴交远风，良苗亦怀新"，庶几近之。次则韦苏州之"微雨夜来过，不知春草生"，亦是。此陶、韦诗之足贵。他人描摹景色者，百思不能到也。

（卷一）

陶彭泽诗，有化工气象。余则惟能描摹山水，刻画风云，如潘、陆、鲍、左、二谢等是矣。

（卷二）

"采菊东篱下，悠然见南山。"忘世之侣，其天机活泼如此，即《陈风》诗人"衡门之下，可以栖迟"之遗意也。

（卷四）

诗除《三百篇》外，即《古诗十九首》亦时有化工之笔，即如"青青河畔草"及"四顾何茫茫，东风摇百草"，后人咏草诗有能及之者否？

（卷三）

从这些零星材料来看，洪亮吉之所以推崇《三百篇》《古诗十九首》及陶渊明的诗，就是因其具有"化工之蕴"。所谓"化工之蕴"，细思其真谛，当为情景交融的境界，也即王国维所说的"无我之境"。聊举数例，以见其一斑。

较为典型的如其《凉州城南与天山别放歌》末尾所写："兹来天山楼，欲与天山别。天山黯黯色亦愁，六月犹飞古时雪。"当诗人就要与天山作别之时，天山亦为之黯淡，而且在六月之时飞起了鸿蒙之雪，画面是暗淡的，色调是凄凉冰冷的，看似是在写景，其实却传神地表达了诗人的留恋之情，取得了言有尽而意无穷的效果。再如《除夕夜坐》："几行坟树影，千叠陇云遮"，将诗人在戍途中前途渺茫、生死未卜的忧愁心境刻画得淋漓尽致，正所谓一切景语皆情语。又如其晚年所作的《月波台夜坐》：

万声听不绝，人静此楼头。地缺州三面，天空月一钩。乌鸦争噪暑，蟋蟀遽鸣秋。夜半龙吟水，廖廖众响收。

首联奠定了全诗凄清孤寂的基调，颔联又给人一种美中不足的缺憾感，从末两联中我们仿佛可以读出诗人的郁闷、焦躁和压抑来，情

153

和景如水乳交融。再如《四鼓自西山渡湖》："挂席向何处，五更风色微。海云天半立，山雨月中飞。"从中我们又可以读出诗人的迷茫和郁怒。此外，亮吉晚年的山水诗已没有了早期的狂放、中期的昂扬之情，故而气象衰飒，尽管仍有奇警峭拔之气，却已没有前两个阶段那种峥嵘飞动的气势和大气磅礴的风概，这也是诗人晚年心态的外在流露。

总而言之，洪亮吉的山水诗经历了即景抒情、模山范水、情景交融三个阶段，和"有我之境"、"无我"之境、"无我之境"三重境界，最终使其山水诗趋向成熟。其山水诗不论从数量之多、反映题材之广度，还是从其艺术成就来说，均可以在清代山水诗史上争得一席之地，然而却没有引起研究者的重视，许多专门的古代山水诗研究著作甚至都没有提及洪亮吉，不能不说是一种缺憾。

三　关注现实，悯时伤世

洪亮吉具有浓厚的儒家经世思想，有着致君泽民的入世理想，而且，一生足迹遍至大江南北，应该见多识广，其反映现实生活及关怀民生疾苦的诗篇理应不少。然而，充盈其诗集的却是连篇累牍的山水之作、酬唱之篇，我们很难从洪亮吉的诗歌中看到广阔的时代背景，此类诗歌在他的诗集中所占的篇幅不到百分之一，生活阅历的丰富与反映面的狭窄在他身上形成鲜明的对比，这也体现出乾嘉学者型诗人的普遍特点。缺乏深刻的社会内容，这也正是洪亮吉诗歌在当代学术界遭冷落的一个重要因素。究其原因，一方面是因为乾嘉时期的诗人大多慑于文字狱的淫威，不敢在诗中反映敏感的现实问题，因诗得咎者比比皆是，棒喝当头，安敢放言，洪亮吉诗歌的这一题材倾向，也是时代使然，本无可厚非，而部分现代学者批评乾嘉学者及诗人埋首考据、吟风弄月，确有苛责之嫌。另一方面，这与洪亮吉的社会角色是分不开的，洪亮吉作为文学侍从，其身份定位了其诗歌所负载的社会功能，其诗必然呈现出御用文学的特征——点缀升平、留连风月、匡扶教化，纵观历代文学，即使是到了末世，台阁文学仍会呈现出盛世气象。再者，这与洪亮吉的诗学观念是相符的，洪亮吉认为诗歌气象关乎国家气运，"诗虽小道，然实足以睹国家气运之衰旺"（《北江诗话》卷六）。故而，他在诗中很少描写民生凋敝、国家衰败气象，即便是出于恻隐之心，对于民生疾苦有些许反映，亦只是客观现象的冷静描摹，点到为止，很少作更进一步的发挥，充分体现了儒家"温柔敦厚"、以"和"为美的美学理想。

尽管如此，洪亮吉也有部分诗作表现出他对现实的关注，体现其悲天悯人的人文情怀。首先，洪亮吉的部分诗作表现出他对朝政的不满，如《立仗马行》：

> 立仗马，不得鸣，丞相以此愚明廷。马不鸣，食三品，恋栈人多消禄廪。君不见立仗马生舞马死，丞相之言亦良旨。

此诗具有寓言诗的特点，看似在咏史，实则借古喻今，批评李林甫式的权奸。"立仗马"为皇帝的仪仗，借以讽刺那些居谏垣、消禄廪而不为民请命者。李林甫得宠于玄宗，于开元二十三年任礼部尚书、同中书门下三品，当其为相时"凡才望功业出己右及为上所厚，势位逼己者，必百计去之；尤忌文学之士，或阳与之善，诒以甘言而阴陷之。世谓李林甫'口有蜜，腹有剑'"[1]。时谏官无敢正言，故有人讥之为"立仗马"，全诗批判李林甫式的权奸钳制人口，蒙蔽皇帝，并讽刺了"恋栈"而"消禄廪"的"立仗马"，揭露了朝廷"立仗马生舞马死"的不合理现象，最后还用了反语的修辞手法，颇有讽刺意味地说"丞相之言亦良旨"，联系当时现实，再参以洪亮吉后来所上的"千言书"，作者的矛头明显是指向和珅的。又如亮吉晚年家居时所写的《端午日偶成二首即柬赵兵备翼》："古人称禁烟，不闻禁竞渡。如此唐水嬉，亦若汉赐酺。一年惟数日，奔走及妇孺。书生纵忧俗，施设当有素。调剂得其中，贵在审时务。何因兴大狱，几致成党锢。甘陵判南北，此事匪细故。流传到绝域，众口尚含怒。欲救举国狂，惜哉谋已误。"[2] 可见，亮吉对朝廷因禁竞渡而兴大狱的做法是十分不满的。

其次，洪亮吉批判了贪官污吏对百姓的压榨和迫害，代表作如

---

① 《资治通鉴》唐玄宗天宝元年三月，中华书局1976年版，第6853页。
② 诗后自注："余昨岁入嘉峪关，即知里中因禁龙舟至兴大狱"。

《洪烈妇诗》：

> 夫为洪，妾为叶，妇名志达妾家歃。夫何为，书在箧。妾何
> 为，丝在匣。郎前还顾妾，眉行不离睫。一朝梦破金鼓声，镜中
> 吊影花中泣。妾行不下堂，下堂死生隔。十步十不忍，一行一鸣
> 咽。兵言欲生不欲杀，白刃差差绕三匝。夫死乎，刀在颊。妾免
> 乎，兵在膺。不死沟渠死山峡，碎身示汝全躯法。郎魂归，年十
> 七。妾魂归，年十七。霞冠羽衣魂欲活，里人作祠敛神魂。……

此诗颇似杜甫之"三吏"，开篇备写郎情妾意、夫读妾织的美好生
活，直到有一天，战争爆发，往日甜蜜、宁静的生活被打破，凶残的
兵痞杀害了丈夫，其妾亦殉节，前后对比，使人倍感心酸。诗人通过
对这一真实事件的描述，揭露了兵吏不去保家卫国，反而残杀百姓的
罪恶。结尾诗人发出感慨："于嗟！皇天构难犹未歇，有田不耕走仓
卒。妾死因夫夫死兵，一门大节差堪匹。"又如《宜沟行》：

> 宜沟驿中逢使节，三日马蹄声不止。冲途驿马苦不多，役尽
> 民马兼民骡。民骑不给官家食，更要一骑增一卒。马行三日力不
> 支，马病乃把民夫笞。长须压后尤无忌，急选官骡访官伎。民田
> 要雨官要晴，一日正好兼程行。车前舆夫私叹息，曾与此官居间
> 壁。官前应试苦力疲，百钱得驴诧若飞。君不见，人生贵贱难如
> 一，不是蹇驴偏有力。

这首诗写出官吏们征求无度，使百姓苦不堪言，官家的驿马不足，
就无偿征用民马民骡，而且还不给草料，这样连日奔波，马力不足是
必然的事情，然而官吏们还要鞭笞民夫。接下来诗人又选取了其中的
一位官吏，来了一个特写，这位官吏为讨好长官而征用民骡去访官伎，
尤其飞扬跋扈，之后诗人又从一位曾与此官做过邻居的舆夫的视角，
写出此官未达以前应试时得一蹇驴即已满足，而今却嫌民马太慢，前
后两相对比，活画出当时一些士人在得志后即作威作福、鱼肉百姓的

丑态，语言诙谐幽默，讽刺形象生动。

又如《朝阪行》其二所写："三门当黄河，门半以土窒。惟开城西门，日夕车马出。居民防害愿筑堤，万钱礨石兼运泥。君不见，河流已退催租急，堆土若山堤未立。"百姓们为了防水患，不惜花费万钱去礨石运泥，而官吏们却不去治河，反而逼迫着百姓缴租，致使河堤始终没有筑起，而百姓们的金钱及辛勤劳动也付诸东流了。其三又写："昨传黄流增，驿到八百里。官方坐早衙，失色推案起。白须吏人前执裾，官今勿惊安众愚。君不见，官无一言吏会意，日午传呼县门闭。"该诗用幽默诙谐的笔调讽刺了官吏们对百姓生命的漠视，写出官民的对立。再如《里中谣》："县吏来，狗夜吠，一巷人家夜齐起。吏行欲杀鸡，不管鸡能啼。吏行欲索肉，不管母猪儿在腹。吏汹汹，捶阿公，阿婆旋转门阑中。吏行饱餐钱饱囊，县吏出门家夜哭。"此诗短短五句，淋漓尽致地写出了贪官污吏不顾百姓疾苦、敲诈民脂民膏的丑恶行径，颇似老杜之《石壕吏》。故而，洪亮吉在《意言·吏胥篇》中称官吏为"万恶之首"。

洪亮吉还作有一些反映民生疾苦的作品。他心系天下，为民生而忧乐，如其《悯旱》诗所写："镇日帷车坐，偏愁云气晴。客行殊望雨，敢说为苍生。"乾隆三十九年（1774），四川金川藏族贵族叛乱，江苏淮安又发生水灾，府城被淹，次年又出现大旱，赤地百里，黎民百姓处于水深火热之中，亮吉所作的《十六日同朱大桂芳孙大星衍城南晚步》即是对这一历史事件的形象记录：

> 十日五日一出游，原上草木初辞秋。惜哉岁歉寡欢思，且觅二子吟穷愁。市中扰扰无百家，落日鼓已鸣官衙。饥民入市竞挐攫，野店插竹凭拦遮。……城南城北荒途永，城里蓬蒿几百顷。桧柏难寻隐士坛，辘轳已断仙人井。前时一雨润麦田，短麦稍喜抽平阡。已看黄口竭樵采，忍听白发说丰年。道旁一辈还相告，日昨征西捷音到。[①] 百斛湘船米禁开，征人失喜居人噪。我今作客

---

① 诗后自注："时金川大捷"。

虽一方，百里尚得称吾乡。眼中见此谁得忍，树赤无皮食无粉。

此诗写出水旱灾害之后民生凋蔽的景象，生计无着的灾民们被迫流亡到城里，竟被县衙当作流民抓了起来，洪亮吉还在《书三友人遗事》中为此诗的最后一句作了注解："岁乙未，县中大旱，赤地数百里，县民无食者，研石屑及麋土以食，名石屑曰观音粉，后又掘芦食。"[1] 又如《自柏乡之磁州道中杂诗》亦描绘了荒旱给百姓带来的灾难："行者色苦饥，居者无余粮"，"十日历数州，尤愁值僵殍。眼中过百井，生计殊草草"。

洪亮吉戌归家居时，仍然关心民生疾苦："上愁国计虚，下苦民俗偷。"[2] 嘉庆十二年"常州大旱，秋雾复伤稼，禾苗不成，饥民惶惶，城邑尤甚。先生自请于蒋太守荣昌及武进、阳湖两明府，设局营田庙，捐资施赈。先生总理局事，自捐三百金为倡，余按各城乡商贾殷户，酌资劝捐，每日卯刻入局，漏下一二十刻始返，风雨无间……闾阎稍苏，而灾厉不作，乡人感之"（《洪北江先生年谱》）。这场旱灾在其诗歌中也有反映，如《赈局二生行赠高星紫瞿溶两秀才》："冬穷气暖犹流汗，日昨官河已先断。连廛何止米价昂，饮水都复成泥浆。三秋不雨三田白，日午黄尘埃如织。闲心检点豆黍苗，何止无禾恐无麦。"贫苦百姓只能吃树皮、草根充饥：

> 榆之皮兮，云以疗饥。嗟榆之皮，不足以饱。乌乎！人饥难
> 充木先槁，昨日严霜路旁倒。

《榆无皮歌》

> 芦之根兮，云以给飧。嗟芦之根，不果人腹。乌乎！芦花茫
> 茫兮空满目，明岁哀鸿欲何宿。

《芦无根歌》

---

① 《更生斋文甲集》卷四，《洪亮吉集》，中华书局 2001 年版，第 1042 页。
② 洪亮吉：《哭钱三维乔三十韵》，《更生斋诗》卷五，《洪亮吉集》，中华书局 2001 年版，第 1692 页。

前一首写出了"人饥难充木先槁"的惨象，树犹如此，人何以堪？第二首末尾的"哀鸿"具有两层含义，表面上是在为鸿雁无处栖身而担心，实则抒发了诗人为饥民无以生存而揪心的悲悯情怀，可谓一语双关。诗人即使在品泉时亦挂怀饥黎，其《品第二泉》写道："泉水日以洁，我心日以忧。愿此一勺泉，直接沧海头。化为天半云，飞洒东南州。岁晏纵不丰，庶几麦有秋。"饥荒时期，物价膨胀，"贫家柴一束，价已至无算"（《冬日寓兴》），许多商贾乘机囤积居奇，"为土豪，传两代，忽至歉年粮价贵。粮价贵，竞攘粮，攘粮共向豪家藏。君不见，豪不攘粮粮满屋，攘者出门豪入狱。为世指名先就戮，得祸亦奇冤亦酷"（《土豪行》）。这对于贫苦百姓而言，无异于雪上加霜，许多贫民挣扎于生存的底线，不得已只能卖儿卖女："卖儿女，供爷娘。人价低，谷价昂。爷娘饭未足，几处抛骨肉。"（《卖儿行》）然而富豪商贾们却过着奢侈淫靡的生活，尤其在富甲天下的江浙一带，富人们互相攀比，风俗奢侈，洪亮吉对这一现象也有反映：

> 十余年来俗不淳，水陆食谱宗吴门。维扬富人益轻獧，土木侈丽穷奇珍。淫祠一方有千百，媚祷役役劳心魂。衣裳更厌陈制度，袍袖割裂无完纯。一方好尚非细事，此事得不由荐绅。吾曹读书原有本，忍酿薄俗忧吾亲？
>
> 《偶书呈朱博士》

> 一裘值千金，毛羽岂足供。一食累万钱，珍错亦易空。履胜不自持，何以处势穷。奢俗示之俭，即始训有终。谁为生民谋，一矫吴楚风。
>
> 《杂诗》

前一首诗认为风俗浇薄完全是由荐绅引起的，并主张读书人应该克己修身，方能改变世风。后一首诗诗人从"由俭入奢易，由奢入俭难"的角度立论，警告奢靡者"履胜不自持，何以处势穷"，并希望能够"一矫吴楚风"，可谓苦心孤诣。

官吏们竭泽而渔，贫富两极分化，迫使黎民百姓揭竿而起，乾嘉之际农民起义此伏彼起，撕开了罩在盛世之上的面纱。乾隆六十年，贵州铜仁苗民起义，此次起义波及黔楚大部分地方，致使生灵涂炭。直至亮吉任满回京，"苗氛未靖"（《年谱》），在回京途中，他亲眼目睹了战争带来的灾难："杨柳千条巷，芙蓉百尺楼。可怜兵火后，剩有夜乌愁"①（《自镇远舟行至常德杂诗》），兵火之下，人亡楼毁，连乌鸦也失去了归宿。战火绵延到了许多州县，"六州兼十县，鱼鸟窜纷纷。可惜桃源洞，难容尔许人"。战争所到之处，哀鸿遍野，血流成河："见惯即不惊，残骸蔽江黑。鹰隼何不仁，抽肠作常食。""人头及人胫，一半出鱼腹。怪底帆不前，荒滩鬼夜哭。"真写战争之佳制也，颇有《蒿里》《薤露》之遗意，与"白骨露于野，千里无鸡鸣"具有异曲同工之妙。诗人还进一步分析了苗民起义的原因："民夫征不足，搜剔到蛮洞。负担行万山，心伤足俱肿。衙胥不之恤，而复相惊恐。"他看到了起义的实质是官逼民反，这是符合历史实际的，因此他劝告牧民者"所期仁及物，役不到繁冗"（《喜代人将至率赋六诗留以致别并贻新学使谈户部祖绶》）。

洪亮吉具有很强的经世思想，故而他对现实社会中所出现的一些问题颇为敏感，用诗歌这种形式反映出来，以引起人们的注意。如《朝阪行》其一："一碑仅露尺，细视万历年。风吹河东沙，日没河西田。黄河身高田亦高，碑石九尺埋蓬蒿。君不见，居人耕沙沙没踵，子孙田尽高曾冢。"黄河中上游水土流失严重，致使下游泥沙淤积，河岸及农田不断抬高，以致出现"子孙田尽高曾冢"的现象。又如《双溪镇道中》："出郭三十里，桑柘多于苗。岂惟民俗淳，尘土亦不嚣。侧闻蚕茧荒，丝价日已高。秋禾亦半收，哀鸿尚嗷嗷。民力匪不勤，奈此生齿饶。一户加十丁，粟米亦易消。殷勤望丰年，先祝风雨调。篮舆及黄湖，阴晴判崇朝。"此诗反映了洪亮吉一贯以来所关注的人口激增所带来的生活资料不足的问题。再如《升平四章》：

---

① 诗后自注："浦市甫经烧劫，所见尤惨"。

　　升平一百载，庶众多于虱。山侵豺虎居，水夺蛟龙窟。蛟龙犹有海，豺虎何所逸。御之不以理，势必转奔突。强梁或逃窜，老弱遭噬啮。不知六合内，御物固有术。欲人妥厥居，先使兽有穴。物物安其天，人禽庶堪别。

　　在这首诗中洪亮吉指出，人口的过度繁殖必然会打破固有的生态平衡，这样反过来又会危及人类的生存，故而他主张人和自然应该和谐相处，洪亮吉的预言今天已经得到了验证。在其二、三、四章中，洪亮吉又提出了百年承平所带来的一系列社会问题，诸如"胥吏多于民"而导致的强取豪夺，怨声载道；风水迷信越来越重，许多人甚至营田十亩来修墓，导致"坟陇多于田"，许多贫民无田可耕，而变为流民；随着迷信的盛行，又出现了"僧释多于农"的现象，在清代僧人的地位高，而且还不用服徭役、缴赋税，故而许多人出家为僧，许多虔诚的农民还要供养他们，"十农养一释，食力苦不供"，这一寄生群体越来越庞大，给社会带来了很大的负担。这些问题都是乾嘉时期的社会痼疾。

　　另外，洪亮吉所处的时代已是封建社会的末期，当时西方殖民者已经把目光盯准了华夏这块丰腴的土地，许多西方商人在东南沿海一带已开始对华贸易，洪亮吉敏锐地预感到其不怀好意，在逝世当年写下了《己巳元日》一诗："半生苦乏忘形友，一卷先成救世方。属国州船归海道，护堤官吏急河防。"诗注云："英吉利国忽领兵至广东互市，近始遁归。"他提出应当警惕英国人的野心，应该加强边防，然而洪亮吉的忠告却未能引起当政者的注意；在他去世后30年，列强纷至沓来，蚕食华夏大地，又是诗人所万万没有料到的。

四　吟咏性情，抒写怀抱

　　洪亮吉主张"吟咏以性情为主"，其诗歌忠实地记录了他一生的喜怒哀乐、生活的点点滴滴。首先，洪氏论诗以"性"为本，其所谓写"性"之作，即为抒写忠孝之心的作品。洪亮吉堪称忠臣孝子，其诗集中表现对皇帝忠心耿耿、感激其知遇之恩的诗作随处可见，即使是受到了被贬谪的打击，他对皇帝的忠心还是一如既往，正如其《八月二十七日请室中始闻遣戍伊犁之命出狱纪恩二首》所写："人笑冷官罹法网，天教热血洒边尘。受知两度真逾次，敢向闲中惜此身。"直至晚年，其感恩之心仍存。洪亮吉还是一位有名的孝子，从其诗集的命名就可以看出：

> 学使北江先生少孤，其克自树立，及学之有成，实禀贤母蒋太夫人之教，故其所编诗也以及侍太夫人所作者，为《附鲐轩集》八卷……《南越志》："巢鲐，长寸余，大者长二三寸，腹中有蟹子如榆荚，合体共生，俱为鲐取食。"郭璞《江赋》所谓"巢鲐腹蟹"是也。先生十岁始就外传。二十即出授徒，负米所至，皆不越五百里外，一岁必两归，以慰太夫人，与荚蟹之早出暮入相类。及奉太夫人讳，读礼于闾门者二年，继又饥驱四方十年，乃获升上第，官禁林逾一岁，即持节视学黔中。人欣先生之遇，而不知先生以禄不逮养，每与人言之，辄泣下不止。《尔雅》"卷施草拔心不死"，先生之名集，盖以此乎？①

他对母亲的深情几乎渗透到他的一切行动和诗歌中，如其《抵里门感赋四首》其一："到门已作皋鱼泣，久客空余陆贾装。犹忆三十年上事，典衣沽酒奉高堂。"漂泊的游子从远方回家，然而，慈母业已下世，物是人非，使诗人想起三十年前"典衣沽酒奉高堂"的情景，不禁热泪盈眶，感情真挚，凄婉感人。又如亮吉荣任贵州学政时，首先便想到了母亲："万里初持节，经旬屡断魂。受恩原色喜，念母忽声吞。负米程非昔，传经席尚温。明明昨宵梦，亲见倚闾门。"（《临发志感》）过去贫穷的时候，没能好好侍奉母亲，现在功成名就了，慈亲却已辞世，不禁使诗人回想起少时母织子读的情景，真可谓一片赤子之心。

洪亮吉所谓的写"情"之作指抒写夫妻、友朋、兄弟、父子之间感情的作品。洪亮吉很少写诗给妻子，而当发妻逝世后，其伤心不能

---

① 张远览：《卷施阁诗序》，见《洪亮吉集》，中华书局2001年版，第463页。

自已，写下了《悼亡八首》，极为感人，其诗序云："蒋宜人亡已匝月，心绪恶劣，不能握管。昨赴吊吴门，舟次无事，勉成八律，聊寄哀思云尔。"蒋氏堪称贤妻良母，她"常将家计一身支，甘苦谁人得尽知。慈母羹汤调隔日，儿曹衣裳随时制。输官不待催租吏，扫室先延客读师。可惜了无情绪在，谱他遗事入哀辞"（其六）。回想过去，诗人不禁感慨万千：

> 四壁都无百事非，依然佐读忍朝饥。穷年累日埋头惯，月地花天携手稀。质钏记供除夜宴，购书先鬻嫁时衣。贵来只忆居贫候，宦海频频劝息机。
>
> （其一）

> 会稽僚婿最轻浮，心薄酸寒笑不休。顾我几时才奋翮，累卿长日镇低头。补衣怕在人前绽，缺米羞从舍外谋。春半好花秋半月，可曾结伴除清游。
>
> （其二）

往日的生活情景还历历在目，而夫妻已阴阳相隔，使诗人伤心欲绝："一种伤心谱不成，画眉窗外緦帷横。何堪枕冷衾寒夜，重听儿啼女哭声。只影更谁怜后死，遗言先已定他生。无眠转羡长眠者，数尽疏钟到五更。"（其八）缠绵凄恻，真挚感人，纯为性情之响，堪称悼亡之佳构，即使是比之元稹、苏轼的悼亡之作，亦毫无愧色。在妻子百日之祭时，亮吉复有诗怀之：

> 生离每经年，死别又百日。感此泉下人，时添鬓边雪。薄帷风乍举，暗牖灯自灭。如何伤心泪，先作冰柱结。椒浆聊此奠，时物为卿设。笑言犹在耳，音响已隔绝。明明称共命，惘惘冀同穴。行筑土一坏，衰年愿方毕。
>
> 《蒋宜人亡已百日感赋一首》

数年后，小妾郑氏亦亡，亮吉作《醉歌》悼之：

我昔谪昆仑丘，美人望我西海头，日落不落先含愁。我昔泛沧海舟，美人期我东海头，初日未出先登楼。我曾揽三山，我曾浮四渎，逾期而不归，美人两两兮为余哭。我今游兮海虞山，飘然往兮默尔还，谁复与我歌刀环？我今游兮越江曲，早潮初平暮潮续，谁复金钱为余卜？宁隔万仞山，莫隔一寸椑。隔此一寸椑，永无睹面期。宁阻千重洋，莫阻一层土。阻此一层土，与尔暌违极终古。望夫无山，望妇有滩。大妇小妇兮，丘陇同弯环。不见善权洞，洞外松楸悉成冢，暮歌无声兮先欲恸。又不见祝英台，台外三尺皆蒿莱，饮酒不乐令心哀。乌呼！嵩华烂，沧溟枯，此时与君得见无？噫吁嘻！天长兮地久，我倘思君兮不朽。

全诗虽为悼亡，而气势豪迈，情绪虽然低沉，而气概不减。

其次，洪亮吉还有大量诗作言志抒怀，他自小就具有非凡的抱负，如其少时所作的《初生十五六》：

初生十五六，如鸟始出巢。毛翮虽未强，气已凌碧霄。一母将众雏，飞处不欲高。朝出暮共还，稍知念劬劳。

初生十五六，如水初离源。到海尚有时，流声已喧喧。洪纤悉包罗，意欲长百川。冰夷倘相嗤，何况鲔与鳣。

初生十五六，如月始离海，弯弯虽无多，九野识光彩。延回到中天，河汉色已改。太白出较迟，何能久相待。

可见其凌云壮志及对未来的憧憬。可是，事与愿违，他自负才高，但在他经历了多次科场败北之后，他对未来的信心受到了打击："孤客感时双鬓改，小楼入夜众星明。乱云堆里重南望，水黑山昏断去程。"（《偶成》）曲折含蓄地表达了落第时的感受，以及前途渺茫的怅惘，进而产生怀才不遇、知音难觅的感伤：

客有雍门琴，未逢钟期生。不审脱业卑，独欲操正声。合乐而殊歌，哀音而激鸣。一弹赏音稀，再鼓里耳惊。持谢一世人，辛苦难自明。琴声诚未谐，冀洗笛与筝。

《杂诗》

　　甚至产生不近功名之心："男儿何必事功名，落落姓名高北斗。"（《醉歌》）至屡经春明铩羽，却仍难博得一第，诗人便产生了归隐的念头："我拟买田身计稳，倚门同数九株松。"（《与杨三伦夜话并悼蒋宝善杨炳文》）然而这不过是屡遭挫折后的醉话而已，洪亮吉对功名还是矢志不渝的："丈夫事业岂偶然，颇耻仅以文章传。等身著述亦何有，我抱壮心看北斗。"（《喜杨大芳灿至大梁即送入都》）在经过了30 多年的文战之后，他终于金榜题名了，并有诗志喜：

　　曾解绿衫陪广宴，爱拈红杏上高楼。看花未必输前度，擢第偏教逊一筹。

《胪传日马上口占寄毕尚书师湖北》

　　在高兴之余又为没能夺魁而感到遗憾。登第后他被派充石经馆，每有"冷官"之叹："独木可制栋，乃反裁作桥。独木之桥，心焉摇摇。独木可立柱，乃反刳作舟。独木之舟，或沉或浮。"（《励志诗三十首》其一）形象的比喻抒发了诗人荆璧难现、才高难用的失意。

　　洪亮吉命运坎坷、人生多艰，正如其所言："穷愁心迹数端迸，多难人生百忧集。"（《寄怀州倅舅氏》）故其诗歌多叹贫言苦、感慨沧桑之作，如：

　　亦解耒与耜，恨无南山田。饥来出门去，举足任所便。

《杂诗》其十

　　我胡不乐入复出，无酒空辜少年日。张灯博塞无一钱，日入只听江声眠。

《十六夜独坐》

　　傭书生计尚淹留，并叠吟怀事校雠。独鹤见人殊悯悯，饥乌

165

得树亦啾啾。云和草色荒三径，月与花光艳一楼。却厌软红尘里逐，放教愁坐转忘愁。

《僖书》

这些诗写出诗人早年僖书食力、游幕坐馆时的艰辛与寄人篱下的无奈，岂独怀才不遇，连生计都难以保障，故而诗人发出"壮志都从忧患移"（《与黄二景仁话旧》）的感叹，想到这种生活将会日复一日，甚至产生了生不如死的想法：

> 劳劳生计本无涯，生倘多愁死亦佳。阅世短于倚枕梦，招魂长入酒人怀。琴书风卷知谁在，花月樽空与愿乖。欲把闲踪比飞絮，年年开落县南街。

《清明后一日与孙大携酒饮……忆亡友林嗣基作》

胡思敬《九朝新语》为这首诗作了很好的注解："洪稚存初以副贡留京，除夕困甚，左右无一人，身衣单布袍，欲求五钱沽酒不可得，仰屋欲自经。忽忆荣启期三乐，遂忍饥不死。"[1] 洪亮吉像大部分寒士一样对功名孜孜以求，希望在入仕之后，生活能得到改善，然而登第后，却连最基本的生活都成了问题：

> 身为京朝官，童仆色不展。连晨朔风至，寒色到鸡犬。吴奴昨告去，朱户别思款。今晨关右仆，衣被亦将卷。欲留心不忍，各为计安善。十年依倚久，一旦忽辞远。周亲复交昏，食窭衣不暖。笑读东观书，何如北门管。

《岁暮饮酒诗十篇》之三

遇病则"商量又把春衫典，又值微寒飔雨丝"（《三月廿五日小病初愈至法源寺看花适得崔三景侃书却寄》）。年底，诗人因"逋负多，避债至城东数日，除夕抵暮乃归"（《年谱》）。人生失意，不禁使诗

---

① 《清诗纪事》，江苏古籍出版社 1987 年版，第 6792 页。

人发出"作客二十年，衣食知其难。卑身与周旋，不敢忤世颜"（《饮酒十首》之四）的感慨，故而张维屏在《国朝诗人征略·松心日录》中云："以先生一代奇才，而犹叹谋食之难，周旋之苦。则世间有才之人，而不免奔走衣食，以致消磨壮心，屈抑真气者，盖未易更朴数也。"① 因此诗人云："东海虽已广，何能积沉忧"（《偶成二十首》之八），从而产生及时行乐的想法："万事取目前，沉沉饮吾酒。"（《饮酒十首》其一） 这些诗作是诗人才命相妨、潦倒失意的形象写照。

洪亮吉作为名动公卿、深孚众望的时彦俊杰，本幻想着在入仕以后，能够一展拳脚实现自己的雄图壮志，然而却被冷置，经世梦想更无从谈起，"男儿不出门，出门路四岐。对面即太行，途危不透迤"（《偶成二十首》之六），他对未来的仕途感到迷茫。而且官场充满着尔虞我诈，"云起接天花委地，欲凭谁与判升沉"（《晦日卷施阁饯春偶赋十首》之三） 了写出诗人初入仕途的况味。洪亮吉生性耿直，常与高官显贵相龃龉，刘禺生《世载堂杂忆》载："乾隆朝何珅用事，常州诸老辈在京者相戒不与何珅往来。北京呼常州人为戆物，孙渊如、洪稚存其领袖也。"② 故而，他仕途失意是必然的事，只能借酒来自我安慰：

> 亘亘平生一寸心，不同朝士竞升沉。凭谁可解胸中结，倩客时弹海上琴。乞与药炉希驻景，肯从尘网索知音。南舟北马频来往，坐使劳劳变古今。
>
> 《偶成》

此诗表达了诗人的矛盾心态，首句说自己不同别人竞升沉，好像对官场升迁不甚在意；而第二句就暴露了诗人前一句话的言不由衷，其实从其言行来看，他是很在意自身穷达的。接下来的几句也充分说明了这一点，其"胸中结"也正在于此，他希望有知音赏识自己。"悟彻繁华总是空，兴来摩笛自西东"（《晦日卷施阁饯春偶赋十首》之

---

① 《清诗纪事》，江苏古籍出版社 1987 年版，第 6796 页。
② 刘禺生：《世载堂杂忆》，辽宁教育出版社 1997 年版，第 19 页。

九）正是诗人挣扎于官场的总结和体悟。然而，面对朝纲不振、民生凋敝的现实，诗人身在其位，其儒家经世思想又不允许他坐壁以观，《自励》诗充分表现出诗人忧国忧民之心：

> 宁作无知禽，不愿为反舌。众鸟皆啾啾，反舌声不出。岂繄果无声，无乃事容悦。依依檐宇下，饮啄安且吉。何忍视蜀鹃，啼完口流血。

这首诗以比喻的手法讽刺了谏官们的受权奸牢笼，不为民请命，而诗人又无言事之责，只能为民伤心着急。同时也表明了诗人不愿作"无知禽"，要立志作"反舌"，故而冒死直谏，终于招来了灾祸，这也结束了他的政治生涯。

洪亮吉从塞外归来，恍如隔世，回思50年来为了功名而经历的风风雨雨，就像一场梦一样：

> 邻舍墙头望，亲朋户外呼。生还亦何乐，聊足慰妻孥。雪窖冰天归戍客，琼楼玉宇谪仙人。生还检点从前事，五十年如梦里身。

《抵家》

回想一下这次巨大的打击，诗人余寒犹栗，"人生只有乡园乐，万里孤臣梦尚惊"（《辛酉元夕灯词十首》之十）。虽然仍希望有朝一日能够东山再起，而且，偶尔还流露出被贬之不甘的心情："我昔有奇禀，十年居玉京。举足踏列星，俯身瞰雷霆。已谪人世间，卧苦不得醒。时时亦仰视，但觉天宇青。前身与后身，昭昭易冥冥"（《咏怀诗》），然而，壮心已灰，政治热情已渐渐消退，"雄心已徂落日边，半共草木同酣眠"（《赵兵备翼枉赠诗有虚名……戏简一篇》）。在历尽沧桑之后，诗人不禁感慨万千：

> 少年事业百不就，削壁仅把新诗镌。浮名在世究何益，回顾我已惭焦先。尘劳扰扰及一世，足茧欲乞空山眠。来归万里去万

里，只觉竖亥堪随肩。昨呼渔叟与坚约，终老誓种江南田。

《十五日自京口渡江至焦山憩息定慧寺作》

悟彻人生后，诗人终老林泉之心益坚，而且不愿过问世事，"我得养生法，身外一切抛"（《天宁寺僧借月两以诗见投戏得八百二十字报之》），"眼倦观时局，心空阅岁华"（《德生荐喜晤华大令》）。诗人晚年感慨最多的便是韶华易逝、同辈凋零，如其《感赋》：

流光到眼若飞尘，零落知交倍怆神。乡曲苦无同岁友，名场嗤作过时人。酬知事每失交臂，传世书仍欠等身。只有壮游聊自慰，记经星海陟昆仑。

其诗序云："年来里中同岁者相继物故，近闻刘舍人召扬亦没于山左，亦同岁之一也，感而赋。"为了不使自己成为"名场过时人"，实现立言以不朽的理想，诗人开始振作起来，"不惜心力疲，但恐岁月驰"（《偶成》）；心态也日益豁达，"平生尤与悔，至此已冰释"（《山楼读书杂诗》），"堆胸奇气渐消磨，山不嶙峋水不波"，可谓宠辱皆忘、波澜不惊。然而时不我待，"心事未酬身已老，倚阑空有兴飞腾"（《除日登城东浮图》），诗人就这样走完了他坎坷而悲惨的一生。

五　怀人送别，酬赠唱和

毕沅《吴会英才集》称洪亮吉："至性过人，笃于友谊，暨黄（景仁）客死，素车千里，奔赴其丧，世有巨卿之目。故其赠友诸什，情溢于文。"① 可谓知人之论。亮吉以"立谭即相契，刎颈酬生平。男儿处身世，恩重命亦轻"（《杂诗》）为处世原则，一生所交，上至达官显贵，下至布衣寒士，遍及大江南北，故其诗集中留有大量的怀人送别、酬赠唱和之作，数量仅次于其山水诗，约占其诗歌总量的1/5，此类诗歌在第二章谈洪亮吉的交游时已有论及，兹略述之。

一般来说，赠答诗易流于应酬，多客套语，极难为工，历代诗人

① 《清诗纪事》，江苏古籍出版社1987年版，第6787页。

皆有数量不等的赠答诗，而传唱者盖鲜，故很少有人将此类诗歌作为精研的对象而努力开掘。洪亮吉一生上千篇赠答诗，从其题材倾向上也可见出其用心，他对赠答诗有自己的理解，《北江诗话》卷四云："赠人诗，能确切不移，则虽应世之篇，亦可以传世"，其所谓"确切不移"，即能"称题"，也就是抒情达意要有分寸，切忌言不由衷、矫揉造作。聊举数例，以窥其一斑。

洪氏一生多客游四方，作有不少怀人诗，代表作有《有人都者偶占五篇寄友》《岁暮怀人诗二十四首》《续怀人诗十二首》等。另如《至公安寄崔三景侃》："十年五度手频分，犹喜常时入梦勤。行到驿亭残月出，一丛修竹卧思君。"感情自然从胸臆间流出，毫不做作。又如其戍途中所作的《元夕过阜康县七十里宿黑沟》："君恩应已重，不敢更思乡。即此逢元夕，先忘在远方。话愁惟对影，与仆共倾觞。儿女虽相忆，何由识阜康。"元夕本该阖家团聚，而诗人却在戍途颠簸，不由产生思乡之情，后两句不言自己思念儿女，而从对方的角度写儿女对己的思念，颇似杜甫之《望月》。洪亮吉的送别诗也很多，代表作如《芦沟折柳图送金文学至大梁》：

> 东西南北人，皆向长安走。芦沟桥上往复来，便折桥头一枝柳。芦沟桥柳年年秃，折尽柔条尽枯木。幽燕客罢客大梁，杨柳作絮飞何忙。莫作道旁枝，莫作道旁客。道旁枝，手易折，道旁客，头亦白。

全诗没有一句直写离别之情，而留恋之意却充溢于每一句中，采用比兴手法，以道旁柳来写路边客，缠绵婉转，写尽离别情状。洪亮吉的送别诗中最有特色的便是《张同年将乞假归蜀醉后作两生行送之》：

> 一生居坊南，一生住坊北。车声马声不得停，十里路中常若织。我马见君马，鸣声一何高。君僮与我僮，望著手即招。我来时多子来少，马系寺门僮醉倒。青天如磨旋不休，醉里有时来压

头。心痴直欲走天外，下瞰日月方开眸。朝沽三升暮盈斗，吸尽东西两坊酒。朝衣典尽百不忧，尚有身上青羔裘。一生皇然开口笑，那著酒钱街上走。一生无聊想更奇，酒尽俯舐垆边泥。有时忽下床，有时忽出门。人来雪里衣尽白，疑是送酒柴桑人。幕天席地原无碍，十万人中两人醉。醉中分手亦不辞，泪堕黄公酒垆边。君不见，长安莫复轻酒人，酒人腹里饶经纶。容卿百倍等闲事，烂醉尚复嘘阳春。一篇我作临行曲，马带离声僵欲哭。从此长安少一生，酒星只照南头屋。

这首诗铺叙了二人昔日往来无间、诗酒唱和的友谊，写得亲切自然，逸趣横生，豪放不羁，颇有青莲气概，深得袁枚赞赏："洪稚存在史馆，得一诗人，必通书相告。今春盛称蜀中翰林张船山问陶之才，仿青田《二鬼诗》，作《两生行》送张还蜀云云。船山答云：'读君两生行，涕笑一时作。黑夜关门读不休，打窗奇鬼争来攫。怀诗急走心茫然，远登云栈如登天。……两生把盏同轩眉，居然日日相追随。一生偶送一生去，临期何必吞声悲。我马莫怜君马独，君僵莫向我僵哭。云天万里好联吟，共把长空当诗屋'"①，可见二人深厚的友情。

洪亮吉还写有许多挽诗，举凡亲人、朋友、同僚等无不哀而挽之，代表作如《哭亡友贾田祖》《挽王大令复》，而最为有名的则是其《自西安至安邑临黄二景仁奉挽四首》：

生何憔悴死何愁，早觉年来与命仇。病已支床还出塞，家从典屋半居舟。魂归好入王官谷，名在空悬太白楼。一事语君传欲定，卅年心血有人收。②

归骨中条我未安，为怜亲在欲凭棺。须营江畔坟三尺，好种篱前竹百竿。空有头衔书尺旐，愁余名纸伴高冠。才人奇气难销歇，六月松风刮殡寒。

早年猿鹤与齐名，月旦人先赴九京。共哭寝门思往日，独临

---

① 袁枚：《随园诗话补遗》卷五，昆仑出版社 2001 年版，第 1355 页。
② 诗后自注："西安幕府将为君梓遗集"。

遗殡怆生平。贞孤论尽朱公叔，存没交余范巨卿。却愧素车来未晚，树头飘雨旐将行。

佝偯平生孰可如，遗缄欲发屡跚蹰。交空四海惟余我，魂到重泉更付书。① 庾亮报函疑可达，台卿服友感难除。伤心昨岁青门道，执手危言未尽纾。②

往日情状，娓娓道来，其言也哀，其情也痛，伤心珠玉，字字血泪，诚为挽诗之佳作。

洪亮吉少日与毗陵诸子诗酒酬唱，壮年橐笔游幕，与幕友登临题诗，中年入词馆，又与同僚分韵赋诗，可谓极尽唱和之乐，故其酬赠之作很多，而且对于认识毗陵诗派、清中叶幕府文学、馆阁文学也大有裨益。其《赵大至得孙大入关之信兼闻蒋表弟良卿欲入都城东酒徒无一人居里者感赋此首近简黄二杨三徐大》即大体反映了毗陵七子少时意气风发、诗酒唱和的情景：

> 一岁居里倾千壶，两年为客偿宿逋。城东日日添酒垆，城西时时出酒徒。城东酒楼一十六，城中少年出相续。酒翁叹息酒妪愁，可惜少年皆远游。少日谁最狂？雅数孙与黄。就中短赵差有检，结束身手趋吟场。东风吹春入酒楼，当时少年百不忧。三更酣春楼上头，红烛光满楼前洲。骑龙弄凤世不惊，只有酒家知姓名。……

洪亮吉和七子唱和诗中以《独鹤行寄黄景仁》和《饥鹞行寄孙星衍》为代表：

> 独鹤亦不高，如人长七尺。罗张网布不可以暗飞，悄然堕尔秋原之孤白。幽蟾光短不得长，一星当天病眼黄。鹤于此时何处

---

① 作者自注："君作太夫人书毕，目已暝，复苏，乃更作书，贻余西安"。
② 诗后自注："君不善摄生，去岁别西安，余又苦规之，君虽颔之，而不能从也"。

翔？不随雅头青，不随鸭头碧。不随愁鸿南，不随悽燕北。汝黑汝白不可知，汝南汝北我则思。君不见，羽毛如霜膝如铁，汝今虽远游，慎勿使霜毛摧、铁骨折！

《独鹤行寄黄景仁》

饥鹓尔何来？闻自天上堕。世人不知为奇祥，闻声而惊反惧祸。何为牵汝头、缚汝脚，使汝乌不乌、鹊不鹊。墙倾月明，庭低露凉。秋虫食之，令人心伤。徘徊不能行，我见惊是饥凤凰。君不见，凤凰虽已饥，光彩自不藏。犹吐五色云，高若百尺墙。世人文章休目迷，我辨毛质皆山鸡。不然何以饥鹓苦饥汝苦肥。

《饥鹓行寄孙星衍》

这两首诗皆为寓言诗，前一首以独鹤喻黄景仁，写出其傲岸不群的个性，并鼓励他要坚守节操，不随俗流转。后一首以饥鹓喻孙星衍，为其怀才不遇而心伤，并讽刺了那些没有才华而高高在上者。

乾嘉时期，标榜文治，封疆大吏们大多喜欢养士，而且承平百年，人文辈出，在科举的窄门前自然就有许多人吃了闭门羹，许多寒士也把游幕当作谋生和仕进的另一条道路，致使游幕之风盛行。当时几个较大的幕府几乎收容了大部分在野的硕彦俊杰，其人员构成多为学者、诗人，他们生活优裕，在帮幕主整理文献之暇则分韵赋诗，故而幕府文学盛极一时。洪亮吉壮年之时已声名远播，橐笔出游于公卿间，先后客游于朱筠、毕沅等人的幕府，与众幕宾们研讨学术、登临题诗，其唱和诗充分体现了乾嘉时期幕府文学的特点。

乾隆三十六年，洪亮吉至朱筠幕府，时幕中文士主要有吴兰庭、庄炘、高文照、章学诚、邵晋涵、钱坫、王念孙、汪中、武亿、黄景仁、张凤翔、莫与俦、瞿华、徐翰、顾九苞、汪端光、苏加玉等，将当时在野的学界闻人囊括殆尽，正如亮吉所云："荀贾之学，与枚马之赋同登；后门之贤，与世家之英错列。"[1] 朱筠幕府以学者为主，专门

---

① 洪亮吉：《椒花吟舫图序》，《卷施阁文乙集》卷八，《洪亮吉集》，中华书局2001年版，第370页。

的诗人不多，不过乾嘉时期的学者很少有不会作诗的，他们常在一起登山临水，题诗联句。洪亮吉在朱筠幕府期间所作的唱和诗代表作有《寄大兴朱学士筠三十韵》《赠邵晋涵八十韵》等，以《幽居菴雨夜偕王三吉士沈大绍祖孙大星衍联句三十韵》为例：

茅庵面山腰，峣突各百仞。豹雾酿湿云（吉士），虬枝结阴阵。荒渠涧犹沚（亮吉），脉断壑谁濬。梅梢束春魂（绍祖），篁丛定风信。廊败已剥椒（星衍），阶颓尚荣蕣。……

这首诗不类洪亮吉诗的总体风格，而且，从《北江诗话》对孙星衍等人的评语来看，也不似其余三人诗的风格，倒颇似幕主朱筠的诗风。朱筠和翁方纲是乾嘉时期学人诗的代表，宗法宋诗，好以学问入诗，喜用奇字僻典，诗风滞涩奇崛。洪亮吉在朱筠幕府期间所作的唱和诗多类朱筠，古奥深涩，故而袁枚致书亮吉说他："新学笥河学士（朱筠）之学，一点一画，不从今书，驳驳落落如得断简于苍崖石壁间。"[①] 翻检一下孙星衍《芳茂山人诗录》和邵晋涵《南江诗钞》，均可以看到朱筠诗的影子。

乾隆四十六年，洪亮吉入毕沅幕，当日朱筠幕下士，除王念孙外，其他学者诗人均流转至毕沅幕府，还有许多新来的幕宾，如程晋芳、江声、吴泰来、王文治、严长明、毛大瀛、吴文溥、钱伯坰、邓石如、方正澍、王复、史善长、胡虔、冯敏昌、杨芳灿、吴照、凌廷堪、徐嵘庆、臧庸、严观、张琦等，成为清代最大的学人幕府，不过，毕沅幕府成员以学者居多，兼有许多专门的诗人，酬唱谈讌之雅，更胜于朱筠幕府，《洪北江先生年谱》云："陕西有回警，日偕毕公筹兵画饷，暇即分韵赋诗，常至丙夜。"可见其酬唱之盛况。洪亮吉在毕沅幕府中长达八年之久，不论是在诗歌题材上还是在风格上，都深受毕沅的影响。毕沅是一位学者，尤精金石之学，其诗歌喜参杂金石考据，故其幕中诗人的唱和诗有许多简直就是金石文字考证，如《周忽鼎联句》

① 袁枚：《答洪华峰书》，《小仓山房文集》卷十九，《续修四库全书》第1432册，第216页。

《开成石经联句》等，在诗中作起了考据，长篇累牍，文辞古奥艰深。在毕沅幕府期间，诗人们还经常举行消寒诗会，① 即诗人们围着炉子饮酒赋诗，这种诗会在宋代就有了，至清代则已相当普遍。消寒诗会的主要内容是咏物题画，咏史怀古，虽然文辞不似联句那样古涩，但却充满着闲适的情调，如其《消寒第九集同人出西安城西南访第五桥故址回途至香积寺小憩约赋六言二章分韵得长头二字》："初三月色虽好，第五桥名已荒。云与石崖共削，客与原树争长。"

乾隆五十五年，洪亮吉榜眼及第，派充石经馆，清中叶在内外三馆及翰林院聚集了大量的人才，可以说汇集了当时一流的学者和诗人。然而，有限的官吏机构很难安排这么多人的职务，馆阁积压了大批文士，他们或为冷官，或处于候补梯队，闲暇时间很多，"冷官一日无余事，只向疏阑数举杯"（《晦日卷施阁饯春偶赋十首》之一），其生活的主要内容就是诗酒唱和，其题材仍然是咏物题画、咏史怀古，但是，不同于游幕时期的是，洪亮吉在翰林时期的唱和诗多蕴含着一种莫名的烦闷和感伤，不似先前那么悠闲，其实这也是乾嘉时期馆阁诗歌的共同特点。他们的诗歌呈现出这种风貌，是与其生存境遇及心态息息相关的，处于馆阁的文士们大多是具有强烈经世抱负的时彦俊杰，他们在未登第之前拼命挣扎在科举的道路上，而当他们"十年一剑"终于磨成之后，却依然无法实现自己的政治理想，渴望有所作为而碌碌无为的现实让他们倍感失望，而且官场的尔虞我诈、升沉难定让他们变得非狂即狷。然而，这种压抑和愤懑又不能直接宣泄出来，尴尬的生存环境使他们的诗歌普遍存在着一种莫可名状的抑郁和感伤，洪亮吉在馆阁时期的诗作即是典型。

当时的京师以翁方纲的"诗境"和法式善的"诗龛"为两大文学阵营，"翰林近日诗名盛，远有诗龛近诗境"（《法学士式善招饮诗龛病至西直门看荷花即席赋赠》），洪亮吉与之均时相过从。乾隆四十四年，洪亮吉北游京师时，已名噪京苑诗坛，"时翁学士方纲、蒋编修士铨、程吏部晋芳……共结诗社，首邀先生及黄君入会。每一篇出，人

---

① 见《洪亮吉集》，中华书局 2001 年版，第 538—544 页。

争传之"（《年谱》）。在登第后复与翁方纲等相唱和，翁方纲很崇拜苏轼，故而他们常以东坡生卒日集结诗会，以缅怀苏轼。洪亮吉与法式善等唱和更密，他被称为"诗龛四友"之一，① 洪亮吉的《法学士式善招饮诗龛病至西直门看荷花即席赋赠》对诗龛的唱和盛况略有反映：

> 诗龛主人尤嗜诗，退直闭户吟多时。龙楼凤阁森前后，尺五天边住偏久。五径山色落前头，时有闲云堕高柳。开门十顷荷花潭，邀我早日同幽探。启明星落已催驾，我本蓄意来诗龛。马前遥遥两红烛，十里路中晨睡足。诗龛已到不索诗，旧读主人诗已熟。东头词宗百菊溪（百侍御龄），宗伯宅复连街西（铁侍郎保）。三人分日操选政②，一室墨雨挥淋漓。以诗存史谁能及，佚事多年苦搜辑。遗山已矣传习亡，北斗以南惟此集。清谈已竟还传餐，饱食散步来河干。城门正对御河口，万柄荷叶风声转。官衢南北车如织，骑马欲归归未得。

京苑诗坛也经常举行消寒诗会，所为多花间尊前之作，题材以咏物题画为主，如《四月十三日张运判道渥招同王给谏友亮刘舍人锡五尹比部秉绶何水部道生胡文学翔云陶上舍涣悦至海北寺街古藤书屋看花小集分韵得花字》《国花堂看牡丹》《题阿少空弥达西寻河源卷子》等。京苑诗人还常至城南宣武坊结社赋诗，洪亮吉的《城南雅集图》有记载：

> 城南百万家，屈指无几人。匪繁果无人，下直常闭门。几年我苦居天末，闲煞城南好风月。侧闻我友兴尚豪，把卷呼之齐欲出。法祭酒，王广文，近来作诗诚雅驯。徐孝廉，张检讨，倔强自夸长句好。介休诗老偏改官，贫甚不厌长安居。稜稜弱冠才尤

---

① 洪亮吉、吴锡麒、赵怀玉、鲍之钟四人在京师酬唱甚密，法式善称为"诗龛四友"，《洪亮吉集》，中华书局 2001 年版，第 896 页。
② 作者自注："时有满洲四朝诗选"。

异，难得何家好兄弟。我交短李惜已迟，睹面却值居忧时。八人
所贵忘形久，不问图中貌妍丑。昨日作一篇，今日作一篇，城南
尘舍不数里，时有飞骑驰吟笺。流传俗口殊难耐，只说群儿自相
贵。岂止帝京景物本冠十七州，赖有数子晨夕成清游。不然东西
红尘日如织，何以使春花生辉月饶色。一奴前行不著鞭，八骑矫
首皆如仙。穿行古刹及荒墅，日永或借闲宅眠。数君才调皆经世，
所喜升平无一事。木天粉署官本闲，欲以琴尊销壮志。徐生忽然
策蹇驴，王子亦欲登牛车。遂令七客忙不已，分日载酒延王徐。
还君斯图三太息，胜会如今亦难得。

诗前小序云："城南雅集图凡八人：法祭酒式善、李编修如筼、张
检讨问陶、刘舍人锡五、何户部元烺、水部道生兄弟、王广文莒孙、
徐孝廉嵩。图成属亮吉跋之云尔。"

此诗写出了馆阁诗人酬唱之乐，然而，"木天粉署官本闲，欲以琴
尊销壮志"的叹息向我们透露了种种优游背后所隐藏的无奈和苦闷，
即使是观花赏景之作也时时流露出一种莫名的抑郁和感伤。

洪亮吉、翁方纲、法式善等人所集结的消寒诗会、城南雅集，其
实就是后来影响颇大的宣南诗社的雏形。宣南诗社成立于嘉庆九年
（1804），其发起人如刘嗣绾、吴嵩梁、陈用光、李兰卿、梁章钜等都
是翁方纲的学生，其早期的许多重要成员几乎都与洪亮吉有交往。宣
南诗社的张祥河在其《乙卯立春后一日坡公生辰……》一诗中云："苏
斋年年具袍笏，旧社宣南传佳话"，并自注："自覃溪老人倡举后，觉
生、椒堂、兰卿诸公数举是会，余在都十余年皆与焉。"[1] 苏斋、覃溪
老人均是翁方纲的号，觉生、椒堂、兰卿，即鲍桂星、朱为弼、李兰
卿等，他们就是宣南诗社的发起人，而且宣南诗社最初即是在坡公生
日集会。宣南诗社发展至近代，影响越来越大，成为由龚自珍、魏源、
林则徐、张际亮等人参加的大规模的社团，已不再仅是一个文学团体。

----

① 张祥河：《小重山房诗词集》，转引自王俊义《清代学术探研录》，中国社会科
学出版社 2002 年版，第 400 页。

六　咏史怀古，咏物题画

洪亮吉作为一名史学家，创作了大量的咏史怀古诗，而其成就却并不高。他的咏史怀古之作，发表对历史事件和人物的看法，抒发沧桑兴亡之感慨，大多是就事论事，很少借古喻今，而且论史亦很正统，很少作翻案语。其曾在《北江诗话》卷一中对唐末李昌符《咏绿珠》诗之刻意尖新深表不满："咏古诗，虽许翻新，然亦须略谙时势，方不贻后人口实。"

洪亮吉少时的咏史诗以大型乐府组诗《拟两晋南北史乐府》和《唐宋小乐府》为代表。《拟两晋南北史乐府》120首，作于乾隆三十五年，亮吉自序云："余童时从黄石缄先生游，先生素邃史学，平居为说典午南北之际事极详，余听之靡靡忘倦，每日夕自塾中归，粗忆其节略，为诸姊弟言之……今秋文战报罢，因取两晋南北史事杂书之，为拟古乐府诗百二十首，非敢计工拙，亦以志童时结习未尽而所闻于先生者"[①]，其中作品多以诗论史，叙述史事多很简洁，故诗后均有小注，诗注结合才能明了作者之意图，这也是乾嘉时期学者诗的普遍特点，如《义熙号》：

> 仇池一隅世忠孝，宋家日月飞不到。永初年间义熙号，当时彤弓与庐失。老臣自当臣晋死，我死善事新天子。呜呼！国亡不与亡，柴桑处士仇池主。

诗后自注："仇池王杨盛，闻晋亡，不改义熙年号，谓世子玄曰：'吾老矣，当终为晋臣，汝善事宋帝。'及玄立，始用元嘉年号。"这首诗敷衍晋宋易代时的一段史话，卒章显志，表明诗人对遗民忠烈的歌颂。《拟两晋南北史乐府》"论诗每称为史，咏史哪得废诗"[②]，堪称一部六朝史诗。

《唐宋小乐府》作于乾隆三十六年，是洪亮吉读新旧《唐书》《五

---

① 《洪亮吉集》，中华书局2001年版，第2155页。
② 屠绅：《跋南北史乐府后》，见《洪亮吉集》，中华书局2001年版，第2207页。

代史》《宋史》时所作，共 103 首，与《拟两晋南北史乐府》不同的是，叙述史事更为简练，将纷繁的史事用简短的诗句概括出来，然而其旨意却很明朗，故诗后没有自注，而增加了议论的成分。如《冬青树》："花石纲，北宋亡。冬青一树，毕宋南渡。"将南北宋更替的原因用短短十四个字就概括了出来。又如《城门开》："言路开，城门塞，城门不塞言路塞。靖康内禅亦可哀，城门言路已并开，二帝北狩何时回。"指出靖康之耻是言路不畅所致。

《拟两晋南北史乐府》和《唐宋小乐府》用乐府组诗的形式演绎了六朝及唐宋史事，以史引论，表现出诗人超卓的史识，赢得了不少诗坛前辈的称赞。朱筠云："余初至太平之初，阳湖县学生洪礼吉来从余游，礼吉能诗歌，其貌温然中英英有气，余读其所拟乐府，心奇之，留幕中。"① 蒋士铨亦云："铁崖乐府容斋笔，万口争传洪亮吉。"② 此语似有过誉之处，洪亮吉的咏史乐府组诗多就事论事，殊少新意，除说明熟悉史事外，没有什么特别的价值，在艺术上亦未超过元杨维桢、明李东阳、清初尤侗的同类作品。

洪亮吉的咏史诗涉及的内容相当广泛，而取材主要集中于秦汉时期，对人物的褒贬及对历史事件的评价均体现出诗人超卓的史识。如《咏史十首》其四："废兴非无端，今古若一辙。亡隋视亡秦，皆至二世失。才非不兼人，志乃在玩物。雷塘一斛萤，竟以天下易。"总结秦、隋两代二世而亡的根本原因是君主的玩物丧志。又如其九："我思盖世豪，实为楚重瞳。其事虽不成，气已吞域中。男儿头可断，不惜归江东。始知孙伯符，未足称英雄。"洪亮吉不以成败论英雄，他很崇拜项羽的人格魅力，咏项羽的诗篇很多，但大都没有跳出前代诗人论楚汉之争的窠臼。而对刘邦却予以讽刺："十载通侯酬项伯，千秋大义戮丁公。犹余一事逃清议，卖友谁诛吕马童。"（《东阿谒西楚霸王墓》）他把刘邦以"十载通侯"酬谢不忠于项羽的项伯而诛杀了不忠

① 朱筠：《国子监生洪君权厝铭》，《笥河文集》卷十四，商务印书馆 1935 年版，第 263 页。
② 附见于《洪亮吉集》，中华书局 2001 年版，第 1978 页。

于项羽的丁公，两相对比，批判刘邦随意赏罚，而且曾为项羽故人，归汉后又参与追杀项羽的吕马童也被刘邦封为侯，"卖友谁诛吕马童"的责难即是诗人对刘邦重用不义之人的批判。

洪亮吉中年时期的咏史怀古诗以《自河南入关所经皆秦汉旧迹车中无事因仿香山新乐府体率成十章》为代表。这一时期的咏史怀古诗除感慨兴亡外，还常将历史与现实联系起来，如其一《荥阳城》：

> 荥阳城，高百尺，因阜筑城如铁色。汉王夜出城西门，荥阳以东属楚人。惜哉一鹿抵死争，食肉不足思分羹！当时若翁幸不烹，乃活纪信燔周生。嗟嗟两烈士，殉主亦殉名！我行天下历州七，奇险无若荥阳城。君不见，荥阳城，值太平，排百雉，无一兵。司关午卧门掩扇，百战古城今下县。

诗人追溯了楚汉相争的历史，他以项羽不烹刘邦之父肯定项羽的义，并批判刘邦"思分羹"的不孝；他还将古今对比，为当今荥阳城"司关午卧门掩扇"的太平景象而高兴。又如其五《董宣祠》赞扬了刚正不阿、不怕权贵、敢于惩处公主家奴的董宣，[①] 而亮吉所处的时代，则权贵横行，莫敢撄其锋，致使诗人"只向道旁思酷吏"。

洪亮吉晚年的咏史诗以《读史六十四首》为代表，其思想深度及对现实的关注力度也较前两个时期有所提升。如其一："大九州藏小九州，大瀛海外水仍流。九州各有开天圣，迭拄乾坤到尽头。"这对世界舆地的认识已非常接近后来的林则徐、魏源等人了。又如其七："蚕食何堪四面来，阳人负黍踉难回。周家八百年天下，末路惟余避债台。"此诗作于嘉庆十三、十四年间，时川陕白莲教起义虽暂平，但东南沿海一带海盗猖獗，英国侵略者也开始侵扰澳门、虎门，诗人虽未能预知后来列强蚕食华夏大地、割地赔款的局面，但显然有了危机到来的预感，才写下了这样以周事为鉴的沉痛诗句。而且亮吉这一时期的咏史诗多了几分学者的理性色彩，如《咏史诗十二首》之二："姮娥蟾蜍

---

① 史实详见《后汉书》卷七十七《酷吏传》。

身，王母戴胜首。古今好色人，赞美不容口。"

洪亮吉和大部分诗人一样对咏物诗是轻视的，他说：

> 雕虫小技，壮夫不为。余于诗家咏物亦然。然亦有不可尽废者。丹徒李明经御，性孤洁，尝咏佛手柑云："自从散罢天花后，空手而今也是香。"如皋吴布衣，性简傲，尝咏风筝云："直到九霄方驻足，更无一刻肯低头。"读之而二君之性情毕露，谁谓诗不可以见人品耶？
>
> 《北江诗话》卷一

可见，洪亮吉虽然认为咏物诗是"雕虫小技"，但也不可尽废，要写好咏物诗关键是要能体现出诗人的人格性情来。如其《南湖即事》："最怜乌桕及丹枫，不入东风桃李丛。却为一春颜色淡，岁寒偏与十分红。"正是诗人孤高难合、不谐流俗之人格个性的写照。又如《秋海棠》："何事肠俱断，倾城色尚夸。春人两行泪，秋雨一丛花。恨绕江郎笔，愁生苏小家。虫声漫呜咽，心绪正如麻。"此诗作于他上书言事之前，在咏海棠的同时，流露出一种烦闷焦躁的心情，"虫声漫呜咽，心绪正如麻"正是诗人目睹时局，晨夕焦虑的心境的写照。再如其作于晚年的《二十三日山馆看桃花》："妖红几树山窗下，薄命东风事游冶。除却瑶池与武陵，小桃可有长年者。为花叹息花已知，花亦顾影矜多姿。君不见，花愁飘零月愁缺，短命桃花下弦月。"题为咏桃花，而实则由彼及此，顾影自怜，"短命桃花下弦月"也正是诗人晚年心态之象征。洪亮吉还主张咏物诗宜讲求比兴寄托，《北江诗话》卷二云：

> 作牡丹诗自不宜寒俭，即如前人诗："国色朝酣酒，天香夜染衣"，比体也。"一丛深色花，十户中人赋"，讽喻体也。外如"看到子孙能几家""一生能得几回看"皆是空处着笔，能实诠题面者实少。若不得已求其次，则唐李山甫之"数苞仙艳火中出，一片异香天上来"，宋潘紫岩之"一缕暗藏金世界，千重高拥玉楼台"，尚能形容尽致。余自少至今，牡丹诗不下数十首，然实诠题

面者，亦殊不多，今略附数联于后。辛酉年《三月十五日在舍间看牡丹》诗："得天独厚开盈尺，与月同圆到十分"；壬子年《京邸国花堂看牡丹》诗："纵教风雨无寒色，占得楼台是此花"；今岁《培园看牡丹》诗："十里散香苏地脉，万花低首避天人"；又："当昼乍舒千尺锦，殿春仍与十分香"；及少日里中《腾光馆看牡丹》诗："调脂金鼎俨同味，承露玉盘饶异香。"与本日所作六首，不知可有一二语能仿佛花王体格否？

洪亮吉所举己作，其寓意很难明了，不过却能"实诠题面"，"形容尽致"，句句富贵语，确已写出了花王体格。洪亮吉的咏物诗用比兴体者极多，如《古桧行》《廖台三老柳行》《戒坛古松歌》《护升庵古槐歌》等，皆为长篇歌行，气势如虹，豪情洋溢，均堪称咏物之佳制，以《戒坛古松歌》为例：

> 沿山西行日光断，一松如龙黑天半。松根一龙干九龙，欲攫台殿凌虚空。虬枝北出风力驶，五里亭边落松子。苍然一顶常宿云，巢鹤不敢呼其群。枝蟠入石石不知，石窦常见生灵芝。年深力厚触山破，根断犹穿北山过。……

全诗气势峥嵘磅礴，风骨遒劲，极富力度感，将古松之壮美摹写得淋漓尽致，而且这棵古松也可以看作是诗人人格气骨的象征。又如《古香斋柏树歌为陈刺史赋》："人间落落古丈夫，天半亭亭挺孤直。饱经雨露颜仍黝，不与凡姿竞颜色。……"比体也，以树之峭拔孤直写陈刺史之非凡品格，形象恰切。洪亮吉还在《北江诗话》卷一中说自己：

> 于是植物亦最喜杏，动物亦最喜燕。少日读《国风》"燕燕于飞"及《夏小正》"来降燕乃睇，囿有见杏"，辄觉神往。稍长，凡前人诗词之咏杏及燕者，无不喜讽之……自所作亦不下十数篇，在汴梁客馆有《杏花》诗四绝句，其一云："倚墙临水只疑仙，艳

绝东风二月天。要与春人斗标格，有花枝处有秋千。"极为同人所赏。在贵州日，《行部至都匀驿馆》云："无人知道春将半，时有出墙红杏花。"《里中横舟亭即事》云："一春消息杏花知"。余不尽录。燕诗如……，自所作亦不下数十篇，童时《卖花声》词云："燕子平生真恨事，不见梅花。"为江南北女士所传诵。按试贵州遵义府使院，有句云："与客生疏惟燕剪，背人开落有棠梨。"《伊犁纪事》四十首中有云："只有寒垣春燕苦，一生不及见雕梁。"《沪渎客中杂咏》云："避俗仍居云水乡，下安吟榻上雕梁。双栖燕子孤眠客，一室权分上下床。"他如《归燕曲》等，皆系长篇，不更录入。

洪亮吉之所以这样絮絮叨叨地玩味前人及自己所作的咏杏、燕诗，正是因为他主张咏物诗要讲求比兴寄托，贵在能见出诗人的人格性情。他还认为"赋物诗，贵在小中见大"（《北江诗话》卷二），如其《初五日近山堂消寒一集分体咏秦宫人镜》：

> 六王虽毕闾左空，男行筑城女入宫。长城东西万余里，永巷迢迢亦无底。宫中永巷边长城，内外结成怨苦声。入宫讵识君王面，三十六年曾不见。转思天上岁月闲，那识相见期仍难。斑斑血泪销难尽，剩得团栾一方镜。携来照影影亦寒，明月尚作秦时看。非珍异物思垂鉴，皆上千年土花艳。君不见，镜铭八字谁所为，篆体绝似东封碑，留伴斯刻千秋垂。

这首诗由一方小小的秦宫人镜想象开去，想到了七国之争、秦始皇奴役百姓，"男行筑城女入宫"，致使"内外结成怨苦声"，从宫人的角度写出秦二世而亡的原因，以为殷鉴，此即为"小中见大"。

洪亮吉又是一名画家，他与许多知名画家都有交往，而且，乾嘉时期，题画也是消闲文人之间酬赠、消遣的一个方面，因此大多文人的诗集中均有数量不等的题画诗。袁行云说洪亮吉："赠别题图，是所擅能"①，即说明了洪氏题画诗的价值。洪亮吉的题画诗可分为两类，一类是单纯的以诗歌来描摹图画，如《徐孝廉嵩芙蓉湖上读书图》："镜收千树绿，灯借一湖星。"又如《张忆娘簪花图》：

> 花红无百日，颜红无百年。只有此图中，花与人俱妍。当时一笑春风阁，头上好花终不落。可知花福亦修来，长得纤纤手香握。卷中小立亦百年，不觉衣带飘东边。幽兰无言露犹湿，花意人意交相怜。百年花尚香，百年人不老。题诗我忆卷中人，莫更错呼张好好。

真可谓诗中有画。洪亮吉绝大部分题画诗是从图中人、物生发开来，借以抒发性情、感慨，如《杨孝廉梦符泣砚图》：

> 一方石，母所藏，儿名甫成母已亡。泉涓涓，墨池滴，尽是孤儿眼中血。我遭孤露偷视息，对此彷徨不能食。少贫无砚写以砖，六经手书母所传。至今砖在犹拾袭，我念亲恩抱砖泣。君孤此意当早识，莫负区区一方石。君不见，男儿负砚已可耻，负亲不得为人子。

亮吉为杨梦符题《泣砚图》，由彼及此地想到了自己，回想起少时母亲传经的情景，不禁为之同声一哭。又如《蒋二廷曜幽居图》："十年为吏走风尘，梦醒仍余自在身。溪上夜乌应叹息，红颜都作白头人。"从画面出发，感慨人事沧桑。此外，洪亮吉还有许多描写民俗风情的组诗，如《南楼忆旧诗》《里中十二月词》《云溪竞渡词十二首》描绘了常州的民风民俗，《黔中乐府十二首》《伊犁纪事诗四十二首》则记载了贵州、新疆少数民族地区的异域风情。

综上所述，洪亮吉的诗歌题材非常广泛，几乎涵盖了社会生活的方方面面，尽管没有超出前代诗人的范围，但仍具有不可忽视的个性魅力。不过，洪亮吉虽然主张诗不妄作，但仍有部分诗作流露出无

---

① 袁行云：《清人诗集叙录》，第 1471 页。

聊、庸俗的一面，如《贾孝女诗》颂扬一位剜肤活亲的女子，思想落后；而《赵司马怀玉自山左奔丧归同官赠以一舟至清江浦渡河胶败舟坼八口几至覆没以得救免司马作厄解自嘲并索余一诗纪事》等诗则殊为无聊。但瑕不掩瑜，总体上对洪亮吉的诗歌创作应当给予肯定的评价。

第五章　洪亮吉诗歌的艺术特色

洪亮吉的诗歌创作与其诗学理论基本是一致的。他论诗主张学而能变，故其诗歌创作熔铸百家而又自出机杼；他提倡诗教，故诗多比兴，含蓄蕴藉；其诗工于白描，语言清新自然，想象奇特，机趣横逸；而且他追求诗歌体裁的多样化，尤以古体见长，其诗歌总体上呈现出以雄深雅健为主导的多样化风格。

一　博采众长，主变尚新

洪亮吉从"诗以代降"的观点出发，倡言复古。他将师古分为三重境界："颂习古人""学古人而得其似""于古人之外另具心手"①，而洪亮吉的诗歌创作可谓已达到了第三重境界，其诗取径较广，不名一家，"导于汉魏，下暨唐、宋、元、明，精思独到，铺张扬厉，有足以八面受敌之势"②。从不同的角度能看到不同诗人的影子，汉魏的简古，齐梁的艳丽，盛唐的雄放，中晚唐的诡怪，乃至宋诗散文化、议论化的特点，他都有所汲取。然而，他师古也并非不加拣选，而是博观约取，批判地继承前代诗歌的精华。不过，洪亮吉主张"不描摹古人而自合于古"，师古贵在袭神遗貌，要加以脱化，这就使得读者很难明显地看出其宗法渊源。朱庭珍说他"诗学选体"③，袁枚说他"诗学

① 洪亮吉：《钱大令维乔诗序》，《更生斋文甲集》卷一，《洪亮吉集》，中华书局2001年版，第969页。
② 袁行云：《清人诗集叙录》，第1470页。
③ 《筱园诗话》，见《清诗纪事》，江苏古籍出版社1987年版，第6791页。

韩、杜"①，王昶说其"五言古仿康乐，次仿杜陵，七言古仿太白。然呕心镂肾，总不欲袭前人牙慧"②，其好友汤大奎又说"宗昌黎，出入义山、昌谷"③，可谓仁者见仁，智者见智。不过，究其本源，与青莲、浣花、昌黎最近。

洪亮吉论诗以《三百篇》为鹄的，将《诗经》作为诗歌之正则，推崇到了无以复加的程度，故王国均说他"论诗以《三百篇》为主"④。《诗经》"乐而不淫""哀而不伤""怨而不怒"的中正品格感召着历代正统诗人，其以"和"为美的诗美理想也正是洪亮吉孜孜以求的，亮吉诗歌的醇雅蕴藉正是对"温柔敦厚"之诗教的实践。在形式上洪亮吉也刻意模仿《诗经》，除讲求比兴外，他还很看重《诗经》中重言、双声、叠韵的使用，他说："《三百篇》无一非双声叠韵……至宋、元、明诗人能知此者渐鲜。"他对王士禛本多不满，然而正因为王"颇知此诀"，才为其赢得了一点来之不易的赞誉。洪亮吉诗中用重言、双声、叠韵的地方很多，如《琴溪客馆作》："拉拉杂杂弹琵琶，萧萧瑟瑟开渚花。青天沉沉忽无见，残月黯黯生光华。迢迢溪水何方泻，漠漠山川已成夜。胶胶扰扰鸡一鸣，雨点落落烟冥冥。"音节圆润整齐，读来朗朗上口。又如《何所行乐十六章》：

> 何所行乐，邗沟北门。堆径黄叶，生埋酒人。余子尚醉，垆头冻春。客欲作歌，余声忽吞。
>
> 何所行乐，平岗西头。病燕不归，仍巢小楼。涧水十折，时而不流。一板作桥，狐狸出游。

全诗十六章，往复排沓，一唱三叹，颇得风人之旨。

清人很推崇《文选》，故而《文选》学盛极一时，《清史稿·艺文志》四"集部"目下"总集类"条列有《文选》著作十六种。许多文

---

① 《随园诗话》卷七，昆仑出版社2001年版，第422页。
② 《湖海诗传·蒲褐山房诗话》，见《清诗纪事》，第6787页。
③ 《炙砚琐谈》，见《清诗纪事》，第6787页。
④ 《重刊北江诗话序》，《洪亮吉集》，中华书局2001年版，第241页。

人都将之奉为写诗作文的法则，洪亮吉不仅深于《选》学，还以《文选》教士，当其"督贵州学政，以古学教士，地僻无书籍，购经、史、《通典》《文选》置各府书院，黔士始治经史"（《年谱》）。洪亮吉的诗歌、骈文得益于《文选》也是不争的事实。《文选》所选作品上起先秦，下至梁代普通元年（526），诗歌以汉魏六朝为主，所选诗多词藻华美者，尤以谢灵运的山水诗为多，所谓洪亮吉诗学《选》体，主要就是指效法谢灵运，故而符葆森《国朝正雅集》说洪亮吉："诗则五言追踪大谢，以性好游山，故所作近似。"① 谢灵运是古代山水诗派的开创者，其山水诗属写实一派，注重镜花水月般地描摹自然景物，刻画工细，色泽明丽，语言警新，又喜入奇字。洪亮吉一生致力于山水诗的写作，其中期所作山水诗，讲求"为天地立言，而我何容心"，风格手法也颇似大谢。

不过，对洪亮吉影响最大的还是李白、杜甫、韩愈，《北江诗话》对三人的褒奖俯拾皆是，他评三人诗谓："李青莲之诗，佳处在不着纸；杜浣花之诗，佳处在力透纸背；韩昌黎之诗，佳处在字向纸上皆轩昂。"亮吉诗飘逸不群似青莲，沉郁顿挫似浣花，峥嵘磅礴似昌黎。

符葆森说洪亮吉："七古步武青莲，风发泉涌，一往莫御，尤为人所难及。"② 洪亮吉自小便很崇拜李白，少日谒太白墓，曾言："我欲发语惊鸿蒙，诗成还输白也工。笑谓先生安得死，明星在天月在水。直须痛饮齐悲欢，大地何似杯中宽。"已颇有太白风概。至亮吉被戍后，常以谪仙自比，其《跋苏文忠公游庐山诗后》云："青莲四十九，甫谒匡庐君。③ 我齿逾十年，天阙亦竟至。鸿鹄虽远扬，麋鹿亦可群。青莲逮今时，倏已千余春。庶几三谪仙，配此五老人。"洪亮吉诗歌以七古歌行见长，风格豪放不羁，亦似李白，如其《偶然作》：

> ……黄姑纤女擎酒杯，倒吸银汉成春醅。我知西江流，吸尚不盈口。才能解宿醒，未可酌大斗。断鳖之足亦不足佐餐，何不

---

① 《兰言集》，见《清诗纪事》，江苏古籍出版社 1987 年版，第 6790 页。
② 《兰言集》，见《清诗纪事》，江苏古籍出版社 1987 年版，第 6790 页。
③ 作者自注："子瞻亦册年始撷庐山云"。

天上吞双丸。堆胸日月取次吐复纳，庶使一世知我胸次远比沧溟宽。

豪情洋溢，奔放不羁，颇得太白诗之三昧。另外，洪亮吉还有多首《将进酒》，亦刻意模仿李白。

自清初以来，诗坛一直涌动着一股尊杜风潮，洪亮吉也受到这股风潮的熏染，孙星衍、汤大奎等人都说他诗学杜甫。洪亮吉也堪称清代万千学杜者中颇得其神似者之一，袁枚甚至说："稚存学杜，其类杜处乃远出唐宋诸公之上。"① 故而，其后的宋诗派也将洪亮吉作为效法的对象。杜甫作为儒家诗教的化身和忧国忧民的崇高形象，其人格魅力深深地感召着洪亮吉，亮吉反映民生疾苦的诗篇，如《里中谣》《宜沟行》等，颇得少陵"三吏"之法乳。又如贬谪途中所作的怀人诗《元夕过阜康县七十里宿黑沟》，又很像杜甫的《望月》。再如《四鼓行峄县道中》：

> 高原坟树古，人鬼或同径。夜气沉残月，天风动大星。未愁前路暗，不断此山青。向晓寒尤劲，车前雨脚腥。

苍凉寥廓，沉郁顿挫，颇有老杜风致。但杜甫对现实的关注面是亮吉所难以望其项背的，亮吉学杜，可云得其神，而未得其髓。洪亮吉还在诗歌形式上学杜，作有《春兴》《秋兴》《寓兴》《漫兴》等同题诗歌若干篇，又模仿杜甫《八哀诗》作有《四哀诗》。

尽管洪亮吉没有明确说他宗法韩愈，甚至还在《北江诗话》中经常批评韩诗"奇而太过"，但洪亮吉学韩已成学术界的共识，钱维城甚至说他是"昌黎复生"（《年谱》）。洪亮吉学韩的痕迹不甚明了，不过其在关中所作的山水诗，写景刻画精细，喜用长篇，铺张扬厉，颇有怪奇诗派的风格，如《由车厢谷经十八盘诸险》，幽奇险怪，笔力遒劲，大气磅礴，有昌黎诗歌汪洋恣肆、浩荡无涯之概。

---

① 袁枚：《与洪稚存论诗书》，《小仓山房文集》卷三一，《续修四库全书》第1432册，第372页。

洪亮吉于中晚唐诗歌用力尤勤，他很尊崇白居易，曾劝谢启昆、秦瀛为白居易建造祠堂，^①并常在香山生日为其设祀，如《二十日同人为白文公生日设祀因小集湖上作》云："文名偶并元才子，诗谏吾钦白舍人。大历体裁输后辈，永贞朝事感孤臣。"而且他的长篇叙事诗《洪烈妇诗》《闸官诗》等，用平易质朴的语言铺叙事实，富于情节，与元白新乐府一脉相承，其《朝阪行》《卖儿行》等揭露官吏的罪恶和百姓的苦难，也继承了"感于哀乐""缘事而发"的乐府传统。洪亮吉还有许多模仿白居易新题乐府的诗作，如《自河南入关所经皆秦汉旧迹车中无事因仿香山新乐府体率成十章》等。

汤大奎还说洪亮吉的诗歌"出入于义山、昌谷"，也可谓知己之论。李商隐的诗歌工于比兴寄托，追求一种凄迷情思和朦胧意境；洪亮吉论诗也讲求兴寄，力求将感情表达得含蓄婉转，这样的例子不胜枚举，如其《五鼓自伍浦渡湖至东山》："水声摇短梦，风色眯长年。昨夜前山雨，茫茫笠泽烟。"情思绵邈，意境含蓄，意旨晦涩，一如义山。

李贺被称为"鬼才"，其诗刻意追求波谲云诡、迷离恍惚的艺术境界，洪亮吉的部分诗作明显受了李贺的影响，如《湖上夜起》："青天沉沉黑云破，时见东山鬼磷火。星沉月落雨一天，辟牖更枕荷香眠。"全诗画面暗淡阴冷，充满了鬼趣。又如其五组游仙组诗，大胆驰骋想象，似天马行空，用晦暗幽冷的意象构造出一个瑰奇斑斓的神仙世界，深得"长吉体"之要领。

除白居易、二李之外，洪亮吉还钟情于小杜及郊、岛。《北江诗话》卷二云："中唐以后，小杜才识，亦非人所及。文章则有经济，古近体诗则有气势，倘分其所长，亦足以了数子。宜其薄视元、白诸人也。"对杜牧可谓推崇备至。洪亮吉诗歌气骨清峻亦得益于小杜，杜牧长于咏史，洪亮吉亦致力于此，其咏史诗之以诗引论、卒章显志也与杜牧十分相似，如其《华清宫》与杜牧之咏史名篇《过华清宫》有异

① 洪亮吉：《是日即移寓苏公斋》诗注，《更生斋诗续集》卷二，《洪亮吉集》，中华书局2001年版，第1555页。

曲同工之妙。洪亮吉对孟郊的推崇甚至超过了韩愈，《北江诗话》卷六云："昌黎《南山》诗可云奇警极矣，而东野以二语敌之曰：'南山塞天地，日月石上生。'宜昌黎之一生低首也。"洪亮吉诗歌之奇崛险怪、孤寒峭刻即受孟郊的影响，如《上油榨关》："一石横绝天，一石横塞地。盘空两巨石，缺处复锋利。虽云置营讯，劣仅入只骑。前经绝壁下，转觉人马细。东南初破曙，一缕入云气。太息抚鸟巢，吾形愿同寄。"洪亮吉诗风之瘦硬又受了贾岛的影响，他在每年除夕时，都要仿贾岛祭诗。

洪亮吉是鄙薄宋诗的，甚至对一代宗师苏轼也颇有微词，讥笑其诗歌用韵的纰漏，不过，他受东坡影响却是不容置疑的。乾嘉时期，诗人学苏者"几十人而九"（《北江诗话》），尤其是常州诗人更是把苏公视为神圣。苏轼具有浓厚的"常州情结"，一生曾十三次踏足常州，并选择常州作为终老之地，据粗略统计，苏东坡一生所写与常州有关的诗文约有 200 多篇①，东坡在常州的寓斋即属洪亮吉外家蒋氏，洪亮吉《东坡生日集翁学士方纲苏斋即送罗山人聘出都》写道："廿载我居公旧宅，一年两度荐清沽。"诗注云："东坡卒于常州，其宅前属余外家蒋氏，岁常以生卒日祀东坡，并为会。"而且亮吉还明言其诗瓣香苏轼，他说："童年学句殊清瘦，诗法从公梦中授。""瓣香到公应已知，天上乐或忘年时。"（《消寒四集十二月十九日为东坡先生生日同仁集终南仙馆设祀并题陈洪绶所画笠屐像后》）苏轼以文为诗，喜以议论入诗，其诗无意不可入，无事不可言，充满着理性光辉和哲理意味，洪亮吉对苏轼的效法亦在此，如其《频夜起看残月有作》：

> 少岁如新月，初三及上弦。最怜光满夜，亦似客中年。齿发今如此，情怀愈黯然。回回过宵半，判与看残蟾。

宋人除东坡外，亮吉还师法杨万里，他论诗重"趣"亦与杨万里同，伍崇曜的《粤雅堂丛书北江诗话跋》明言亮吉诗"仿杨诚斋"②。

---

① 陈弼：《苏东坡的常州情缘》，《常州工学院学报（社科版）》2008 年第 4 期。
② 见《洪亮吉集》，中华书局 2001 年版，第 2314 页。

杨万里自开创"诚斋体"后，沉寂了几百年，至乾嘉时期，在袁枚、赵翼、洪亮吉的大力提倡下，才又重放光彩。洪亮吉诗歌的诙谐幽默、机趣横逸即得力于杨万里，如《南楼忆旧诗四十首》之三十五："一室如瓢枕水隈，绿杨影里小门开。纸鸢脱手人惊散，却值先生曳杖来。"诗人回忆小时候在外家书屋读书的情景，全诗充满了童趣，而"童趣"也恰是杨万里诗歌创作所孜孜以求的最高境界。又如《村西》："村西枯竹林，枝节一何短。枉抛造化心，条条学虫篆。学篆不已学草书，天然之妙旭不如。东风朝朝雨夜夜，已有惊蛇出其下。"用遒劲横放的竹枝比书法字体，形象生动，此即亮吉所云之"天趣"。又如《新店驿夜起》："山禽影落波，反使游鱼唼"，又充满了"真趣"。再如《六月十五日夜宿汉川板湖口夜起视月并送舟子回家》："灵湖万顷影接天，巨鱼枕波效客眠。平波无声岸风快，柳丝牵船出天外"，《咏史》："丈夫伸脚睡，天上动星辰"，则又别趣横生。

洪亮吉诗歌之多样化风格的形成，与其对前人的师法是分不开的。不过，尽管洪亮吉提倡习古，但他更强调创新，正如王昶所言，洪亮吉的诗虽有师古的痕迹，"然呕心镂肾，总不欲袭前人牙慧"，可谓确评。洪亮吉提倡"于古人之外，拔戟自成一队"，其诗歌从立意、取材、体式等各个方面追求全方位的创新。

二　讲求兴寄，闲雅蕴藉

洪亮吉论诗重诗教，贵比兴，这是其诗学理论的灵魂，其诗歌创作充分实践了这一诗学主张，多用比兴体，追求含蓄蕴藉的中和美。如其《猴山道中梦游仙诗》《后游仙诗》《梦游仙诗三十首》《续游仙诗》等均以上天入地的恢奇想象和纵横捭阖的笔法，寄托着诗人对现实的感悟，如《猴山道中梦游仙诗》：

> 三度人间谪乍还，玉虚容易缀仙班。淮南鸡犬偏无劫，稳住红云碧落间。

（其三）

上界仙人住杳冥，闲来紫府斗心灵。青天大似弹棋局，空里时间有落星。

（其六）

前一首诗以淮南鸡犬为喻，讽刺那些没有真才实学而靠依附权贵得以仕进者；后一首以"紫府"喻宫廷，以"棋局"比官场，讽刺那些朝中官吏勾心斗角，时沉时浮，比喻恰切，词旨隐晦，运笔不迫不露，含蓄委婉。而下面两首则较为辛辣：

岳渎群神贺正回，玉皇高拱坐层台。虚窗亦养红鹦鹉，惯述人间琐事来。

（其三十）

无多识字便成仙，香案惟留《易》一编。诏取洛阳王辅嗣，茅亭重与论先天。

（其三十一）

第一首讽刺那些封疆大吏不关心民生疾苦，不为民请命，朝见时只讲些无关民生的"琐事"；第二首则嘲笑那些不学无术的进士们，他们不懂学问，只知道谈玄论道，装腔作势。又如亮吉上书前所作的《偶成》二十首：

疾风走空谷，奔此霆与雷。郁郁松杉姿，高干罔不摧。一朝营华居，悼叹无良材。良材本无多，大匠意不回。我欲从唐虞，先借皋与夔。开诚而布公，一世识所归。君看参天枝，夫岂旦夕栽。

（其十七）

此诗虽未明言雷霆比喻什么，但通过全诗即可知是指朝廷摧残人才的文化高压政策。乾嘉时期，文字狱迭起，许多人因言致祸，人才凋零，当嘉庆帝下诏求言时，朝野又出现"万马齐喑"的局面，故而洪亮吉呼吁统治者应当重视人才，开诚布公，这样天下俊杰才能从之如流。

似这般托兴言志之作，在洪亮吉的诗集中俯拾皆是，如《杂诗》其七："人生处贫贱，譬若星夜行。虽无迷途忧，终苦无光明。夜长何耿耿，中有蟋蟀鸣。虫鸣愁宵凉，客鸣愁途长。途长有如绠，泪下沾衣裳。谁持明星归，化月生光辉。"以夜行之星来比喻自己前途渺茫、生计艰难的处境，末尾似在寄意，希望有人援引。又如《花落有感》："昔作群花冠，今依百草根。东风任飘去，莫更近朱门。"以花喻人，含蓄委婉地写出诗人晚年失意寥落的心情。

洪亮吉论诗将儒家诗教与比兴寄托结合起来，其诗歌创作又充分实践了这一诗学主张，使其诗作言有尽而意无穷，体现出委婉蕴藉、寄慨遥深的风貌，深得风人之旨。

三　工于白描，想象奇特

洪亮吉论诗虽标举学问，但若深入地考察其诗作，除咏史怀古诗及在幕府、馆阁中的唱和诗外，很少以学问入诗。其咏史怀古诗是因题材所限，必须渗入学问，而幕府、馆阁的唱和诗具有掉书袋的习气，则是乾嘉时期幕府、馆阁文学的普遍特点，有自矜淹博的意味。这些诗在洪亮吉的诗作中只占很少的一部分，并非其诗歌的主体风格，所以不能想当然地把洪亮吉划入以学为诗的行列，正如施山《薑露盦杂记》所云："北江诗自有不可磨灭处。然其诗话称引己诗以考据为本，称引人诗以对仗为工，吾意不以为然。"① 其实，洪亮吉提倡学问，只是讲求作诗的基本功，即文字、音训、史学等方面的积累，他是明确反对以学问为诗的，他所谓的"学识"，究其实质，主要是指前代诗人作诗的经验技巧。洪亮吉的诗歌在博观约取的基础上，力求天然浑成之美，绝少书卷气。

洪亮吉作为一名画家，其诗工于白描，富于情韵，语言清新，善于描摹设色，使其诗歌具有一种诗画意境。如："城北原南日已曛，雨

---

① 《清诗纪事》，江苏古籍出版社1987年版，第6792页。

丝偏欲洒鸦群。凭谁画取昏黄景，浓墨天光淡墨云。"全诗明白如话，丝毫没有斧凿的痕迹，前两句构画出一种"东边日出西边雨"的意境，后两句则诗中有画，画中有诗，描绘出一幅美丽的图画。洪亮吉的写景诗很注重色彩的运用，色泽艳丽，风景如画，如以下几首：

> 柳丝垂黄不垂碧，雨脚飘青复飘白。风林吹散一万鸦，随我东来蔽江黑。
>
> 《夜泊金山寺》

> 草花艳紫林花红，蝴蝶五色飞当中。刺梅黄更出墙角，白玉一树娇春风。
>
> 《晚坐》

> 春阴一堆红百堆，山翠缺处桃花开。冥蒙率意石根迸，春笋昨夕闻惊雷。
>
> 《清镇道中》

> 前山诚欲雨，其奈后山晴。涧水忽然暝，杏花无数明。黑鳞成对出，白鸟破空行。卧听花苗曲，劳劳解迎送。
>
> 《都江夜行》

> 桃花红入波心中，一湖波光皆染红。柳丝绿蘸孤山麓，一院风光都披绿。晴红艳碧西泠桥，衫影一色如花娇。金沙港口画桡集，酒旆叶叶来相召。
>
> 《十五日携华大令瑞潢……抵暮乃返》

洪亮吉以画家的眼光、诗人的笔法细致入微地捕捉大自然的美景，精心描摹，大胆设色，为我们描绘了一幅幅美丽的图画。洪亮吉的诗歌不但工于白描，而且还善于运用比喻、拟人等各种修辞手法，如《玛瑙斯龙斗雷行》：

雷欲飞出山，石忽逼雷住。龙神复驱石，横截雷去路。龙施水法雷火攻，水影火影悬当空，水火焰烛星辰宫。忽然雷奔龙欲走，龙旁小龙突张口，夺得雷轮大如斗，雷神归山诉失守。

这首诗化雷雨的壮观景象为龙王、雷神激烈斗争的场面，想象瑰奇，比喻独特，活灵活现地写出了雷雨降临时天空中风起云涌、电闪雷鸣的景观。似这般取譬设喻大胆奇特的诗作，在洪亮吉的诗集中比比皆是，如："寻幽径有三更雾，小病人如四月花"（《题仕女屏风》）；"老辈渐同霜后叶，残年多似雨中花"（《江干》）；"初日波如掌，平飘一叶东"（《二十一日自汉阳渡江登黄鹤楼》）；"最怜大地如拳小，却喜长江似掌平"（《题金山映月楼壁》）；"铜铺蚀月月不流，晓星对户如凝眸。此时灯影薄于纸，金鸭炉中瑞烟死"（《对月》）等等，比喻新奇恰切，形象生动。故而，许多评论者皆谓洪亮吉诗有"奇气"：

论者或以为好奇，不知先生诗于理则醇，于法则正。其用意造句不肯稍涉凡近，类于好奇，乃少陵"欲语羞雷同"之意，实非牛鬼蛇神诡诞不经之奇也。①

洪亮吉在诗中还广泛运用拟人的修辞格，如《天风峡》："天风走天下，一峡束之住。山神张口啮，风伯赫然怒。风威才欲肆，山鬼倏扃户。石石态可憎，棱棱齿牙露。"通篇采用拟人的手法，把山之险峻峭拔写得形象逼真，将静态的景物写得峥嵘灵动。又如《自兴圣寺至松源久憩》："横松既已完，直柏忽横路。排空三百本，一一向天拄。宁惟柏狰狞，憩柏鸽亦怒。峰奇云欲斗，谷秀岭仍妒。"用"狰狞""怒""妒"等富于感情色彩的词汇来形容自然景物，把柏树、山岭的峭拔写得惟妙惟肖。再如《侵晓入太和洞》："转觉岗峦峻，难容地脉回。客方升阁望，山欲渡溪来。"皆用了拟人的手法，将自然景物描绘

---

① 杨文荪：《更生斋诗续集序》，见《洪亮吉集》，中华书局 2001 年版，第 1471 页。

得活灵活现。

四　众体兼备，尤长古体

洪亮吉的诗歌从体裁上来说可谓众体兼备，古近体兼擅。而且他的诗很注重因材就体，峥嵘磅礴的山水诗多用五古，狂放不羁的边塞诗和遒劲峭拔的写景咏物诗则多用七古，酬赠唱和、怀亲念友等诗作则多用近体。他的诗歌以古体见长，其数量占其诗歌总量的近一半，其优秀诗篇几乎皆为古体，且各具特色，"五言古仿康乐，次仿杜陵；七言古仿太白"①。

洪亮吉的诗歌以豪迈奔放取胜，故而多用自由灵活的古风歌行，这也是诗人最为惨淡经营、精心结撰的诗歌样式，如其边塞诗《天山歌》《凉州城南别天山放歌》及咏物诗《古桧行》等均用长篇歌行，纵横捭阖，音韵流转，句式随感情的起伏和景物的变换而参差不齐，内容和形式很好地结合了起来。其次则喜用五古，毕沅说："洪常博奇思独造，远出常情，五古歌行，杰立一世。"②洪亮吉诗歌以山水诗居多，而其山水诗多用五古写成，气势如虹，大气磅礴，玲珑剔透似康乐，沉郁顿挫似老杜，大气盘旋似昌黎，融会了前人五古之精华，形成了别具一格之风貌。洪亮吉的七古步武青莲，其边塞诗、咏物诗、抒怀诗多用此体，豪迈奔放，气势轩昂，风骨遒劲，亦为人所难及。

洪亮吉诗歌好铺彩摛文，故喜用长句，《北江诗话》卷一云："杜工部诗'近来海内为长句，汝与山东李白好'，足见长句最难，非有十分力量十分学问者，不能作也。"他推崇长句，故而又云："生平我喜七字诗，不可一世人尽知。"（《赠巨超慧超即题二僧诗集》）尤好排律，如其《附鲔轩诗》中的山水诗，动辄数十韵，极尽描摹之致，颇有骈文、大赋铺张扬厉的特点。洪亮吉于近体则好用七律，其七律远

---

①　《湖海诗传·蒲褐山房诗话》，见《清诗纪事》，江苏古籍出版社 1987 年版，第 6787 页。

②　毕沅：《吴会英才集序》，见《清诗纪事》，江苏古籍出版社 1987 年版，第 6787 页。

绍王右丞，近俪玉溪生，他说：

> 开、宝诸贤，七律以王右丞、李东川为正宗。右丞之精深华妙，东川之清丽典则，皆非他人所及。然门径始开，尚未极其变也。至大历十才子，对偶始参以活句，尽变化错综之妙。……开后人多少法门。即以七律论，究当以此种为法，不必高谈崔颢之《黄鹤楼》、李白之《凤凰台》及杜甫之《秋兴》《咏怀古迹》诸什也。若许浑、赵嘏而后，则又惟讲琢句，不复有此风格矣。
>
> 《北江诗话》卷六

可见，洪亮吉认为七律应当"对偶始参以活句，尽变化错综之妙"，而反对雕章琢句，恪守对仗格律，如其在幕府、馆阁期间的写景赋物诗多用五、七律，句式灵活多变，不拘拘于格律，笔致清新，婉转悱恻，极体物之工。他的五绝、五律不多，但新警处超过律体，五绝如《出嘉峪关雇长行车二辆车厢高过于屋偶题一绝》："持灯行三更，鞭屋行万里。削雪正欲烹，一星生釜底。"五律如《月夜自马连井至大泉》："入夜程偏好，微茫大小泉。鹊巢云外突，马影月中圆。达坂惊斜下，征车偶倒悬。林梢瞭房近，已有角声传。"均为善状奇境之作。

洪亮吉还认为："诗歌各有所长，即唐宋大家，亦不能诸体并美。每见今之工律诗者，必强为歌行古诗以掩其短，其工古体者亦然。是谓舍其所长，用其所短。心未尝不欲突过名家、大家，而卒至于不能成家者，此也。"（《北江诗话》卷四）尽管洪亮吉主要致力于古风，但也有大量的近体诗，而且不断追求体式上的创新，作有不少拟古词、新乐府、民歌体诗，从三言、四言到杂言都有不少佳作。洪亮吉论诗以古为上，尤其推崇上古歌谣，他也有一些拟作：

> 郎怜心，妾怜织。花连晨，月连夕。颜如芝兰口如杜，薄媚未完仍薄怒。
>
> 《古艳词》

> 回头即相思，对面忽无语。妾身虽坚贞，妾意已相许。妾如团栾月无缺，侬似晓星常逐月。升天入地影不离，何必更判云与泥。
>
> 《古会晤词》

语句质朴精炼，写出伉俪之情深，颇有古歌谣悱恻缠绵之情致。洪亮吉还继承了"感于哀乐""缘事而发"的乐府传统，写有许多新题乐府诗，如前所举《里中谣》《土豪行》等，风格朴素，具有较强的写实精神。他的诗歌还汲取了民歌的特色，以《越桑歌》《云溪春词》《雨急谣》《牧牛词》《黔中乐府十二首》等为代表，如《黔中乐府十二首》：

> 山腰数十家，屈指无百人。树头营危巢，云以祀土神。前门飘风后门雨，逼仄半间神乏侣。村女才烧一瓣香，社公腹内秋蛇语。
>
> 《赛神谣》

> 斑斑猛虎纹，弯弯水牛角。牧童骑牛来，乘便虎欲扑。虎凭爪锐牛角尖，两两转斗来山岩。腥风粘林血粘草，虎卧病创伥出祷。
>
> 《打虎谣》

> 上山忙，下山缓。花深深，波满满。踏波不须郎，侬衣正将浣。腰肢不怕春波湿，村树阴边里衣脱。沿回半晌即出波，八幅裙拖鲤鱼出。
>
> 《网鱼谣》

第一首诗写贵州民间的迷信活动，树头营巢祀土神的习俗今已不见，不过称可腹语的"社公"现在还在贵州民间招摇撞骗。第二首用清新明快的语言，细腻逼真地描绘出一副虎牛激斗图。第三首则描写了苗女用裙子网鱼的场景。三首诗明白如话，苗乡风味十足，颇有竹枝词的特点。洪亮吉在晚年注重诗艺探索，创作了不少三言、四言、六言诗，其中亦不乏佳制，三言如《汪庶子学金以捉月图属题戏成三言诗一首》：

> 天上月，地上人，烟茫茫，隔十尘，欲捉月，驰风轮。风轮迟，月轮快，不得已，及天外。隔十尘，欲捉月，转地轮。月轮宽，地轮小，不得已，出天表。隔十尘，欲捉月，借日轮。日轮红，月轮白，不得已，两相食。上弦月，捉不得，弯如弓，向人射。下弦月，捉不来，愁如眉，惨不开。……

全诗回环往复，长达数十句，将画内景与画外情形象地用诗歌演绎了出来。文人四言诗自魏晋繁盛一度之后，即归于沉寂，至乾嘉时期，许多诗人都作有数量不等的四言诗，洪亮吉的诗集中也有不少四言诗，如《励志诗三十首》之三十：

> 镜不留物，影过即灭。世不待人，事去即陈。浮云激电，生灭何速。视世以心，不视以目。

抒发对人生的感悟，颇有哲理意味。洪亮吉的六言诗多用二、二、二的句式，音韵整饬，对仗工整，极富音乐美，如《寒食花下独酌》：

> 是处风风雨雨，满城燕燕莺莺。昨夜今宵来夕，花朝寒食清明。

五　风格多样，雄健为主

洪亮吉的诗歌风格多样，既有"白马西风塞上"的豪宕苍凉，又有"杏花春雨江南"的清丽柔美，然其诗以雄深雅健为主导风格已成为共识。其《北江诗话》评己诗如"激湍峻岭，殊少回旋"。又云："我豪于饮诗亦豪，胸有太华终南高。"（《九月九日蒋太守熊昌召集同人集息养斋雅宴即席赋赠》）舒位《乾嘉诗坛点将录》将洪亮吉比作花和尚鲁智深，赞曰："好个莽和尚，忽现菩萨相，六十二斤铁禅杖。"①潘瑛、高岑《国朝诗萃二集》亦云："太史诗如风樯阵马，勇不可当。"②类似这样的评价还有很多。洪亮吉论诗重"气"，其诗也以气为胜，康发祥《伯山诗话》称："阳湖洪稚存亮吉更生斋诗，颇有雄直之气。"③其诗歌的主体精神即是豪迈奔放、风发泉涌之气，其边塞诗之所以备受赞誉，正是"奇气喷溢"的结果，而至其晚年，奇气消歇，诗作亦呈现出颓靡的风貌，故而袁行云说：

> 洪亮吉为旷代逸才，硕果名家。未达以前诗多奇警，采石、敬亭、齐云、黄山、天台、雁荡之游，足令人目不暇给。《泰山道中》《皋陶祠》《首河南入关所经皆秦汉旧迹》，咏华岳、龙门诸篇，亦雄深雅健。视学贵州，以山川形势、风土民情入诗，《黔中乐府十二首》，均为纪实。出嘉峪关，万里荷戈，身历其险。《天山歌》《松树塘万松歌》《渡赤金峡》等作，奇薄而出。晚归湖山，声誉益高，而豪情顿减，所作转逊于前矣。④

洪亮吉诗歌的代表作几乎均有一股豪宕沉雄之气，边塞诗如《天山歌》《松树塘万松歌》，咏物诗如《古桧行》《廖台三老柳行》，抒怀诗如《赵大怀玉召饮醉后却寄》，送别诗如《张同年将乞假归蜀醉后作两生行送之》，咏史诗如《东阿谒西楚霸王墓》，题画诗如《题石涛竹西歌吹图》，不论是写景、抒情、咏物、题画，还是咏史、送别，大多蕴含着一股豪迈劲健之气，尤其是其山水诗，纵横开阖，气势飞动，大气磅礴，极富力度感。不过，洪亮吉的部分诗歌为追求遒劲风骨、天然气韵，而缺乏雕琢，不讲格律，故而彭元瑞评其诗："哦诗作作更有芒，宁失不工句必强。"⑤

洪亮吉的诗歌以豪健沉雄见长，不过他的诗风也并非单一的，其

---

① 见钱仲联主编《清诗纪事》，江苏古籍出版社1987年版，第6788页。
② 见钱仲联主编《清诗纪事》，江苏古籍出版社1987年版，第6787页。
③ 见钱仲联主编《清诗纪事》，江苏古籍出版社1987年版，第6790页。
④ 袁行云：《清人诗集叙录》，第469页。
⑤ 见《洪亮吉集》，中华书局2001年版，第1979页。

少时所作的抒怀诗多凄婉感伤，在幕府、馆阁期间所作的咏物、题画诗多清丽典则，晚年所作的山水诗多清新雅丽，咏物诗则香艳柔美、风格纤软，如《雨后作》：

> 雨光青处斜阳黄，衬得小桃红满墙。小桃才开又将落，顶上雨声如落雹。阑干十二春融融，夜漏欲尽闻疏钟。曙光不红花片红，明日步履香东风。

　　总之，洪亮吉的诗歌在师法前人的基础上，追求全方位的创新，不论在题材开拓上，还是在诗歌形式上均有独到之处，以上五点还不足概括洪亮吉诗歌的全部艺术特色，比如洪亮吉诗歌语言的诙谐、幽默等。然而，毋庸讳言，洪亮吉的诗歌也并非尽善尽美的，其诗以豪迈劲健为主导，这是其长处，然过犹不及，故而李慈铭批评他："于诗本非专门，故所论多未确。其诗颇逞才气，涉风情，而时不免叫嚣浅直之病。"① 尽管有失公允，但也揭示了洪亮吉部分诗歌欠缺锤炼、叫嚣浅直、不耐深读的缺陷。张维屏《听松庐诗话》也说："洪北江诗有真气，亦有奇气，时或如飘风骤雨，未免失之太快。"② 施山《薑露盦杂记》亦云："大抵乾隆间诗人如袁、赵、孙、洪诸公，天禀皆高，观古人诗时，意气已压其上，不暇沉思，非惟观明贤诗如是，即于汉唐亦莫不然。故其诗锤炼者鲜，而议论多在皮毛之间。"③

　　综上所述，从洪亮吉诗歌的题材内容和艺术特色来看，其诗歌创作与其诗学理论基本是相符的，不过也有疏离的地方，如他论诗首倡性情，然而其抒写性情的作品也并非其诗之主体；他论诗标举学问，然而其诗歌却很少渗入学问，反以清新自然见长。

---

① 李慈铭著，由云龙辑：《越缦堂读书记》，上海古籍出版社 2000 年版，第 1221 页。
② 见钱仲联主编《清诗纪事》，江苏古籍出版社 1987 年版，第 6788 页。
③ 见钱仲联主编《清诗纪事》，江苏古籍出版社 1987 年版，第 6792 页。

余论　洪亮吉的其他文体创作

一　洪亮吉的词

洪亮吉毕生致力于学术研究，文学创作也以诗文为主，较少填词，今存词两卷，共 179 首，成就亦不突出，后人的评价和研究也不多。洪亮吉很少对词进行理论探讨，不过从其只言片语中就可窥知他对词的态度，其词集自序云：

> 主人（自称）少喜填词，壮岁后恐妨学，辄不复作。即偶一为之，终岁不过一、二首。岁戊午，自京邸乞假回，车厢无事，辄填至数十阕。及塞外回里，亦时时作之，遂满一卷，名曰"冰天雪窖"，从其后言之也。少日所作，亦不忍弃，并裁作一卷附焉，"机声灯影"是矣。①

洪氏明言喜欢填词，但是由于害怕妨碍学问，便弃而不作了，这也反映了乾嘉学者对词的普遍态度。乾嘉时期经学昌明，许多文人皆将学术作为立言之追求，而不甚重视文学创作，如钱大昕、汪中、孙星衍等，早年皆有诗名，因怕诗歌创作会妨碍学问，涉学后都基本上放弃了诗歌创作，更何况是向来被视为"小道"的词，在朴学全盛之时受到鄙薄亦是必然，故而乾嘉时期的学者大力为词的不多。《北江诗

---

① 《洪亮吉集》，中华书局 2001 年版，第 2095 页。

话》卷三又云：

> 诗词之界甚严。北宋人之词，类可入诗，以清新雅正故也。
> 南宋人之诗，类可入词，以流艳巧恻故也。至元而诗与词更无别
> 矣。此虞伯生、吴渊颖诸人所以可贵也。

可见，洪亮吉是从传统的"诗庄词媚"的观点出发，认为诗词有别，当严格区别开来，并以此为立论点，批评宋词之混淆诗词界限，而推重虞伯生、吴渊颖诸人，故张德瀛《词征》卷六云：

> 洪稚存于金、元词，独取元裕之、虞伯生二家。其所撰《更
> 生斋诗余》，盖亦于二家讨消息者。稚存风骨峭厉，而词独清隽，
> 文人故未可以一辙限也。①

洪亮吉这种诗词分界、鄙视词体的词学观，与宋代以来以诗为词的词坛主流相左，亦与清初以来推尊词体的词学大潮相背，故而，见弃于世实属情理中之事。

洪亮吉主张诗词分界，主要是从题材、格调等方面来说的，他的词以抒情、写景为主，情调凄婉缠绵，清新艳丽。不过，他的词外在风貌颇似其诗，清峻之中蕴含着一股奇气，以奇崛豪宕自异于时流。他自言"兴来不学前人派"（《苏幕遮》），但要谈其宗法渊源，则与阳羡词派为近，其《满江红·陈其年先生填词图为伯恭学士赋》云："卅载填词，香一瓣，敬酬阳羡。"又云："竹垞老，梅村叟，招玉叔，携红友。且不知秦七，何论黄九？辈几暂停三寸管，新腔已落千人口，羡当年，风月最清华，谁能又？"从其自白即可窥见其门径，他在浙西派势力犹盛之时，毅然承继日益式微的阳羡宗风，所以，严迪昌《清词史》将他划入"阳羡词派的派外流响"的行列。洪亮吉的词多想象飞腾、神游九天的游仙之作，最接近阳羡词派的史惟圆，此类上天入地、神驰冥想的形态乃是寻觅宣泄人世间愤懑的表现，绝非游戏兴到

---

① 见唐圭璋《词话丛编》（五），中华书局 1986 年版，第 4183 页。

之笔。如其《木兰花慢·太湖纵眺》便是具有阳羡词雄奇境界和奇崛情韵的佳作：

> 眼中何所有？三万顷，太湖宽。纵蛟虎纵横，龙鱼出没，也把纶竿。龙威丈人何在？约空中、同凭玉阑干。薄醉正愁消渴，洞庭山橘都酸。　　更残，黑雾杳漫漫，激电闪流丸。有上界神仙，乘风来往，问我平安。思量要栽黄竹，只平铺、海水几时干？归路欲寻铁瓮，望中陟落银盘。

这首词以三万顷太湖的迷茫浩瀚为背景，抒写了词人豪迈俊爽、自由放旷的情怀。起句自问自答，大笔挥洒，一开头就将太湖的浩渺阔大气象刻画出来，为全篇抒写豪迈雄放的情怀造势。接下来就景生情，以浩渺湖山、蛟虎纵横、龙鱼出没为背景，推出一位藐视大风大浪、猛兽鬼怪的垂钓者的形象（实即词人自我形象）。他独钓太湖，未免有点孤单，于是他仰望天界，插上想象的翅膀，开始在神话的王国中驰骋情怀，并邀请龙威丈人①下来共享垂钓之乐。作者咏太湖之景，又巧妙地嵌入与太湖有关的神话传说，这就为三万顷湖泊增添了神秘气氛，为下阕续写奇险莫测之景预伏了线索。歇拍二句转而写实，加浓了全篇自在自得、旷达适意的情韵。如果说词的上阕着意营造了一种水阔天高、豪迈自由的情感化时空，那么词的下片则转入另一种光怪陆离、奇险幽绝的梦幻境界。换头三句将读者的目光引入幽奇神秘的黑夜，试看夜深更残之际，抒情主人公却豪兴未减，仍然伫立在湖边，继续做他神游太空、遇合上仙的梦。此时湖上黑雾弥漫，电闪雷鸣，这种令人惊悚的景象不但没有使词人恐惧退缩，反而令他浮想联翩，认定那穿梭于黑雾中的闪电，乃是上界神仙纷纷现身，来向他问安，这一高度主观化的幻想境界背后，附丽着词人想要飞身轻举、摆

---

　　① 龙威丈人，又称灵威丈人。唐陆广微《吴地记》云："《洞庭山记》曰：'洞庭有二穴，东南入洞，幽邃莫测。昔阖闾间使灵威丈人寻洞，秉烛昼夜而行，继七十日……一石上有素书三卷，持回，上于阖闾，不识，乃请孔子辨之。孔子曰：此夏禹之书，并神仙之事，言大道也。'"

脱尘寰，与雄奇幽险的大自然融为一体的浪漫情怀。接下来词人由对闪电的联想转而羡慕起仙人的生活，遂生发奇想，要遍栽黄竹①，造成一片人间仙境。但转念一想：这茫茫湖水，平铺到天边，几时才能把它吸干，辟出栽竹的土地呢？这一清醒的认识使词人从梦幻世界回到了现实。今夜之游，已经尽兴了，该是回去的时候了，结拍二句想象奇特，情韵悠长，这时太湖上空黑云消散，银盘似的一轮明月像是落进了澄澈的湖底，这种光景表现出词人在经历了一番浪漫幻想之后，心情复归于平静。全词神驰万里，想落天外，在超现实的描写中有力地抒发了词人豪迈奇崛的主观情思和郁积于胸中的凌云壮志。又如《菩萨蛮》：

> 玉皇宫殿高无极，东西龙虎更番值。天上事偏多，仙人鬓亦皤。　　麻姑空一笑，偶自舒长爪。掐破碧桃花，花光照万家。

这首词是洪亮吉游仙词的代表作，用浪漫主义的象征手法，写天上仙人们的活动，借助虚无缥缈的神仙世界诉说人世间的难言之隐，其寓意是十分明显的。从这首词的寓意和在词集的排列来看，当作于词人供职京师，酝酿上书之前。起句的"玉皇宫殿"，分明是指当时的朝廷，"高无极"则言上下阻隔，忠言难以上达。"东西龙虎"狰狞可怖，象征着皇帝左右的权贵和奸佞。"天上事偏多"点出宫廷中矛盾重重、危机四伏，连逍遥自在的仙人也鬓发皤白了，这里的"仙人"实即词人自喻，这也正是他在上书言事前感慨时局、寝食难安的心境的写照。下阕由前面笼统的"仙人"而具体到"麻姑"，她粲然一笑，轻舒长爪，掐下碧桃之花，让美艳的花光照遍千家万户，一片忧国忧民之心可见。词人渴望"花光照万家"，其实正是其修齐治平的理想境界，也许正是这一理想的非现实性，才使词人不得不借助幻想的形式来曲折委婉地表达。又如《水调歌头》：

---

① "黄竹"本古诗名，出于《穆天子传》，乃是周穆王赴瑶池访西王母时所作，这里用作仙境的代称。

偶厌玉虚住，屈作世间人。人生谁最快意，良夜与良辰。我欲花开地下，更使水流天上，耳目一番新。倘荷化工允，宁惧俗流嗔。　又谁愿，朝列阙，叩群真。百年三万多日，卧足几回伸。九野分铺列宿，五岳填平四海，从此罢扬尘。万事等闲耳，无鬼亦无神。

这首词明显是作于戍归里居之时，用象征手法曲折隐晦地表达了作者被贬之后的牢骚和怨气，这在他的诗作中是见不到的。开头两句以谪仙自喻，一个"厌"字，一个"屈"字，有点自傲，又有点牢骚。接着词人设问，人生在世什么事最为快意呢？是美好的时光和理想的生活。而上阕后半部分则是词人理想和人格的象征，他大胆想象，要使地下花开烂漫，天上水流潺潺，这是多么美好的景象呀！这才是令人耳目一新的理想生活，只要能得到造物主的应允，何惧一些保守的、平庸的"流俗"的嗔怪。此处的寓意也是很明显的，"花开地下""水流天上"也正是词人心目中的理想社会，"化工"象征着皇帝，"流俗"则象征着朝廷中的守旧派，上片寄托着词人改革现实的政治理想，体现出词人希冀整饬秩序的愿望。如果说上阕词人的失意表现得还不够明显的话，那么下阕开头三句则很露骨地道出了词人在放废后的牢骚怨愤，然而这种表白是有点失真的，他自言在朝廷中"百年三万多日，卧足几回伸"，一方面反映出词人怀才不遇的失意，另一方面也可以看出他在官场中的抑郁。表面上看，他好像还不愿意为官，为被贬而感到解脱，其实这也从另一个侧面流露出他的清高和牢骚。接下来的"九野分铺列宿，五岳填平四海，从此罢扬尘"，和上阕的"我欲花开地下，更使水流天上，耳目一番新"一样，都表达了词人治国平天下的理想。但现存的秩序却是牢不可破的，因而，词人只能在一番浪漫的幻想中演示自己的理想了。词的结尾也流露出词人黯然失意的情怀，从中我们亦可以看出，词人晚年虽已赋闲，却仍关怀时政的用世之心。

洪亮吉的游仙词还有很多，大抵风骨清俊、气势豪宕，且寄慨遥深，颇似其诗，如其《唐多令》：

> 真气本无前，豪情忽放颠。一百番、沉醉酣眠。乱摘九天星
> 与斗，权当作、酒家钱。　寥廓约顽仙，踏红云种田。待秋成、
> 岁月三千。拟钓六鳌沧海去，虽不饱，且烹鲜。

　　这首词当作于乞假南归期间，此时正是洪亮吉企图有所作为而禄
禄无为的时期，此词用豪迈奔放之语尽抒胸中之块垒，显得郁勃怒张。
上阕开门见山地写出沉沦下僚的抑郁，"真气"和"豪情"备受摧折，
使作者变得癫狂不羁，经常借酒浇愁，难怪嘉庆皇帝在斥责洪亮吉时
说他："平日耽酒狂纵，放荡礼法之外，儒风士品扫地无余。"① 歇拍
一句豪情洋溢，颇有太白之风。下阕则明显地透露出了作者的出世之
思，整首词显得飘逸空灵，横放不羁，将一腔幽怨之气宣泄而出，全
词的象征意义不言而喻。再如《清平乐·湖中迷道》：

> 风风雨雨，且向前湖去，欲问来船船不遇，进退总愁无据。
> 忽然香气纵横，半空举手将迎。岳渎神抗礼，算来只有书生。

　　一次游湖迷路引来了词人的几多遐想，在进退无据的慌乱之中，
仿佛遇到了对读书人礼遇有加的仙人指路，于是一切问题迎刃而解。
词中不乏瑰丽的想象，其基础则是文人高自位置的自恋情结，这或许
是古代怀才遇者的一种解脱之法。这只是这首词的表面意义，其深层
含义则是作者才高命蹇、进退失据，渴望有人援引的心态写照。
　　洪亮吉不单是游仙词讲求兴寄，即使是写景、咏物亦非寄托不入，
如《转应曲》："天上，天上，谁把两丸安放。东西沧海漫漫，出没真
如转丸。丸转、丸转，天也有时不管。"这是一首语调诙谐的小令，将
大自然日月的运行规律写入词中，意在突出末句"天也有时不管"的
荒唐现象，其批判现实的锋芒显而易见。
　　洪亮吉论诗重性情，填词亦以性情为主，如其写给书童的两首
《金缕曲》，盘转情深，尤为动人。第一首小序云："僮窥园从予八年

---

① 《清仁宗实录》，见《洪亮吉集》，中华书局 2001 年版，第 2393 页。

矣，体弱善病。今年予秋试被落，忽而辞去，念事伤离，不能无作。命沽酒歌此调以送之。"词曰：

> 衣薄还如纸。最凄凉、前宵聒燥，今宵送尔。八载追随无别事，伤病伤离伤死。总误尔、朝饥饮水。苦访虫鱼摩篆籀，但论才、尔便成佳士。休更作，朱门使。　　无家我共僧居寺。只萧萧、寒云丙舍，尚堪南指。入梦总从吾父母，醒处怕逢妻子。况薄命、久无人齿。明日出门谁念我，就飘蓬、断梗商行止。尔去矣，泪流驶。

这是一首送别童仆的词篇，洪亮吉将主仆之间朝夕相处的感情写得真切动人，悲从中来，语语沉痛，似有情不能已的哀伤，临别时的唏嘘之态毕现，"谁念我"以及"商行止"等句写得尤为感人。词中还寓寄了词人自身才命相妨的愤懑，并杂有人生凄凉的复杂感情。童仆窥园"得前词泣不忍去"，洪亮吉复成一阕：

> 暗里惊闻泣。一声声、无端惹我，青衫又湿。多病经旬谁得似？欲共候虫秋蜇。尔似燕、归巢还入。典尽衣裘频拥絮，更同扶、瘦影当风立。浑不怕，霜华袭。　　八年待我肩差及，笑囊空、新诗屡付，佣钱未给。费尔一杯村落酒，为我解除狂习。说月好、今宵初十。楼上三更云气净，看星辰如豆天如笠。吟正远，催归急。

作者回忆起昔日主仆之间患难与共的生活，看到窥园难舍难分的情谊，不禁潸然泪下，这在人情浇薄的时代实属罕见。二词如泣如诉，真切感人。谢章铤《赌棋山庄词话》卷三称洪亮吉此僮："得无如萧颖士之奴耶，何言之沉痛也。"[①] 这两首词以长篇巨制的形式，铺叙主仆之间患难与共的生活，这拓展了词的容量，甚至出现了某种情节描写的内容，使词的生气更为充沛，这也是清词史上的一大进步。

---

① 见唐圭璋《词话丛编》（四），中华书局1986年版，第3353页。

综观洪亮吉的《冰天雪窖词》和《机声灯影词》，以抒写性情为主，且大都讲求兴寄，含蓄蕴藉，其中有描写小儿女情态的，刻画心理方面颇为活泼生动；有反映晚年悼亡之痛的，情真意切，感人至深，如《小重山》："无眠客，今转羡长眠！"又如《浪淘沙》："地下若无埋恨处，仍到人间。"有抒发思乡之情的，如两组《江南好》词；又有抒写怀抱的，如《满江红》等借题画抒发抱负和气概。他时而直抒胸臆，不假雕饰，如《卖花声》上阕紧扣题目写"春分"，下阕就忍不住抒发怀抱了："心切望朝暾，雾暗连晨。关心西北有征尘。日日玉堂天上坐，却是闲人！"时而又用比兴的手法隐晦曲折地表现当时的政治气候和自己的人生感言。

此外，洪亮吉的词求新尚变，体式不拘一格，尤好用一些不常见的词牌，如《一萼红》《摘得新》《玉珥坠金环》《法驾道引》《霜天晓角》等。但他的词也有刻意生新之弊，喜押险韵，为后人所诟病：

> 稚存喜用险韵，《西江月》云："相对烛花呵欠。"《蝶恋花》云："闲日偶从妆阁侦。"《苏幕遮》云："乞篆题缣，蝶恋孤僧介。"《如梦令》云："几片断霞如斩。"《凤栖梧》云："对人言语尤奇窘。"《买陂塘》云："一一泪珠缴。"《蝶恋花》："五更吟断梅花诔。"《法驾道引》云："海云为佩月兜。"《霜天晓角》云："天子更思康奢。"《临江仙》云："脂粉泻成洼。"若斯之类，恐非词家本色。①

总之，洪亮吉鄙视小词，填词不甚用力，即使这样，尚有许多新警之作，在乾嘉词坛上承袭日渐式微的阳羡宗风，小词豪宕清峻，颇似其诗，在毗陵词坛孤标一帜，故而，夏承焘评其词谓：

> 平分两当（黄景仁的《竹眠词》）与长离（王采薇的《长离阁词》），机声灯影又一时。留与南人看胆气，冰天雪窖有新词。②

---

① 见唐圭璋《词话丛编》（五），中华书局 1986 年版，第 4183 页。
② 吴无闻注：《瞿髯论词绝句》，中华书局 1983 年版，第 69 页。

二　洪亮吉的骈文

骈文极盛于六朝，绵延于唐，至南宋末叶，血肉已枯，菁华已竭；历元明两代，几成绝响；至明末清初，作手辈出，佳作纷纭，呈现出中兴之势；至乾嘉时期，朴学大兴，许多学者皆钟情于重学骋才的骈文，出现了所谓的清代骈文八大家，骈文创作盛极一时，大有超唐迈宋、追踪六朝之势，而洪亮吉与汪中则其佼佼者。刘麟生说："乾隆骈文，汪洪并称，汪以朴茂胜，洪以清丽胜。"① 张仁青亦云："北江学穷宙合，识迈千古，与江都汪容甫并称清代骈文之两颗巨星。夫清代骈文之有汪洪也，譬如六朝之有徐庾、三唐之有王杨，其气力之劲遒、才华之卓茂，均足以高视一代，尽掩诸家。"② 洵非虚语。洪亮吉之骈文，才力富健，卓然名家，艺林仰止，独步近代，在许多文学史上洪亮吉几乎都是以骈文家的面貌出现。

洪亮吉的骈文主要集中在《卷施阁文乙集》八卷和续集一卷中，乾隆五十一年《卷施阁文乙集》结集，袁枚为之作序云："君善于汉魏六朝之文，每一篇出，世争传之……至其文之渊雅，气质之深厚，世皆能知之。"③ 他的骈文师法极广，上窥汉魏之遗，融通骈散，追踪徐庾，清丽精整，振藻耀采，所作多合齐梁矩矱，故钱基博云："近世以骈文名者，若北江、容甫，步趋齐梁。"④ 而其体格则近于初唐，绮而能密，丽而有则，元明鸦音，至是遂革。故而吴鼒谓："洪稚存太史志行气节，儒林引重。余读《卷施阁乙集》，朴质若中郎，遒宕若参军，肃穆若燕公。"⑤ 道出其骈文之宗法渊源。

洪亮吉很少对骈文作理论探讨，不过从某些零碎的文字中亦可见出其好尚。他写诗填词均重性情，骈文亦以性情为主，如：

① 刘麟生：《中国骈文史》，上海书店1984年版，第130页。
② 张仁青：《骈文学》，（台北）文史哲出版社1984年版，第543页。
③ 《洪亮吉集》，中华书局2001年版，第265页。
④ 钱基博：《骈文通义》，商务印书馆1935年版，第7页。
⑤ 《八家四六文钞》，见《洪亮吉集》，中华书局2001年版，第2396页。

> 曲江感寓之篇，元相言情之作，常侍七日之寄，中书三楚之
> 吟，无不升冕一朝，楷模来祀。……性情之故，有独至者焉。
>
> 《灵岩山馆诗集序》

> 预斯集者，咸美二赋，穷窈窕含睇之情，极旖旎从风之致。
>
> 《芍药本事诗》

> 夫丝竹未罢，哀乐之心已纷；觞垒即陈，郁纡之气尚涌。
>
> 《苍雪山房诗序》

从中可以看出迍遭的人生经历对其文学创作的影响，他的骈文注重性情，以悲为美，以书写亲人永诀、友朋凋零、壮志难酬等为主要内容，无论是祭文、墓表、铭诔、碑碣，还是序跋、题赠、赋、书，大都沉郁悲愁，凄婉感人。如其诔文《适汪氏仲姊哀诔》中的一段：

> 乌乎哀哉！天高不闻，丧我哲娣。伊惟哲昆，闺闱之仁。乌
> 乎哀哉！秋林陨风，嘉实首堕。高崖惊雷，迅羽早落。固知本伤
> 者莩陨，巢崩者卵毁。而未堕之翼，速音于雾雨；在林之柯，甘
> 志于摇落，是可伤矣。

此文起篇就以悲痛的语气为全文定下了感情基调，接着虚拟场景，生动形象地写出斯人独去、幼者无依的悲痛。下文转而用散体叙写其姊的生平，紧接着又用骈体抒写哀悼之情：

> 及姊生，前志宛然。固知一啮之肌，恩延乎再世；盈掬之泪，
> 沉痛于九地。……年十一，遭府君丧，育于外家。外家女兄弟十
> 数人，联裾争华，簪首耀日，见姊工作，争走慰之。姊曰："是贫
> 女职也，夫奚以耻？"桃林披华，靡追乎游燕；风雨如晦，尤精于
> 夜织。一楼不迁，十载于此焉。

骈散结合，纯任自然；散句叙述，骈句抒情，水乳交融，文气流

畅而不凝滞，情感真实而又感人。"金瓠不存，泽兰永逝"，哀悼生命永逝！"晬晬日月，人祈其寿，我独异斯，曷云不骤。晏晏室家，人庆厥居。我独异斯，入室而吁。"因过度悲伤，对永逝的亲人极度怀念，竟然渴望和逝者一道而去，凄恻感人至极，诚如张仁青所云："恩谊茂美，悱恻动人。"① 像这样为女子树碑立传的骈文作品还有很多，其情感之真、描写之细，可与李商隐相媲美。又如其《祭保姆王氏文》：

　　五女之门，盗所不过。母而遭此，亦云家祸。嗟嗟五女，乃啬一餐。七十之年，淼焉寡欢。惟母之亡，实惟我愆。重泉之恨，曩昔之言。母难复生，我抒母德。……昔母之居，廛荒茂草。秋桃倚井，其实惟好。畴昔之辰，升树而嬉。攀枝抚实，棘犹在衣。今兹之来，桃颠母死。……

洪亮吉的保姆王氏，生前曾流泪对他说："吾有五女而无子，以后事累郎君矣。"但是王氏去世时，亮吉"适客外，竟负前诺"，是以耿耿于怀，这使他在写这篇祭文时饱含深情，情思浓郁深沉，绝非无病呻吟、扭怩作态，叙事和抒情相结合，事中含情，情中纪事。音节上，隔句押韵，四句换韵，节奏明快。此外洪亮吉还有许多代言体的哀悼之文，如其《长俪阁遗像赞》：

　　桃杖亘幔，松阴洒窗。归魂之房，入银烛而不辉；同心之帐，栖流尘而易故。堕钗在握，遗粉悬容，爰成永逝之文，乃有伤心之赋。然而草本忘忧，禽原并命。窗深共坐，红围四面之花；韵险偕吟，墨染崇朝之颊。春寒而手握微温，酒冷而衣香互覆。又况华星被野，晨露迷原，翩尔来斯，温其如玉。爪痕在竹，画自何年；衫影惊鱼，窥来静夜。比肩而寻幽墅，拥背而候江潮。境难淹于百年，魂遂断于五稔。夫三辰离离，初无停镜之影；四海浩浩，曾靡驻波之萍。叶离枝而咎风，禽颓巢而怨雨。达士之识，已悟无生；骚人之吟，方悲未艾。……

---

① 张仁青：《骈文学》，（台北）文史哲出版社1984年版，第551页。

　　这篇祭文在温馨浪漫的怡人景色中融入孙星衍夫妇两情相悦、吟诗作赋的伉俪深情,张仁青赞曰:"语语凄楚,字字哀艳。"① 对仗工整,用典清新,任性而发却又情景交融,无论是语言特征还是情感表达,都达到了六朝优秀抒情骈文的高度。

　　洪亮吉还为许多亡友写了不少祭文和墓志铭,此类文字侧重于叙事颂德,易流于谀词巧语、虚文蔓说,文过饰非,与实际大相径庭,而亮吉的此类骈文却能别出蹊径,真切自然地叙事抒情,如《翰林院编修记名御史铅山蒋先生碑文》:

　　　　海内人士,知与不知,异声而同哀,远奔而近赴。乌乎哀哉!兰芷之芳,不得见霜;膏明而炳。翠羽而殃。痛彭城之廉里,悼交州之让乡。于是三尺之石,不足书百年之行;盈掬之土,无以掩盖代之名。而松楸甫萌,若有待于恒干;华表既峙,不无望于归魂。此则化人之委蜕,入户赠之三号;柏堂之陨身,临穴增其一恸。

　　这篇碑文在叙事中写悲哀之景,以景衬人,又以景感人,在情景交融中沉痛哀悼蒋士铨的逝世,同时,在清新平易的景物排比中,在贴切自然的典故中,追忆昔日两人在一起的快乐时光,以乐景写哀,倍增其哀。又如其《祭毕尚书师》:"乌乎! 公之生也,大海来潮,八月之望,气霾始消,风车电马,集此崇朝。公之卒也,大星堕地,七月之朔,秋云阴翳,万灶无烟,千屯雪涕。陟壶头之绝巘,升鄢都之南门,发纷披而雨泣,望漳水而招魂。"则以大气磅礴之笔,借景抒情,气势恢宏中更见作者招魂之痛! 在此类作品中,最凄婉感人的是《蒋安定墓碣》,尤其是叙述表弟安定因病而不能和同伴们嬉戏游玩,只能幽居独处的凄清生活时,作者倾注了无限的同情:

　　　　轩楹启日,云丽迷花;门径临波,风疏振柳。群从既盛,持友时来,饶兹胜地之吟,盖以年华之乐。君顾简静,无所嗜也。

---

① 张仁青:《骈文学》,(台北)文史哲出版社 1984 年版,第 551 页。

默然视层城之移阴，与飞鸟之过迹，则停筋以思，凄泪忽堕。故铜台之游，乏谢庄而寡韵；南皮之会，有吴质而损欢。

最后，对表弟的夭亡更是十分痛心，"乌乎哀哉！生何如死，愿入梦以谂魂；夜以向晨，尚陈尸而待暝，"读之，沉痛悲凉，催人泪下，真是"哀思无限，凄韵欲流"①。洪亮吉骈文的代表作是《出关与毕侍郎笺》：

> 自渡风陵，易车而骑，朝发浦坂，夕宿盐池。阴云蔽亏，时雨凌厉，自河以东，与关内稍异，土逼若衖，途危入栈。原林黯惨，疑披谷口之雾；衢歌哀怨，恍聆山阳之笛。
> 日在西隅，始展黄君仲则殡于运城西寺。见其遗棺七尺，枕书满箧。抚其吟案，则阿妳之遗笺尚存；披其繏帷，则城东之小史既去。盖相如病肺，经月而难痊；昌谷呕心，临终而始悔者也。犹复丹铅狼藉，几案纷披，手不能书，画之以指。此则杜鹃欲化，犹振哀音；鸷鸟将亡，冀留劲羽，遗弃一世之务，流连身后之名者焉。……

乾隆四十八年，黄景仁病危，致书亮吉，以身后事见嘱。时亮吉客毕沅幕府，得其临终遗札，即由西安借马疾驰，四昼夜走七百余里，抵安邑，则仲则已逝，殡于古寺中。亮吉哭之于萧寺中，为措资送其枢归里。此为亮吉护丧南归途中写给毕沅的一封信，请求毕沅为好友仲则梓行遗稿，真情毕露，满纸凄凉。"全笺叙文士之穷、丧友之悲，借景抒感，言哀入痛，而惺惺相惜之情，尤流露于楮墨之间，读之令人堕泪。彦和刘氏有云：'英华出于情性，其素所蓄积然也。'其北江之谓乎？"② 这篇文章也成为抒写友谊之名篇而传诵一时。

洪亮吉的骈文取材十分广泛，凡可用散文写的题材，均可以用骈体来写，除了游记、碑传等传统素材外，他还用骈体作行状、墓志、

---

① 张仁青：《骈文学》，（台北）文史哲出版社 1984 年版，第 551 页。
② 张仁青：《骈文学》，（台北）文史哲出版社 1984 年版，第 547 页。

序跋、公文等难以用骈体来驾驭的题材，极大地拓展了骈文的表现领域，为乾嘉时期骈散对峙格局的形成起到了不小的作用。金柜香云："稚存于经通小学，于史通地理学，自叙所著书，与他人说经之书，多用偶语述其宗旨。"① 洪亮吉还作有大量的骈序，如《钱献之九经通借字考序》等，竟以骈文作考证，然却能因难见巧，毫无繁琐之累。他的骈序虽属论说性文字，但是，却绝不枯淡板滞，大多能做到叙述中抒情，如《蒋青容先生冬青树乐府序》：

> 盖声何哀怨，杜鹃为望帝之魂；变亦苍皇，猿鹤尽从军之侣。遇金人于灞上，能言茂陵；值铜驼于棘中，谁知典午？又况南迁烽火，北狩轩舆。言乎缔造，则东南置尉，拓疆无刘濞之雄；及此沦胥，则五百从亡，归骨少田横之岛。嗟乎！江山半壁，非仙人劫外之棋；金粉六朝，尽才子伤心之赋。今之作者，意在斯乎？

《冬青树传奇》为蒋士铨《藏园九种曲》之一，记文天祥殉国始末，张仁青云："此篇虽为序《冬青树传奇》而作，作者却欲将一己之情感，全部注入。时明亡已百余年，处满人威暴之下，故隐曲其词以寄痛。北江禀性孤高，伊郁善感，若其哀文公，则哀宋室也；哀宋室，则哀乎明之覆亡也。黍离麦秀之感、国家民族之痛，一于此文寓之。今观其文，如见激昂忼叹块垒偾张之状，试一放声朗读，但觉一字一句，化为泪痕血点凝结成一片民族沉哀而已。"② 说这篇序文抒发了一种悲怨情思是正确的，但是认为此序是借历史剧来表达明清易代、异族入主的遗民情结则是不合实际的，因为当时乾隆帝本就大力张扬忠孝，褒扬历代忠臣，贬斥贰臣，而蒋士铨和洪亮吉均是响应者，而且从二人的立身及文学思想来看，他们都可以看作是忠臣的楷模，所以张先生的说法是值得商榷的。洪亮吉还作有许多骈赋，也以情感的沉郁悲痛见长，如《伤知己赋序》：

---

① 金柜香：《骈文概论》，商务印书馆 1933 年版，第 132 页。
② 张仁青：《骈文学》，（台北）文史哲出版社 1984 年版，第 548 页。

> 悲哉！无金石不流之质，有蒲柳始谢之姿。犬马之齿，过齐太尉之生年；羁旅之期，逾晋文公之在外。接于书者，希逢旧识，睹于梦者，欢若平生。以是而思，伊其戚矣。于是穷谷日短，关门雪深；清渭浊泾，共滔滔而东逝；太白太乙，与苍苍而齐色。……秦声扬，不能激已阻之气；鲁酒薄，不能消未来之忧。……

情是悲情，景是哀景，时光如东逝之水，往事似过眼云烟，亲朋好友相继物故，眼前的一草一木，不禁勾起他当年与诸友登临赋诗，谈笑风生的回忆；一丘一壑，又使他对亡友的早逝感到惋惜和哀痛，进而感喟人生易老，韶华难再，全篇充满着感伤情调。故而钱基博说："亮吉信含异气，笔墨之情，殆不可胜。"[1] 张仁青亦云："但其不幸，仕不遇时，终至远戍穷边，孤愤难鸣，发为篇章，遂多苍凉激楚之音，极沉郁缠绵之致，此篇伤诸子之逝，沉折往复，词不胜情，殆子夏所谓情动于中而形于言者耶。近人或谓北江为一悲剧性格之作家，观乎此篇而益信。"[2] 又如其《过旧居赋》，"交织出童年时光的无穷乐趣与艰难人生的无尽悲酸，流淌着伟大的母爱亲情，语言淡雅，情思绵长，工于白描，涉笔成趣。又能大胆将东邻西舍的世俗生活图景和家庭细事人伦亲情纳入其中，同样充溢着一种可贵的平民色彩和赤子情怀，堪称辞赋中的《项脊轩志》"[3]。

洪亮吉的骈文笔致轻灵，风骨清峻，写景之作，清新委婉，继承了鲍照、吴均等人用俪体刻画山水的优良传统，古雅清淡，如其《黑神河赞》：

> 观其悬流一丝，独下千里，石乱若屋，鱼飞似星，虽未遽接天，而离地已百仞矣。是以终日疾行，不睹寸壤；一夜数起，惟闻怒雷。花气灼日，云光亦红；松涛接天，波影俱黑。鸡犬之栅，

---

① 钱基博：《骈文通义》，商务印书馆 1935 年版，第 17 页。
② 张仁青：《骈文学》，（台北）文史哲出版社 1984 年版，第 546 页。
③ 龚喜平师：《明清辞赋述论》，《甘肃广播电视大学学报》1999 年第 1 期。

高于雀巢；鱼龙之腥，裹此人气。此则思理所不能及，实荒外之
奇瞩焉。……

可见，洪亮吉的骈文融通骈散，体物铺排、写景抒情用骈体，叙
事议论则用散行，二者交互使用，各尽其能，洪亮吉这种打通骈散的
做法，为其后阳湖文派的兴起起了一定的导向作用。此外他的骈文句
式灵活多样，突破传统的四六格局，长短无定制，形式多样化，避免
了节奏的单一，做到了行于所当行、止于所当止的境界，不过句式颇
嫌拗折，时有故作峭拔之态。在风格上，平易和顺，如清风朗月，沁
人心脾，写得或清远闲适，或古雅清淡，不似六朝骈文那样富艳精工，
炫博耀采，亦不像唐宋四六文那样纵横捭阖。在表现手法上多用白描，
绝少雕饰。在形式上不拘一格，追求体制的创新，如其七体大赋《七
招》，铺写文坛风尚与士人情趣，"兼有学者之博雅与诗人之情采，足
以窥见乾嘉时期一代学人的精神风貌，确能起到'总览人物'的效
应"①。洪亮吉的骈文好隶事用典，然从不炫博贪多，堆砌典故，要以
取足达意为准则，而且很少使用生僻的典故，即使是不明白典故出处，
亦不影响阅读，真正达到了如水着盐、无迹可求的境界，这种务求简
约的文风与同时的骈文家受"博学于文"的学风影响而以用典为有学、
以铺张描述为有才的时代风潮不同，可谓长袖善舞，此其所以驰名文
坛也。

三　洪亮吉的散文

李慈铭云："稚存长于骈俪，而拙于散文。集首《意言》二十篇，
意浅语庸，最为拙作，而以冠卷端，自累其书，深可惜也。"② 此评尽
管过于苛责，但却指出洪亮吉散文不如骈文的事实。不过，其散文的
数量却远远超过其骈文，如《天山客话》《伊犁日记》《北江诗话》
《外家纪闻》等都是用优美的散文写成的，其文集中除《卷施阁文乙

---

① 龚喜平师：《明清辞赋述论》，《甘肃广播电视大学学报》1999年第1期。
② 李慈铭：《越缦堂读书记》，第1061页。

集》外，也均为散文。洪亮吉的散文注重实用，多用来考证、记事、写人，或记录自己的思想。

首先，洪亮吉是一个学者，其学术著作及论文均以散体来写，如《春秋十论》属于史论，体现出作者超卓的史识。又如洪亮吉被贬途中经过安西时所作的《与安西州守胡纪谟书》，属舆地考证之文，据《伊犁日记》载：

> （十二日四鼓，行九十里，抵安西州）出州城西北行九十里，至白墩子宿。墩旁……尚有废城旧址……右侧有泉，宽二十余步，土人呼为疏勒泉，日用灌溉皆资之。余时即疑汉疏勒国在龟兹之西，于阗之北，较乌孙等国更远，何得敦煌郡地即有疏勒泉？连日车中无事，取所携前后《汉书》西域传及耿恭等传校之，而知恭所屯之疏勒城，实非汉疏勒国所都之城，但同其名耳。

在鞍马劳顿、心绪怨怒之时，尚不废学问，其学者之心，拳拳可见。其他如一些学人间的书信及序跋，大多旁征博引，纵横捭阖，思理缜密，不过此类文字多是学术考证，很难算得上文学性文章。

其次，洪亮吉还继承了韩柳古文运动以来"文以载道"的传统，为文强调文道合一。《北江诗话》开篇即云："西汉文章最盛，如邹、枚、严、马以迄渊、云等，班固不区分别为立传，此文章所以盛也。至范蔚宗始别作《文苑传》，而文章遂自东汉衰矣。"即文道合一则文章盛，文道相离则文章衰，故而作者之文，自然处处不忘载道，"至意关劝惩，旨寓抑扬，则洒洒千万言不止"（《北江诗话》卷六）。洪亮吉散文中所体现的"道"，指其政治的、伦理的、学术的思想。洪亮吉的政治思想集中体现在其《征邪教疏》和"千言书"中，其实学思想则集中反映于《意言》二十篇中，前已论及，兹不赘述。洪亮吉的散文中所占篇幅最多的是为亲朋好友及忠臣、孝子、烈士、贞女们所作的碑传，如为好友董心牧作的《董太恭人〈晚翠轩遗稿〉序》，该文的重点不在评价《晚翠轩遗稿》，而是铺叙董太恭人如何抚孤、教子。又如《跋汪大令辉祖所撰二节母行状后》，作者由彼及此地联系到自身，记述了自己的一件往事：

> 尝忆年二十九时，太宜人年已六十一。时长子饴孙，生已二年，太宜人爱之甚。一日，亮吉因其啼不止也，扑之。太宜人见而盛怒，呼杖，杖亮吉至六七乃已。亮吉起，就暗处泪涔涔下不已。姊怪而问之，则泣语曰："以太宜人杖之不能重也，知气力之衰惫甚矣。"甫及二年，而太宜人即已弃亮吉等。乌乎，亮吉今日即欲复求吾母之杖，其可得乎？

拳拳赤子之心可见。亮吉笃于友谊，"尝以为黄金可求，难者素友"（《年谱》）。其为友人所作的传记，如《又书三友人遗事》等，文笔洗炼，语言诙谐生动，刻画人物，往往着墨不多，而音容笑貌、性情个性，宛然如见，诚为小品文字之上乘。总而言之，洪亮吉的散文因过于强调载道功能，不甚注重其艺术性和审美功能，故而成就不高，在其所有文体中，对其散文的评价和研究也最为寂寥。

结语　洪亮吉的文学史地位和影响

　　洪亮吉是乾嘉时期学者型文人的代表，"经术词术，并登峰而造其极"①，苏完恩在为其全集作序时云：

　　　　我朝正学昌明，人文蔚起，江南尤其渊薮，儒林文苑代有其人。乾嘉间，诸老辈各树坛坫，后先相望，而常州之学尤甲海内，如张氏惠言之治郑、虞《易》，刘氏逢禄之治公羊《春秋》，皆卓然一家之言也。然文章经术二者难兼，闻诸家之先，而兼擅其胜者，其洪北江先生乎！先生少孤，力学，自为诸生时，其诗文已风行海内。及居朱竹君学使幕府，与邵二云、王伯申诸先生交，乃更从事诸经正义及《说文》《玉篇》之学，而诗文益日以进。已而入玉堂，直三天，奉使黔中，观山川之雄秀，览人物之瑰奇，诗文益恣肆有奇气。……统观先生之书，洵乎经术文章，两擅其胜者矣。然全书未尽刊行，其已刊版者，又以粤贼之乱焚毁，海内承学之士以不得见先生之书为恨……

　　此序对洪亮吉在各方面所取得的成就作了实事求是的评价，洪亮吉在文学史上的地位当作如是观。
　　洪亮吉以其独具慧眼的诗学理论和卓越的诗歌创作成就饮誉乾嘉

---

　　①　吴元炳：《洪北江先生遗集序》，见《洪亮吉集》，中华书局 2001 年版，第 2400 页。

诗坛，诗史上尝以"袁、赵、孙、洪"并称①，并与赵云松、孙渊如、
赵味辛等人争雄毗陵坛坫，各树一帜，睥睨一世。② 他的诗歌在其生前
就有广泛的影响，"自为诸生时，其诗文已风行海内"③，至其游幕坐
馆时，诗名益盛，其"刻于《吴会英才集》者，天才飚举，雄瞟海内，
秋帆制府谓其奇思独造，远出常情，可谓知言"④。晚年乡居时声誉日
隆，"天下钦望，以识面为幸"⑤。后进之士，翕然成风，"簪屐所至，
从游最多，每有异才，必加奖许，其尤邀心赏者，至折行辈相交；请
质文字，累累常盈几案，至有数千里转辗介绍以求诗文题字者，如云
南师大令范、袁明经揆、四川郭主簿兰芬等，不可胜计，至如羽氏缁
流，素工吟咏者，亦欲得一言以为幸"（《年谱》）。自其诗集播诸士
林后，品评者不计其数，洪亮吉在乾嘉诗坛的地位可见一斑。亮吉谢
世后，因其诗集遭兵火之灾，流播不广，影响日微，然而他对后世诗
坛的影响却是不容抹煞的。

乾嘉诗坛，神韵、格调说风行一时，性灵、肌理说方兴未艾，各
派壁垒森严，各执一端，但都有自身无法克服的缺陷，至嘉庆朝已经
不合时宜了。因为此时清朝统治已入风烛残年，世运决定着诗运，现
实社会与盛唐格调已难合拍，"温柔敦厚"的劝讽也扭转不了历史的车
轮，格调诗重蹈明七子之覆辙而走向末路已成必然。而诗人考据与诗
歌"言志""缘情"的本质属性相背，抄书式的诗人是不可能雄踞诗
坛的。而由袁枚倡导所掀起的性灵风潮，虽曾风靡一度，可是关注自
我、抒情写性，将视野局限于自身，无关世道人心，逐渐脱离了现实，

---

① 施山《薑露盦杂记》云："大抵乾嘉间诗人如袁、赵、孙、洪诸公，天禀皆高，
观古人诗时，意气已压其上，不暇沉思，非惟观明贤诗如是，即于汉唐亦莫不然。"见
钱仲联主编《清诗纪事》，江苏古籍出版社1987年版，第6787页。

② 任昉：《两当轩集光绪丙子刊本序》，见黄景仁《两当轩集》，上海古籍出版社
1983年版，第602页。

③ 苏完恩：《洪北江先生遗集序》，见《洪亮吉集》，中华书局2001年版，第1399
页。

④ 法式善：《梧门诗话》，见钱仲联《清诗纪事》，江苏古籍出版社1987年版，第
6787页。

⑤ 《常州府志·人物传·洪亮吉》，见《洪亮吉集》，中华书局2001年版，第2354
页。

性灵后学日渐走入无病呻吟、忸怩作态的泥沼。至嘉庆初年，诗坛掀起了一股倒袁风潮，这样诗坛出现了一个短暂的盟主缺失的时期，故而蒋湘南云：

> 乾隆、嘉庆间，主骚坛执牛耳者，南北两大宗，随园、苏斋是也。两家诗法互相救、互相轻，而各有流弊。宗随园者失之俗，宗苏斋者失之肤，善学者盖无人焉。余尝北入京师，东走吴会，西抵秦关，所交英伟奇特之士，以诗相见者甚多，大抵詈随园而诟苏斋。盖两家之运已衰，而后生之轻前辈，并其所长而亦弃之也。①

正是在这种一切待变的形势下，打破各派壁垒、融合各派之长成为嘉庆初年诗人的共同呼声。洪亮吉的诗学理论和实践正顺应了这一趋势，其诗学理论调和各家之说，取其精华，弃其糟粕，主张为诗当以抒写性情为本，并济之以学问，在师法古人的基础上要能变化创新，很好地处理了乾嘉诗坛所争论的焦点问题——学问与性情、师心与师古之间的关系问题，对各派起到了补偏救弊的作用，并在诗坛盟主出现空缺时，起到了一定的导向作用，随后兴起的宋诗运动证明了这一点。

洪亮吉的诗集刊行于嘉道间，至道咸时期"已风行海内，家有其书"②，此时正是宋诗派发轫、滥觞之时，假如将洪亮吉和宋诗派的诗学理论两相对照，就可以见出二者的关系。洪亮吉诗宗杜、韩，为诗主张调和性情与学识，将学人之言与诗人之言合而为一，宋诗派健将陈衍在《近代诗钞序》中云：

> 有清二百余载，以高位主持诗教者，在康熙曰王文简，在乾

---

① 蒋湘南：《七经楼文钞》卷六《蕉窗诗草序》，《续修四库全书》第 1541 册，第 350 页。

② 吴元炳：《洪北江先生遗集序》，见《洪亮吉集》，中华书局 2001 年版，第 2400 页。

隆曰沈文慤，在道光、咸丰则祁文端、曾文正也……文端学有根底，与程春海侍郎为杜、为韩、为苏黄，辅以曾文正、何子贞、郑子尹，莫子偲之伦，而后学人之言与诗人之言合，而恣其所诣。①

此序为宋诗派开出一个清单，并以个中人的身份道出其师法对象与理论旗帜，与洪亮吉的诗论如出一辙。从其构成来看，成员大多是学者兼诗人，这样，学者型诗人洪亮吉也就成为其理论先驱了。宋诗派的发起者程恩泽曾云："《诗》无学问则《雅》《颂》缺，《骚》无学问则《大招》废。世有俊才洒洒，倾倒一时，一遇鸿举巨制，则瞢然无所措。无它，学问浅也，学问浅则性情焉得厚？"② 强调性情与学问相辅相成，这和洪亮吉的论调何其相似。

此外，贵州可以说是宋诗派的发祥地，其早期领袖如程恩泽、祁雋藻、何绍基、郑珍、莫友芝等，或为官于黔，或出生于贵州，而洪亮吉的诗集最初即刊于贵州，其影响也是不可避免的。洪亮吉视学贵州时所奖掖的不少门生后来都成了学界闻人，如傅潢等；或成为宋诗派成员，如其弟子莫与俦，嘉庆四年进士，兼工词章学术，号称西南巨儒，郑珍及其子莫友芝均出其门下，后皆成为宋诗运动的中坚。

洪亮吉认为人品决定诗品，郑珍也说："学其诗，当自学其人始，诚似其人之所学而志，则性情、抱负、才识、气象皆其人，所语言者独奚为而不似，即不似犹似也。"③ "诗品与人品合一，文论与诗论之合一，真是当时诗人共同的趋向。"④ 可见洪亮吉对嘉道诗坛的影响不可等闲视之。何绍基的弟子林昌彝也很推崇洪亮吉，他说："诗之道有根底，有兴会。根底源于学问，兴会发于性情，二者兼之，始足称大家。"⑤ 此论亦与亮吉同。故而陈居渊说洪亮吉 "实际上开启了晚清祢

---

① 《陈衍诗论合集》，福建人民出版社 1999 年版，第 879 页。
② 程恩泽：《金石题咏汇编序》，《程侍郎遗集》卷七，《续修四库全书》第 1511 册，第 281 页。
③ 《巢经巢文集》卷四《邵亭诗钞序》，《续修四库全书》第 1534 册，第 341 页。
④ 郭绍虞：《中国文学批评史》，上海古籍出版社 1979 年版，第 694 页。
⑤ 《射鹰楼诗话》卷十二，《续修四库全书》第 1706 册，第 419 页。

宋风气之先声"①。此外，洪亮吉推崇汉魏六朝及中晚唐诗，他对晚清的汉魏六朝诗派和中晚唐诗派影响亦不小，袁行云谓："晚清王闿运以汉魏为宗，湘绮楼说诗亦特推崇北江。"② 洪亮吉对后世诗坛的影响远不止于此，如道光时的著名诗人蒋湘南，其诗"气奇语壮，骨采飞腾，颇近洪北江。"③ 还有咸同间阳湖诗人蒋曰豫"承常州学派，以北江、渊如、皋文为矩矱。……诗雅健，喜效北江。"④

当然，洪亮吉的诗歌也并非尽善尽美，其调和各派、熔铸百家的诗学理论是不合实际的，故而其诗歌创作实践也只能是空中楼阁了。洪亮吉去世后，贬之者亦不少，尤其是在嘉庆初年的倒袁风潮中，洪亮吉虽非性灵派成员，但由于深受性灵派影响而不可避免地招致批判：

> 洪稚存先生以经学考据专长，诗学选体，亦有笔力，时工煅练，往往能造奇句。惜中年以后，既入词馆，与张船山唱和甚密，颓然降格相从，放手为之，遂染叫嚣粗率恶习。自以为如此乃是真我，不囿绳墨，独具天趣也，而不知已入魔矣。⑤
>
> 稚存于诗本非专门，故所论多未确。其诗颇逞才气，涉风情，而时不免叫嚣浅直之病。⑥

这些批评多是从声讨性灵派的立场而发的责难，尽管有失偏颇，但也指出洪亮吉诗歌的缺陷——缺乏锤炼，不耐深读，洪亮吉也深知己诗如"激湍峻岭，殊少回旋"。而且洪亮吉的诗熔铸百家，调和各派，但却不能自具面貌，因此袁行云评北江诗云："综观其诗，已自乱于格调、性灵、考据之间，并不能在诸家之后自成系统。"⑦ 其评价也

---

① 陈居渊：《清代朴学与中国文学》，百花洲文艺出版社 2000 年版，第 389 页。
② 袁行云：《清人诗集叙录》，第 1470 页。
③ 《晚晴簃诗汇》卷一三八，见《续修四库全书》第 1632 册，第 233 页。
④ 《晚晴簃诗汇》卷一五九，见《续修四库全书》第 1632 册，第 581 页。
⑤ 朱庭珍：《筱园诗话》，见钱仲联主编《清诗纪事》，江苏古籍出版社 1987 年版，第 6790 页。
⑥ 李慈铭著，由云龙辑：《越缦堂读书记》，第 1222 页。
⑦ 袁行云：《清人诗集叙录》，第 1470 页。

是客观的。

洪亮吉在文学史上影响最大的还不是其诗学理论和诗歌创作，而是其骈文，吴鼒《八家四六文钞》将洪亮吉列为清中叶骈文八大家之一，而张仁青则将他和六朝骈文巨匠徐、庾相提并论，将他列为"骈林七子"之一，并云：

> 北江学穷宙合，识迈千古，与江都汪容甫并称清代骈文之两颗巨星。夫清代骈文之有汪、洪也，譬如六朝之有徐、庾，三唐之有王、杨，其气力之劲遒，才华之卓茂，均足以高视一代，尽掩诸家。容甫风骨岸异，吐属奇高，加以洗伐功深，遂称邓林魁夫，俗调伪体，至是芟除净尽，得鱼忘筌，登真舍筏，是之谓钦。北江则由涩得厚，涉笔多奇，往往有孤蓬自振、惊沙坐飞之意，篇章既富，郁为词宗，旷世逸人，良非溢语。信乎吴山尊之序《卷施阁文集》也，曰："古经生多不工为词，工者刘子政父子、扬子云、马季长数人耳。余平生死友之间得四人焉，余姚邵先生二云，阳湖洪稚存太史，孙渊如观察，江都汪容甫明经。邵先生能为扬班，而不能为任沈江鲍徐庾之体，间撰供奉文字，局于格式，未能敌其经学之精深也。容甫遗文有《述学》内外篇，经术词术，并臻绝诣，所为骈体，哀感顽艳，惜皆不传。渊如早工四六之文，既壮，笃志经术，乃取少作弃之。具兼人之勇，有万殊之体，篇什独富，其惟洪稚存太史乎。洪稚存太史志行气节，儒林引重。余读《卷施阁乙集》，朴质若中郎，遒宕若参军，肃穆若燕公，盖其素所蓄积，有以举其词，刘勰谓英华出于性情，信哉。……"而近人钱基博亦曰："……洪亮吉思捷而才俊，理赡而辞坚，尚气爱奇，动多振绝，汪中不如其雄，孙星衍视之为靡。"（《骈文通义》）推挹北江，亦云至矣。①

朱克敬《儒林琐记》评洪亮吉曰："为诗文有奇气。尤工骈体文，

---

① 张仁青：《骈文学》，（台北）文史哲出版社1984年版，第543—544页。

与胡天游、袁枚并称三大家。"① 而刘麟生则认为："清之中叶骈文方面，要推胡天游、洪亮吉、汪中为三大家。胡氏遒练，洪氏清新，汪氏隽永，其他不及也。"② 可见洪亮吉在骈文史上的地位之高，故而清代的许多骈文选集，如吴鼒的《八家四六文钞》，曾燠、张鸣珂的《国朝骈体正宗续编》等均收录了洪亮吉的许多骈文作品，而《国朝骈体正宗》所选骈文以洪亮吉最多（15 篇）。

洪亮吉卓著的骈文创作成就，推动了清中叶的骈文中兴，并对骈散对峙的文坛格局的形成起了不可小视的作用。在洪亮吉的影响下，还出现了文学史上唯一的一个骈文流派——常州派，张仁青云：

乾嘉之际，学术勃兴，吟咏滋繁，骈俪之文，一枝独秀，以地域言，要当以常州一府，文风最盛，人才最多，如洪亮吉、孙星衍、刘星炜、杨芳灿、杨揆、恽敬、张惠言、李兆洛、赵怀玉、顾敏恒、刘嗣绾之流，以至稍后之董基诚、董祐诚、洪符孙、洪龆孙、何栻等，或泛滥于六朝，或驰骤于三唐，或颉颃于两宋，高张奇采，弘扬葩藻，彬蔚之美，竞爽当年，自开辟以来，罕或有焉。其中享高名于一代，振奇警于千秋者，吾得三人焉，曰李兆洛，曰恽敬，曰张惠言。之数子者，不但精通词章之学，亦且最能持论，立场相同，步调一致，皆刻意破除骈散之界限，恢复骈散不分之魏晋古文，并分别编选《骈体文钞》《七十家赋钞》以抗桐城姚鼐《古文辞类纂》，当时号称阳湖派，此派主张，亦可谓对桐城文之一种修正也。若乃览魏晋之鲜华，漱齐梁之芳润，孤注风标，倏然云上者，吾得二人焉，曰洪亮吉，曰孙星衍。亮吉所为骈文，格调纤新，笔致轻倩，世有常州体之称，稍后之刘嗣绾、杨芳灿、彭兆荪、曾燠、李慈铭专学之，影响殊为深远。③

以上文字列出了常州骈文派的基本成员构成，乾嘉时期的骈文名

① "近代湘人笔记丛刊"，岳麓书社 1983 年版，第 46 页。
② 刘麟生：《中国骈文史》，上海书店 1984 年版，第 123 页。
③ 张仁青：《骈文学》，（台北）文史哲出版社 1984 年版，第 542—543 页。

家几乎有一半以上就出自常州，并隶属于该派成员，洪亮吉则堪称其宗主，该派旗帜为《骈体文钞》《七十家赋钞》，同时常州骈文作家屠寄还编选有《国朝常州骈体文录》30卷，作者43人，选文569篇，可见此派之盛况。

洪亮吉长于骈俪，而短于散体，其散文影响远不如其骈文，故招致李慈铭等人的批评。不过洪亮吉的部分散文，如《更生斋文乙集》中的不少篇章融合了骈体的成分，使其散文气骨清俊、文辞丰腴，这对其后兴起的阳湖文派产生了不小的影响。曹虹在谈到阳湖文派的先导因素时说：

> 洪亮吉也是一位文学前辈，据吕培《洪北江先生年谱》所载，洪氏"自塞外归，尤喜导扬后进。每遇世交子弟才藻过人者，辄向名公巨卿称道不置。同里如刘编修嗣绾、庄上舍曾诒、黄孝廉载华、丁明经履恒、陆孝廉继辂、秀才耀通、黄上舍乙生、庄秀才缓甲、周孝廉仪暐、陆上舍铺、高秀才星紫、瞿孝廉溶等，皆得奖励之益；其专心古学者，如刘孝廉逢禄、董上舍士锡诸人，则以汉魏诸儒晜之"，洪、赵等人的文学造诣，不妨视为阳湖文派的前奏。①

洪亮吉鄙视词体，填词亦不甚用力，他在阳羡词派日渐式微之际，毅然承其宗风，词以奇崛豪宕而自异于时流，既不同于阳羡后学之叫嚣浮滑，也有别于浙西末流之饤饾纤弱，在乾嘉之际的词坛独树一帜，故而谢章铤《赌棋山庄词话》卷三评洪亮吉词云："气最清疏，读之可药繁琐之病。"② 这为词坛吹入了一股清新之气，并对当时词坛之流弊起到了一定的补偏救弊的作用。洪亮吉的词讲究比兴寄托，这也影响到了常州词派，尽管张惠言的《词选》和郑抡元的附录并未将洪亮吉引为同调，但洪亮吉的影响却是不容忽视的，因为洪亮吉与常州词派的中坚人物，如张惠言、恽敬、左辅等关系密切，而且洪亮吉的大部

---

① 曹虹：《阳湖文派研究》，中华书局2000年版，第77页。
② 见唐圭璋《词话丛编》（四），中华书局1986年版，第3353页。

分词作于教习庶吉士期间，这对其弟子张惠言的影响亦是不可避免的，所以，赵伯陶《张惠言暨常州派词传》就明确地将洪亮吉列入常州词派的范畴，并云：

> 陈廷焯对于洪亮吉的词不甚以为然，他说："洪稚存经术湛深，而诗多魔道；词稍胜于诗，然亦不成气候。"其实洪亮吉的词风对于常州词派的理论滥觞还是有一定影响的。卢前《饮虹簃论清词百家》有论洪亮吉等人的《望江南》云："伊犁客，一代学人雄。不必新声传后世，即论余事亦从容。常派失孙、洪。"所论自有道理，非泛泛之言。①

综上所述，洪亮吉的诗论试图调和各诗派之理论，矫正各家之流弊，虽然这种尝试没有成功，但在乾嘉之际诗坛盟主空缺的时期，对诗歌潮流的发展趋势起到了一定的导向作用。其卓越的诗歌创作，奠定了他在乾嘉诗坛的重要地位，并对近代诗坛产生了深远的影响。其骈文创作成就更为突出，有清一代，除汪中外无出其右者，以其为核心的常州骈文派成为乾嘉时期骈文创作的最大阵营，这也是骈文史上的唯一一个流派。其散文融通骈散，成为阳湖文派之先导。洪亮吉的词尽管成就并不突出，但也对常州词派之滥觞具有一定的指导意义。总之，洪亮吉在各方面均取得了杰出的成就，确不愧"旷代逸才"②之誉。

---

① 赵伯陶：《张惠言暨常州派词传》，吉林人民出版社 1998 年版，第 33 页。
② 伍崇曜《粤雅堂丛书北江诗话跋》云："尝见其小印，作'旷代逸才'四字，亦唯先生不愧此言。"《洪亮吉集》，中华书局 2001 年版，第 2314 页。

参考文献

一 别集类

［1］洪亮吉著，刘德权点校：《洪亮吉集》，中华书局 2001 年版。

［2］洪亮吉：《洪北江诗文集》，商务印书馆（上海）1935 年版。

［3］洪亮吉著，陈迩冬校点：《北江诗话》，人民文学出版社 1983 年版。

［4］洪亮吉：《六书转注录》，《丛书集成初编》第 1106 册，商务印书馆（上海）1937 年版。

［5］洪亮吉：《卷施阁集》，《续修四库全书·集部》第 1467 册，上海古籍出版社 2003 年版。

［6］洪亮吉：《更生斋集》，《续修四库全书·集部》第 1468 册。

［7］杨芳灿：《芙蓉山馆全集》，《续修四库全书·集部》第 1477 册。

［8］法式善：《存素堂诗集》，《续修四库全书·集部》第 1476 册。

［9］赵怀玉：《亦有生斋集》，《续修四库全书·集部》第 1469 册。

［10］邵晋涵：《南江诗钞》，《续修四库全书·集部》第 1463 册。

［11］钱维乔：《竹初诗钞》，《续修四库全书·集部》第 1460 册。

［12］翁方纲：《复初斋诗文集》，《续修四库全书·集部》第 1455 册。

［13］蒋士铨：《忠雅堂诗文集》，《续修四库全书·集部》第1436册。

［14］凌廷堪：《校礼堂集》，《续修四库全书·集部》第1480册。

［15］纪昀：《纪文达公遗集》，《续修四库全书·集部》第1435册。

［16］毕沅：《灵岩山人诗集》，《续修四库全书·集部》第1450册。

［17］汪中：《汪容甫先生遗诗》，《续修四库全书·集部》第1465册。

［18］朱筠：《笥河诗集》，《续修四库全书·集部》第1439册。

［19］黎简：《五百四峰堂诗钞》，《续修四库全书·集部》第1474册。

［20］蒋湘南：《七经楼文钞》，《续修四库全书·集部》第1541册。

［21］程恩泽：《程侍郎遗集》，《续修四库全书·集部》第1511册。

［22］郑珍：《巢经巢文集》，《续修四库全书·集部》第1534册。

［23］王夫之：《船山全书》，岳麓书社1996年版。

［24］朱筠：《笥河文集》，商务印书馆（上海）1935年版。

［25］卢文弨：《抱经堂文集》，商务印书馆（上海）1935年版。

［26］恽敬：《大云山房文稿》，商务印书馆（上海）1935年版。

［27］孙星衍：《芳茂山人诗录》，商务印书馆（上海）1935年版。

［28］黄景仁著，李国章标点：《两当轩集》，上海古籍出版社1983年版。

［29］袁枚著，周本淳标校：《小仓山房诗文集》，上海古籍出版社1988年版。

［30］张问陶：《船山诗草》，中华书局1986年版。

［31］钱大昕著，吕友仁校点：《潜研堂集》，上海古籍出版社1989年版。

［32］赵翼著，李学颖、曹光甫校点：《瓯北集》，上海古籍出版

社 1997 年版。

［33］邢澍著，冯国瑞辑，漆子扬、王锷校点：《守雅堂丛稿》，甘肃人民出版社 1992 年版。

［34］龚自珍：《龚自珍全集》，上海人民出版社 1983 年版。

［35］章太炎：《章太炎全集》，上海人民出版社 1984 年版。

二　史传类

［36］赵尔巽等撰：《清史稿》，中华书局 1977 年版。

［37］王钟翰点校：《清史列传》，中华书局 1987 年版。

［38］徐珂编辑：《清稗类钞》，中华书局 1986 年版。

［39］昭梿：《啸亭杂录》，中华书局 1980 年版。

［40］法式善著，涂雨公点校：《陶庐杂录》，中华书局 1986 年版。

［41］陈其元著，杨璐点校：《庸闲斋笔记》，中华书局 1989 年版。

［42］朱克敬：《儒林琐记》，"近代湘人笔记丛刊"，岳麓书社 1983 年版。

［43］江藩著，钟哲整理：《国朝汉学师承记》，中华书局 1983 年版。

［44］叶衍兰、叶恭绰：《清代学者像传》，上海古籍出版社 1989 年版。

［45］支伟成：《清代朴学大师列传》，岳麓书社 1998 年版。

［46］蔡冠洛：《清代七百名人传》，中国书店 1987 年版。

［47］严明：《洪亮吉评传》，（台北）文津出版社 1994 年版。

［48］陈金陵：《洪亮吉评传》，中国人民大学出版社 1995 年版。

［49］周轩：《清代新疆流放名人》，新疆人民出版社 1994 年版。

［50］钱仲联主编：《中国文学家大辞典·清代卷》，中华书局 1996 年版。

［51］赵国璋主编：《江苏艺文志·常州卷》，江苏人民出版社 1994 年版。

三 论著类

[52] 袁枚：《随园诗话》，昆仑出版社 2001 年版。

[53] 袁枚著，郭绍虞辑注：《续诗品》，人民文学出版社 1990 年版。

[54] 章学诚著，叶瑛校注：《文史通义》，中华书局 2004 年版。

[55] 陈廷焯著，杜维沫校点：《白雨斋词话》，人民文出版社 1959 年版。

[56] 唐圭璋编：《词话丛编》，中华书局 1986 年版。

[57] 丁福保辑：《历代诗话续编》，中华书局 1983 年版。

[58] 王夫之等撰：《清诗话》，上海古籍出版社 1999 年版。

[59] 郭绍虞：《清诗话续编》，上海古籍出版社 1998 年版。

[60] 徐世昌：《晚晴簃诗汇》，中国书店 1989 年版。

[61] 钱钟书：《谈艺录》，中华书局 1984 年版。

[62] 袁行云：《清人诗集叙录》，文化艺术出版社 1994 年版。

[63] 李灵年、杨忠：《清人别集总目》，安徽教育出版社 2000 年版。

[64] 柯愈春：《清人诗文集总目提要》，北京古籍出版社 2002 年版。

[65] 张寅彭：《新订清人诗学书目》，上海古籍出版社 2003 年版。

[66] 朱自清：《诗言志辨》，华东师大出版社 1996 年版。

[67] 钱仲联主编：《清诗纪事》，江苏古籍出版社 1987 年版。

[68] 郭绍虞：《中国文学批评史》，上海古籍出版社 1979 年版。

[69] 邬国平、王镇远：《中国文学批评通史·清代卷》，上海古籍出版社 1996 年版。

[70] 汪涌豪、骆玉明：《中国诗学》，东方出版中心 1999 年版。

[71] 张健：《清代诗学研究》，北京大学出版社 1999 年版。

[72] 陈水云：《清代诗学》，湖南人民出版社 2000 年版。

[73] 蔡镇楚：《诗话学》，湖南教育出版社 1990 年版。

[74] 梁启超著，夏晓虹点校：《清代学术概论》，中国人民大学

出版社 2004 年版。

［75］梁启超：《中国近三百年学术史》，天津古籍出版社 2003 年版。

［76］钱穆：《国学概论》，商务印书馆 1997 年版。

［77］许苏民等：《明清启蒙学术流变》，辽宁教育出版社 1995 年版。

［78］马积高：《清代学术思想的变迁与文学》，湖南人民出版社 2002 年版。

［79］尚小明：《学人游幕与清代学术》，社会科学文献出版社 1999 年版。

［80］陈居渊：《清代朴学与中国文学》，百花洲文艺出版社 2000 年版。

［81］王俊义：《清代学术探研录》，中国社会科学出版社 2002 年版。

［82］龙榆生：《中国韵文史》，上海古籍出版社 2002 年版。

［83］严迪昌：《清诗史》，浙江古籍出版社 2002 年版。

［84］朱则杰：《清诗史》，江苏古籍出版社 2000 年版。

［85］刘世南：《清诗流派史》，人民文学出版社 2004 年版。

［86］［日］青木正儿：《清代文学评论史》，杨铁婴译，中国社会科学出版社 1988 年版。

［87］谢桃坊：《中国词学史》，巴蜀书社 1993 年版。

［88］严迪昌：《清词史》，江苏古籍出版社 2001 年版。

［89］金秬香：《骈文概论》，商务印书馆（上海）1933 年版。

［90］钱基博：《骈文通义》，商务印书馆（上海）1935 年版。

［91］张仁青：《骈文学》，（台北）文史哲出版社 1984 年版。

［92］刘麟生：《中国骈文史》，上海书店 1984 年版。

［93］姜书阁：《骈文史论》，人民文学出版社 1986 年版。

［94］于景祥：《中国骈文通史》，吉林人民出版社 2002 年版。

［95］段启明、汪龙林：《清代文学研究》，北京出版社 2001 年版。

［96］王英志：《性灵派研究》，辽宁大学出版社 1998 年版。

［97］曹虹：《阳湖文派研究》，中华书局 1996 年版。

［98］薛宗正：《历代西陲边塞诗研究》，敦煌文艺出版社 1993 年版。

［99］赵伯陶：《张惠言暨常州派词传》，吉林人民出版社 1999 年版。

四　论文类

［100］陈训明：《灵气归笔端，奇矫得未尝——洪亮吉旅黔纪游诗刍论》，《贵州社会科学》1985 年第 2 期。

［101］钱璱之：《洪亮吉的〈冰天雪窖词〉评析》，《常州教育学院学刊》1986 年第 3 期。

［102］许荣生：《洪亮吉西域诗琐议》，《青海师范大学学报》1986 年第 4 期。

［103］张修龄：《洪亮吉和乾嘉诗坛》，《苏州大学学报》1987 年第 2 期。

［104］张瑗：《洪亮吉散文浅说》，《常州教育学院学刊》1987 年第 4 期。

［105］蔡静平：《论洪亮吉〈北江诗话〉》，《中国文学研究》1996 年第 4 期。

［106］王英志：《常州"二俊"山水诗论略》，《齐鲁学刊》1997 年第 6 期。

［107］李国华：《识广论域阔，持论亦时新——读〈北江诗话〉》，《云南民族学院学报》1998 年第 1 期。

［108］龚喜平：《明清辞赋述论》，《甘肃广播电视大学学报》1999 年第 1 期。

［109］张徐芳：《奇气喷溢赋万松——洪亮吉〈松树塘万松歌〉赏析》，《古典文学知识》1999 年第 5 期。

［110］李中耀：《洪亮吉对西域壮美河山的吟唱》，《新疆大学学报》2000 年第 2 期。

［111］曹虹：《从〈北江诗话〉看洪亮吉对妇女德艺的评章》，

《中国文化研究》2002 年第 4 期。

[112] 吕双伟：《洪亮吉骈文情感论》，《柳州师专学报》2003 年第 3 期。

[113] 张丽：《试论洪亮吉的天山诗》，《新疆教育学院学报》2005 年第 1 期。

后　记

　　洪亮吉以气节、经术、文章名留青史，是堪垂范后世的贤人君子。最初是因其人口论名作《治平篇》入选高中语文教材而接触到洪亮吉的，真正对其有深入的认识是在读研究生期间，其时刘德权校点的《洪亮吉集》刚刚出版，怀着对其仰慕之情，在导师龚喜平先生的指导下选择了这个课题作为我的硕士学位论文。当面对卷帙浩繁的诗文作品和文献典籍时，我也曾动摇、迷茫过，后来在龚老师的悉心指点下，慢慢理清了头绪和思路，将洪亮吉的诗歌作为研究的重点，着重论析其诗学理论及诗歌创作，附带论及词和文。

　　当初在论文评审和答辩时，老师们在给予肯定、鼓励的同时，也提出了很多中肯的修改意见，本想假以时日慢慢修改，然而，硕士毕业后却事与愿违地走上了高校管理岗位，自此学业也荒废了，论文的修订也暂且搁笔了。在日复一日繁琐而又乏味的管理工作中，当初的梦想慢慢褪色，个性激情和独立思考的能力也在日渐消磨。在毕业十年之际，终于下定决心要考博，继续读书，以不断提升自己，追寻曾经的学术梦想。在田澍、张文礼等领导的关怀和支持下，我几经努力考上了博士，师从张兵老师继续学习元明清文学，延续清代学人诗的研究方向。上博士时，儿子才出生不久，工作又十分繁忙，加班加点是家常便饭，为了能按时完成学业，每天下班，待孩子入睡后才拖着疲惫的身体开始学习，经常熬到半夜。坚持了三年，在导师的指导和帮助下我艰难完成学业，取得了博士学位。后来，在韩高年、王文昇、阎岩等领导的关心和支持下，终于实现了多年的愿望，如愿转岗从事教学科研工作。至此，搁浅了十多年的论文修改事宜也重新提上日程。

当初在作这一课题时，文献资料收集不全，研究视野也不够开阔，论文中存在很多疏漏和舛误。后来，随着古籍的数字化和阅读视野的拓展，又发现了很多新材料，在乔先之、龚喜平、张兵、李占鹏、孙京荣等老师的指点下，对论文作了进一步的修改完善。本书能予付梓得到了学院的大力支持，感谢马世年院长、张理中书记以及同事们的关爱和帮助。也感谢中国社会科学出版社的厚爱，惠予出版。张潜博士是元明清文学研究的同行专家，其良好的专业素养和细致的审阅，使我避免了不少疏漏，在此深表谢意。更要感谢我的家人，你们是我最坚实的依靠，也是我奋斗前行的动力，多年来，我的时间和精力几乎都用在了工作和学业上，感谢妻子彭书蕴无怨无悔地操持家务，也感谢家人们对我的理解、包容、关爱和襄助。